Das Versteigerungsverfahren nach dem Telekommunikationsgesetz

Europäische Hochschulschriften

Publications Universitaires Européennes
European University Studies

Reihe II
Rechtswissenschaft

Série II Series II
Droit
Law

Bd./Vol. 3568

PETER LANG
Frankfurt am Main · Berlin · Bern · Bruxelles · New York · Oxford · Wien

Philipp Hess

Das Versteigerungsverfahren nach dem Telekommunikationsgesetz

Studie unter Einbeziehung der Erfahrungen der USA

PETER LANG
Europäischer Verlag der Wissenschaften

Bibliografische Information Der Deutschen Bibliothek
Die Deutsche Bibliothek verzeichnet diese Publikation in der Deutschen Nationalbibliografie; detaillierte bibliografische Daten sind im Internet über <http://dnb.ddb.de> abrufbar.

D 30
ISSN 0531-7312
ISBN 3-631-39595-7

www.peterlang.de

VORWORT

Die vorliegende Arbeit wurde von der juristischen Fakultät der Johann Wolfgang Goethe-Universität Frankfurt am Main im Wintersemester 2001/2002 als Dissertation angenommen. Gesetzgebung, Rechtsprechung und Literatur konnten bis September 2001 berücksichtigt werden.

Ganz besonderer Dank gilt meinen Doktorvater, Herrn Prof. Dr. Rudolf Steinberg. Seine wertvollen Anregungen und die mir gewährte wissenschaftliche Freiheit haben wesentlich zum Gelingen der Arbeit beigetragen. Herrn Prof. Dr. Georg Hermes danke ich für weitere vielfältige Orientierungshilfen und die rasche Erstellung des Zweitgutachtens. Danken möchte ich schließlich Herrn Dr. Thomas Tschentscher, der zu dieser Arbeit angeregt hat.

Die Arbeit ist meiner Frau Petra und meinen Eltern gewidmet.

Frankfurt am Main, im Sommer 2002 Philipp Hess

INHALTSVERZEICHNIS

Einleitung

A. Problemstellung

Nachdem mit den Postreformen I[1] und II[2] die Liberalisierung des Telekommunikationsmarktes vorbereitet worden war, wurde am 25.07.1996 das Telekommunikationsgesetz[3] (TKG) durch den Bundestag verabschiedet und damit die europäische Grundentscheidung zur Marktöffnung auf den Telekommunikationsmärkten[4] umgesetzt. Das Gesetz beseitigt die noch bestehenden Monopole der Deutschen Telekom AG und schafft den durch Art. 87 f GG[5] eröffneten ordnungspolitischen Rahmen für Wettbewerb auf dem deutschen Telekommunikationsmarkt.[6]

Von zentraler Bedeutung im Rahmen des TKG ist die Genehmigung zum Marktzutritt, Lizenz genannt. Das TKG sieht vor, dass für den Fall einer Beschränkung der Anzahl der Lizenzen (§ 10 TKG) – was insbesondere den Bereich der nur eingeschränkt verfügbaren überregionalen Mobil- und Satellitenfunkfrequenzen betrifft[7] – das Vergabeverfahren bei mehreren Bewerbern für

---

1 Poststrukturgesetz vom 8.6.1989, BGBl. I S. 1026; Zur Rechtslage nach der Postreform I Scherer, ArchivPT 1993, 261 ff.; zur Entstehungsgeschichte Büchner, CR 1996, 581 ff.; Badura, FS Tieme, 1992, S. 877 ff.; zur Rechtslage vor der Postreform I einführend Thieme, JuS 1989, 791 f.

2 Gesetz zur Neuordnung des Postwesens und der Telekommunikation vom 14.9.1994, BGBl. I S. 2325; s. dazu Gramlich, NJW 1994, 2785 ff. m.w.N.

3 BGBl. 1996 I S. 1120. Das Gesetz trat (§100) überwiegend am 1.8.1996 in Kraft, zum Teil am 1.10.1997 und im übrigen am 1.1.1998 in Kraft.

4 Das TKG setzt folgende Richtlinien um: Richtlinie v. 28.6.1990 über den Wettbewerb auf dem Markt für Telekommunikationsdienste (90/388/EWG), ABl. Nr. L 192 10 (die „Dienstrichtlinie"), zuletzt geändert durch die Richtlinie v. 13.3.1996 zur Änderung der Richtlinie 90/388/EWG hinsichtlich der Einführung des vollständigen Wettbewerbs auf den Telekommunikationsmärkten (96/19/EG), ABl. Nr. L 74/13; Richtlinie 97/13/EG v. 10.4.1997, ABl. Nr. L 117 (die "Genehmigungsrichtlinie"), S. 15; Richtlinie 96/2 v. 16.1.1996, ABl. Nr. L 20, S. 59. Zur EG-rechtlichen Entwicklung insgesamt vgl. Spoerr/Deutsch, DVBl. 1997, S. 300 (301, Fn. 17).

5 Eingefügt durch Änderung des Grundgesetzes im Rahmen der Postreform II von 1994. Danach werden die Dienstleistungen im Bereich der Telekommunikation „als privatwirtschaftliche Tätigkeiten" durch die Deutsche Telekom AG und andere private Anbieter erbracht.

6 Allgemein zur Entwicklung und Hintergrund des TKG vgl. auch Bötsch, in: Witte, Regulierung und Wettbewerb in der Telekommunikation, S. 1 ff.

7 Vgl. Grzeszick, DVBl. 1997, S. 878 (880). Moderne Technologie ermöglicht zwar eine erhebliche Erhöhung bisheriger drahtloser Übertragungskapazitäten, das wachsende Interesse an drahtloser Kommunikation aktualisiert die

eine Lizenz regelmäßig in Form einer Versteigerung zu erfolgen hat (§11 Abs. 4 TKG).

Die Vergabe knapper Ressourcen durch Versteigerungen wurde ertsmals für den Bereich knapper Start- und Landerechte („Slots“) von der deutschen Monopolkommission in ihrem Herbstgutachten 1988/89 vorgeschlagen[8]. Diese Vorschläge basierten auf grundlegenden Arbeiten und praktischen Erfahrungen aus den Vereinigten Staaten von Amerika[9], wo Slotversteigerungen seit 1986 für verschiedene Flughäfen zugelassen sind[10], führten letztlich aber zu keiner Kodifizierung.

Die nunmehr im Rahmen des TKG getroffene gesetzgeberische Entscheidung, Lizenzen bzw. Frequenzen für Telekommunikationsdienstleistungen in Knappheitssituationen zu versteigern, beruht - wie auch der schon zuvor geäußerte Vorschlag der Versteigerung von Start- und Landerechten – im Kern auf der Kritik, dass die bisherige administrative Zuteilung knapper Wirtschaftsgüter durch Verleihungen (Konzessionen) oder Genehmigungen (Erlaubnisse) den Marktzugang beschränkt und sich nicht nach dem Wert des Wirtschaftsgutes auf dem Markt richtet. Ein derart öffentlich-rechtlich anerkannter unternehmerischer Nutzungsbedarf ist mit dem Mangel behaftet, sich nicht wettbewerblich durchsetzen zu müssen, so dass die Verteilung allenfalls zufällig effizient sein kann.[11] Ziel des TK-rechtlichen Versteigerungsverfahrens ist es,

---

Frequenzknappheit jedoch gleichzeitig, insbesondere in den angesprochenen Bereichen. Vgl. Ruffert, AöR 1999, S. 237 (253). Frequenzen wurde bislang rein administrativ und unentgeltlich zugeteilt, vgl. Klodt, Wettbewerb und Regulierung in der Telekommunikation, S. 1 (130).

8 Monopolkommission: Wettbewerbspolitik vor neuen Herausforderungen. Herbstgutachten 1988/89, Baden-Baden 1990, 319 und 323 f.; darüber hinaus sprach sich auch das Kieler Institut für Weltwirtschaft für eine Versteigerung von Start- und Landerechten aus, Frankfurter Allgemeine Zeitung vom 19. Februar 1992, S. 16.

9 Vgl. statt vieler Bailey: Economic Models and Policy Reality: Lessons from Airport Access, in: M.H. Peston/R.E. Quandt (Hrsg.): Prices, Competition and Equilibrium, S. 285-304; Grether/Isaac/Plott: The Allocation of Scarce Ressources. Experimental Economics and the Problem of Allocating Airport Slots, S. 54-70.

10 Dies betrifft die Flughäfen Chicago O'Hara, Washington National, New York La Guardia und John F. Kennedy; vgl. Hardaway: The FAA „Buy-Sell“ Slot Rule: Airline Deregulation at the Crossroads, in: The Journal of Air Law and Commerce 52 (1986), S. 1-75 (10 ff.); Basedow: Wettbewerb auf Verkehrsmärkten. Eine rechtsvergleichende Untersuchung zur Verkehrspolitik, S. 228.

11 Vgl. hierzu anstatt vieler König, Die öffentlich-rechtliche Verteilungslenkung, S. 43, 95 f. m.w.N. Eine Verteilung von Gütern ist "effizient", wenn es keine andere

den wirtschaftlichen Knappheitspreis der betreffenden Lizenz bzw. Funkfrequenz zu ermitteln[12]. Die ökonomische Logik des Versteigerungsverfahrens besteht dabei in der Vermutung, dass der Bieter mit dem höchsten Angebot am besten geeignet ist, die ersteigerte Lizenz bzw. Funkfrequenz effizient für das Angebot der Telekommunikationsdienstleistung für die Öffentlichkeit zu nutzen[13]. Der Gesetzgeber folgte mit seiner Entscheidung einer Entwicklung, die am ausgeprägtesten in den USA zu verzeichnen war und dort zu einem wahren Boom an Lizenz-/Frequenzversteigerungen geführt hat.[14] [15]

Verteilungsmöglichkeit gibt, bei der mindestens ein Wirtschaftssubjekt besser und keines schlechter steht. Die Definition ist dem Glossar von König, aaO, S. 447 entnommen.

12 Vgl. Äußerung Bundesregierung BT-Drs. 13/4438, S. 32.

13 Diese gründet auf der allgemeinen volkswirtschaftlichen Erkenntnis, dass bei knappen Gütern der Preis die optimale Verteilung gewährleistet. Vgl. hierzu Coase, The Federal Communication Commission, 2 J.L. & Econ. 1, S. 14-17 (1959); vgl. auch McMillan, Why Auction the Spectrum? 19 Telecommunications Policy (1995), S. 191-199 m.w.N.; s. auch Kruse, Lizenzierung und Wettbewerb im Mobilfunk, S. 143; Auf dieser Grundlage letztlich auch die Begründung zum Entwurf des TKG, BT-Drs. 13/3609, S. 33 (39). Obwohl von offizieller Seite nur auf Begründungen wie ökonomische Effizienz und unverzerrte Auswahl des besten Anbieters durch das Auktionsverfahren abgestellt wird, spielt die Hoffnung auf Einnahmen für den Staat in der Praxis vermutlich auch eine nicht unwesentliche Rolle; so auch Ruhle/Geppert, MMR 1998, S. 175 (176).

14 Damit sind insbesondere die zahlreichen Auktionen von PCS-Mobilfunk-Frequenzen angesprochen, mit denen die USA auf der Basis gründlicher theoretischer Vorarbeiten zahlreiche praktische Erfahrungen gesammelt hat; vgl. hierzu statt vieler Kruse, Frequenzvergabe im digitalen zellularen Mobilfunk in der BRD, Gutachten für das Bundesministerium für Post und Telekommunikation, S. 119 m.w.N. Die Einführung eines Versteigerungsverfahrens für die Frequenz-/Lizenzvergabe in Knappheitssituationen wurde auch national immer wieder ordnungspolitisch empfohlen; vgl. hierzu z.B. Frequenzkommission (1991), Gutachten der Gutachterkommission für Grundsatzfragen der Frequenzregulierung im zivilen Fernmeldewesen, Frequenzregulierung in der Bundesrepublik Deutschland, hrsg. vom Bundesministerium für Post und Telekommunikation; Götzke, Gudrun (1994), Ökonomische Analyse der Frequenzallokation unter besonderer Berücksichtigung des zellularen Mobilfunks, Baden-Baden; Kruse, Frequenzvergabe im digitalen zellularen Mobilfunk in der BRD, Gutachten für das Bundesministerium für Post und Telekommunikation, S. 119.

15 In Deutschland fanden bislang drei Versteigerungen auf der Grundlage des neuen Rechts statt. Die ERMES-Versteigerung September 1996, GSM-1800-Versteigerung Oktober 1999, UMTS-Versteigerung August 2000. Eine Darstellung dieser praktischen Anwendungsfälle erfolgt an späterer Stelle, s. unter Teil 2 B V.

Im Hinblick auf die Frequenz-/Lizenzvergabe durch Versteigerung werden allerdings neben telekommunikationspolitischen[16] insbesondere verfassungs-[17] und europarechtliche[18] Bedenken geäußert.

So wird gerügt, dass telekommunikationspolitisch gegen die Versteigerung unter anderem spreche, dass die Gefahr spekulativer Gebote bestehe, Wettbewerbsverzerrungen bis hin zu Marktzutrittsbarrieren zu befürchten seien, und sich das Telekommunikationsangebot verteuere, weil die für die Versteigerung aufgewandten Kosten auf die Preise für die Telekommunikationsdienstleistung umgelegt würden[19].

Die verfassungsrechtliche Kritik beanstandet, dass das Versteigerungsverfahren nach dem TKG anders als das Ausschreibungsverfahren, das strikt an den Kriterien von Fähigkeit und Eignung orientiert sei, nur ein Mindestmaß an Fähigkeit und Eignung voraussetze, und oberhalb dieser Schwelle das höchste Gebot als entscheidendes Verteilungskriterium vorsehe. Dies erscheine im Hinblick auf Art. 12 GG i.V.m. Art. 3 GG bedenklich. In Anlehnung an die „numerus-clausus“-Entscheidungen des BVerfG[20], in der die Notwendigkeit eines leistungsgesteuerten Auswahlverfahrens für die Verteilung knapper Güter betont wird, wird die Verfassungsmäßigkeit des Versteigerungsverfahrens daher angezweifelt[21]. Sofern der Staat den Zugang zu einer beruflichen Tätigkeit bzw. zum Wettbewerb beschränke und unter mehreren

---

16 Vgl. beispielsweise Geppert, Beck'scher TKG-Kommentar, § 11 Rdnr. 8; Scherer, NJW 1996, S. 2953 (2957 f., Fn. 32); Beese/Naumann, MMR 2000, S. 145 (147 ff.); Schumacher, NJW 2000, S. 3096 (3097); Hiltl/Großmann, BB 1996, S. 169 (171f.). Der Begriff "Telekommunikationspolitik" wird im Sinne von Wettbewerbs- und Ordnungspoltik im Bereich der Telekommunikation verwendet.

17 Vgl. nur Scherer, NJW 1996, S. 2953 (2957 f., Fn. 32); Grzeszick, DVBl. 1997, S. 878 (881ff.); Geppert, Beck'scher TKG-Kommentar, § 11 Rdnr. 17 u. 20; Geppert, Handbuch Recht und Praxis der Telekommunikation, Rdnr. 141; Beese/Naumann, MMR 2000, S. 145 (146); Schumacher, NJW 2000, S. 3096 (3097 f.).

18 Vgl. König/Schäfer, K&R 1998, S. 243 (245 ff.).

19 Vgl. nur Geppert, Beck'scher TKG-Kommentar, § 11 Rdnr. 8; Scherer, NJW 1996, S. 2953 (2957 f., Fn. 32); Beese/Naumann, MMR 2000, S. 145 (147 ff); Schumacher, NJW 2000, S. 3096 (3097); Hiltl/Großmann, BB 1996, S. 169 (171f.).

20 BVerfGE 33, 303 (338); 43, 291 (314, 324).

21 Vgl. nur Scherer, NJW 1996, S. 2957 f. (Fn. 32); Grzeszick, DVBl. 1997, S. 878 (881 ff.); Vgl. Geppert, Beck'scher TKG-Kommentar, § 11 Rdnr. 17; Geppert, Handbuch Recht und Praxis der Telekommunikation, Rdnr. 141; Beese/Naumann, MMR 2000, S. 145 (146); Schumacher, NJW 2000, S. 3096 (3097 f.).

Bewerbern auswähle, müsse er aus Gründen der Chancengleichheit der Bewerber zumindest eine an Art. 12 GG zu messende sachgerechte Auswahl treffen[22].

Desweiteren wird eingewendet, dass das Versteigerungsverfahren und das Zuschlagskriterium des höchsten Gebotes den EG-rechtlichen Vorgaben, insbesondere denen der im Jahre 1997 erlassenen Richtlinie 97/13/EG zur Gewährleistung eines unverfälschten Wettbewerbs der TK-Dienste bei der Lizenzvergabe, möglicherweise nicht genüge[23]. Das bloße Anknüpfen an das höchste Gebot trage vor allem der in der Richtlinie 97/13/EG normierten Notwendigkeit der Förderung der Entwicklung innovativer Dienste nicht hinreichend Rechnung[24].

So wichtig und prägnant die Entscheidung zur Liberalisierung des Telekommunikationsmarktes durch Verabschiedung des TKG auch zu bewerten ist, so wenig ist die im Rahmen des neuen Gesetzes eingeführte Regelung über das Versteigerungsverfahren in § 11 Abs. 4 TKG dogmatisch und telekommunikationspolitisch geklärt.

B. Ziel, Vorgehensweise und Gang der Untersuchung

Mit der vorliegenden Arbeit sollen die oben aufgezeigten dogmatischen sowie telekommunikationspolitischen Bedenken gegenüber dem TK-rechtlichen Versteigerungsverfahren auf ihre Berechtigung untersucht werden. Dabei konzentriert sich ihr Blick nicht nur auf das nationale Recht, sondern gewährt auch einen Einblick in die langjährige Praxis der USA mit der Versteigerung als Instrument der staatlichen Verteilungslenkung[25].

Die Arbeit wirft in ihrem ersten Teil zunächst einen Blick über die Grenzen, in die USA, wo die ökonomische Rationalität von Auktionen[26] als Instrument der staatlichen Verteilungslenkung bei Ressourcenknappheit schon vor

22 Vgl. nur Grzeszick, DVBl. 1997, S. 878 (881 ff.), der sich auf diese Kernaussage der „numerus-clausus"-Entscheidungen, BVerfGE 33, 303 (338); 43, 291 (314, 324) bezieht; ebenso Scherer, NJW 1996, S. 2953 (2957 f., Fn. 32).

23 Vgl. König/Schäfer, K&R 1998, S. 245 (246 ff).

24 Vgl. König/Schäfer, K&R 1998, S. 245 (249).

25 Der Begriff der „staatlichen Verteilungslenkung" wird als Oberbegriff für die verschiedenen Erscheinungsformen der wirtschaftsverwaltungsrechtlichen Verteilung knapper Ressourcen verwendet.

26 Der Begriff der "Auktion" wird synonym mit dem Begriff der "Versteigerung" benutzt.

vielen Jahren erfolgreich in die Praxis umgesetzt worden ist.[27] Dabei sind insbesondere bei den seit 1993 zugelassenen Versteigerungen von knappen Mobilfunkfrequenzen/-lizenzen in den USA auf der Basis gründlicher theoretischer Vorarbeiten[28] zahlreiche praktische Erfahrungen gesammelt worden.[29] Wie so oft bei ordnungspolitischen Umgestaltungen, diente das amerikanische Regulierungskonzept dem deutschen Gesetzgeber als Vorbild und hat das TK-rechtliche Versteigerungsverfahren letztlich nicht unerheblich geprägt.[30] Im Interesse eines besseren Verständnisses der Implikationen des neuen Rechts erscheint es daher sachdienlich und erforderlich, vorweg die Zuteilung von Mobilfrequenzen/-lizenzen mittels Versteigerungen in den USA zu beleuchten. Die Arbeit geht dabei zunächst darauf ein, weshalb das Frequenzspektrum - ebenso wie in Deutschland - als eine knappe Ressource angesehen wird, die einer staatlichen Verwaltung/Verteilung bedarf, und welcher Allokationsinstrumente sich die USA dazu bislang bedient haben. Darauf aufbauend werden dann die rechtlichen Rahmenbedingungen und die konkrete Ausgestaltung des Versteigerungsverfahrens als Mittel der Lizenz-/Frequenzzuteilung in den USA dargestellt. Anschließend wird ein Einblick in die wichtigsten praktischen Anwendungsfälle der Auktionsmethode gewährt. Auf dieser Grundlage widmet sich die Arbeit schließlich der - für Deutschland angesichts ihrer geringen eigenen Erfahrung richtungweisenden - Frage, ob sich die Versteigerung als Mittel der staatlichen Verteilungslenkung nach den Erfahrungen der USA unter wettbewerbs- und ordnungspolitischen (telekommunikationspoliti-

---

27 Für den Bereich der knappen Ressource der Start- und Landerechte („Slots") wird das Versteigerungsverfahren seit dem Jahre 1986 eingesetzt, vgl. Hardaway: The FAA „Buy-Sell" Slot Rule: Airline Deregulation at the Crossroads, in The Journal of Air Law and Commerce 52 (1986), S. 1-75 (10 ff.); Basedow: Wettbewerb auf Verkehrsmärkten. Eine rechtsvergleichende Untersuchung zur Verkehrspolitik, S. 228. Weitere Beispiele bundesstaatlicher Versteigerungen sind u.a. Versteigerungen von Pachtrechten für Kohleabbau, Flughafen „slot" Versteigerungen und Versteigerungen von Pachtrechten für geothermales Dampfland, vgl. hierzu Krattenmaker, Telekommunications law and policy, S. 132.

28 Vgl. dazu und für weitere Literaturnachweise McMillan, Selling spectrum rights, in 8 J. of Econ. Persp.(1994), S. 145-162; McMillan, Why auction the spectrum, in 19 Telecommunications Policy (1995), S. 191-199; Milgrom, Auctions and bidding: A primer, in 3 J. of Econ Persp. (1989), S. 3-22.

29 Insbesondere im Rahmen der P(ersonal)C(ommunications)S(ervices)- Auktionen, vgl. dazu Tewes, WIK-Newsletter Nr. 18, März 1995, S. 1 (20-22); Tewes, WIK-Newsletter Nr. 19, Juni 1995, S. 1 (21-23); Tewes, WIK-Newsletter Nr. 23, Juni 1996, S. 1 (20 ff.); Tewes, WIK-Newsletter Nr. 26, März 1997, S. 22 ff..

30 Vgl. u.a. Ruhle/Geppert, MMR 1998, S. 175; Stumpf, Mehr Versteigerungen im Telekommunikationsbereich, WIK-Newsletter Nr. 34, März 1999, S. 1 f.; Manssen, in: Manssen, Telekommunikation- und Multimediarecht, C § 1 Rdnr. 3.

schen) Gesichtspunkten tatsächlich als die vermutet superiore Methode für die Lizenz-/Frequenzzuteilung erwiesen hat.

Im zweiten Teil der Arbeit wird das durch das TKG als Instrument staatlicher Verteilung knapper Güter erstmals in Deutschland eingeführte Versteigerungsverfahren untersucht. Dazu erfolgt zunächst eine ausführliche Darstellung der rechtlichen Rahmenbedingungen sowie der konkreten Ausgestaltung des Versteigerungsverfahrens als Mittel der Lizenz-/Frequenzzuteilung nach dem TKG. Anschließend werden die ersten praktischen Anwendungen der Auktionsmethode auf der Grundlage des neuen Gesetzes dokumentiert und mit Blick auf die gesetzgeberischen Ziele bewertet. Vor diesem Hintergrund widmet sich die Arbeit schließlich der Frage, ob das TK-rechtliche Versteigerungsverfahren mit den die staatliche Verteilungslenkung prägenden Grundrechten aus Art. 12 und 3 GG und den Vorgaben des Gemeinschaftsrechts im Einklang steht.

Der dritte Teil der Arbeit wendet sich unter Berücksichtigung der Ergebnisse der Untersuchung der abschließenden Bewertung der ökonomischen Allokation knapper Lizenzen/Frequenzen durch Versteigerungen in Deutschland zu und schließt mit einem Ausblick auf in Zukunft zu erwartende Entwicklungen.

1. Kapitel: Die Erfahrungen der USA mit dem Versteigerungsverfahren als Instrument staatlicher Verteilungslenkung

A. Anwendungsbereiche des Versteigerungsverfahrens als Instrument staatlicher Verteilungslenkung in den USA

Die Zuteilung knapper Ressourcen mittels Versteigerung stellt in den USA kein Novum dar. Obwohl knappe Ressourcen häufig durch administrative Entscheidungen verteilt wurden und weiterhin werden, hat die amerikanische Regierung auch bereits langjährige und umfassende Erfahrungen mit der Verteilung im Wege der Versteigerung. So führt die amerikanische Regierung schon seit mehreren Jahrzehnten erfolgreich Auktionen zur Verteilung knapper Ressourcen durch.[31]

Beispielsweise versteigert das U.S. Department of the Interior (DOI) bereits seit 31 Jahren Pachtrechte in Gebieten der Äußeren Kontinentalen Platte. Die Äußere Kontinentale Platte ist eine der wichtigsten Quellen der amerikanischen Öl- und Gasproduktion. Durch die Versteigerung dieser Pachtrechte wurden im Laufe der Zeit insgesamt ca. $ 68 Millarden an öffentlichen Einnahmen generiert.[32] Grundlage für die Versteigerungen ist der 1953 erlassene OCS Lands Act.[33] Das Verfahren wird dadurch in Lauf gesetzt, dass die einzelnen Bewerber verdeckte Gebote für die Erforschungs- und Entwicklungsrechte an einem bestimmten Gebiet in der Äußeren Kontinentalen Platte abgeben. Die Versteigerungsmethoden selbst haben sich über die Jahre hinweg immer wieder geändert. Derzeit werden die Pachtrechte demjenigen Bewerber zugesprochen, der bereit ist, vorweg den höchsten Bonus zu zahlen. Voraussetzung hierfür ist jedoch, dass insgesamt mindestens drei Gebote abgebenen werden. Gehen weniger als drei Gebote ein, erhält das höchste Gebot den Zuschlag nur dann, wenn es den Schätzwert für das betreffende Gebiet, der zuvor von der Amerikanischen Geologischen Aufsichtsbehörde festgesetzt wurde, überschreitet.

Der Bieter, der letztendlich den Zuschlag erhält, muss sich zudem gegenüber der Amerikanischen Regierung verpflichten, einen sogenannten Riskioausgleich zu zahlen. Dieser Risiskoausgleich dient dazu, die mit der Ölförderung verbundenen erheblichen Risiken auszugleichen und besteht in der Abgabe eines festgesetzten Anteils des aus den verpachteten Gebieten produzier-

---

31 Vgl. Krattenmaker, Telekommunications law and policy (1997), S. 131.

32 Vgl. Krattenmaker, aaO.

33 67 STAT. 462-471 (1953); "OCS" steht für Outer Continental Shelf (Äußere Kontinentale Platte).

ten Gewinns.[34] Das DOI konnte mit der Durchführung der verdeckten Auktionen nicht nur erhebliche Einnahmen verzeichnen, sondern hat darüber hinaus auch die Erfahrung gemacht, dass diese verhältnismäßig einfach durchzuführen und bislang keinerlei Korruptionsvorwürfen ausgesetzt sind.[35]

Weitere Beispiele staatlicher Versteigerungen sind u.a. die sog. „slot"-Versteigerungen für Start- und Landerechte auf Flughäfen, die Versteigerungen von Pachtrechten für Kohleabbau, die Schatzwechsel-Versteigerungen und die Versteigerungen von Pachtrechten für geothermales Dampfland.[36]

Das jüngste Beispiel der Versteigerung einer knappen Ressource ist allerdings die Verteilung von Frequenzspektrum durch die Federal Communications Commission (FCC). Im Jahre 1993 hat der amerikanische Kongreß[37] den Communications Act von 1934[38] (CA), dessen Bestimmungen im Rahmen des Telecommunications Act von 1996[39] (TCA) weitergelten, durch einen § 309 (j) ergänzt. § 309 (j) TCA ermächtigt die FCC erstmals zur Vergabe von Frequenzspektrum-Lizenzen im Wege des Versteigerungsverfahrens. Auf dieser Grundlage führte die FCC bereits 1994 die erste Versteigerung von Spektrumfrequenzen durch. Seither verteilte sie in 14 derartigen Spektrum-Versteigerungen 10-Jahres-Lizenzen für narrowband und broadband personal communications services („PCS"), direct broadcast satellite ("DBS"), multipoint distribution service ("MDS"), specialized mobile radio ("SMR") und Interactive Video Data Service ("IVDS").[40] Dabei wurden mehr als 23 Milliarden Dollar Einnahmen generiert,[41] was angesichts der Tatsache, dass Frequenzen zuvor immer gebührenfrei zugesprochen wurden, einen bemerkenswerten Betrag darstellt. Die von der FCC durchgeführten Spektrumversteigerungen haben damit zweifelsohne alle Erwartungen im Hinblick auf die Erzielung öffentlicher Einnahmen übertroffen. Ungeachtet dessen wurde in der rechtswissenschaftlichen Literatur allerdings - ebenso wie momentan in Deutschland -

---

34 Vgl. Krattenmaker, Telecommunications law and policy, S. 131.

35 Vgl. Krattenmaker, aaO.

36 Vgl. Krattenmaker, aaO, S. 132.

37 Im Omnibus Budget Reconciliation Act aus dem Jahre 1993 (OBRA) ergänzte der amerikanische Kongreß den Communications Act aus dem Jahre 1934, indem er die FCC dazu verpflichtete, Versteigerungen zum Zwecke der Verteilung von Spektrumlizenzen zu entwerfen und durchzuführen, Pub.L.No. 103-66, § 6002, 107 Stat. 312 at 387-392.

38 47 U.S.C. § 309 (j) (1994).

39 47 U.S.C. § 309 (j) (1994 & Supp. III 1997).

40 Vgl. Hazlett, Assigning Property Rights to Spectrum Users: Why did FCC Licence Auctions take 67 Years?, in 41 J.L. and Econ. (1988), S. 529 (535).

41 Vgl. Glass/Rhodes, Catching the Wave, in 44 McGill L.J. (1999), S. 141 (157).

kontrovers über die Stärken und Schwächen des Versteigerungsverfahrens als Instrument der staatlichen Verteilungslenkung diskutiert.[42]

Im Mittelpunkt der Diskussion stand dabei insbesondere die Frage, ob das Versteigerungsverfahren des § 309 (j) TCA als Instrument der staatlichen Verteilung knapper Frequenzen und Lizenzen unter Berücksichtigung der wettbewerbs- und ordnungspolitischen Ziele des Gesetzgebers überhaupt die vorzugswürdige Verteilungsmethode darstellt. Diese Frage soll anhand einer Untersuchung der in den USA hinsichtlich des Versteigerungsverfahrens geltend gemachten Stärken und Schwächen unter Berücksichtigung der alternativen Verteilungsmethoden beantwortet werden. Um die Kontroverse würdigen und verstehen zu können, ist vorher jedoch die physikalische Natur des Frequenzspektrums und die sich daraus ergebende Konsequenz für den Verteilungsprozeß zu erläutern sowie das in den Schwächen der bisherigen Verteilungsinstrumente liegende gesetzgeberische Motiv für das Auktionsverfahren zu beleuchten. Zudem soll eine Darstellung der rechtlichen Grundlagen sowie der konkreten Ausgestaltung und Anwendung des Versteigerungsverfahrens in der Praxis erfolgen.

B. Das Instrument der Versteigerung im Bereich der Allokation knappen Frequenzspektrums

I. Frequenzspektrum als eine knappe Ressource

Das Frequenzspektrum ist eine natürliche Ressource, das als Medium alle Arten von kabelloser Kommunikation ermöglicht, einschließlich Radio, Fernsehen, Mobiltelephonie und Satellitenfunk.[43] Warum jedoch ist das Frequenzspektrum eine knappe Ressource? Was ist die physikalische Natur des Spektrums? Und warum gibt es die Notwendigkeit, das Spektrum zu verteilen?

1. Physikalische Beschaffenheit des Frequenzspektrums

Das elektromagnetische Spektrum besteht aus elektromagnetisch strahlender Energie. Es ist eine natürlich vorkommende Ressource. Anders als Öl, Gas und Minerale ist es zwar unerschöpflich, aber begrenzt.[44] Das Spektrum

---

42 Vgl. u.a. Kummel, Spectrum Bids, Bets and Budgets, in 48 Fed.Comm.L.J. (1996), S. 511 ff.; Rosston/Steinberg, Using Market-Based Spectrum Policy to Promote the Public Interest, in 50 Fed. Com. L. J. (1997) S. 87 ff.; Allard, The Spectrum Auction Law, in 18 Seton Hall Leg. J. (1993) S. 13 ff.

43 Vgl. Allard, The Spectrum Auction Law, in 18 Seton Hall Leg. J. (1993) S. 13 (20).

44 Vgl. Allard, aaO.

setzt sich aus einer Ansammlung von elektrischen und magnetischen Strahlen zusammen, die entsprechend ihrer in Wellenlänge gemessenen Frequenz angeordnet sind.[45] „Frequenz“ ist der physikalische Fachbegriff zur Beschreibung der Anzahl der Schwingungen in einer bestimmten Zeiteinheit (Schwingungen/sec.)[46], und wird in Hertz (Hz) ausgedrückt.[47] „Wellenlänge“ ist der Abstand zwischen zwei Schwingungen.[48]

Zur Differenzierung von Wellen mit ähnlichen Wellenlängen- und Frequenzcharakteristiken, unterteilt man das Spektrum begrifflich in mehrere grobe Bereiche. Hierzu gehören z.B. das sichtbare Licht, Röntgenstrahlen, UV-Strahlen und Radiowellen.[49] Die Radiowellen erstrecken sich im elektromagnetischen Spektrum von 3 kHz bis zu 3.000 GHz, wobei die derzeitige Technologie lediglich die Nutzung des Abschnitts zwischen 3 kHz und 100 GHz erlaubt.[50] Mit der Entwicklung neuer Technologien steigt jedoch auch gleichzeitig der nutzbare Teil des Radiospektrums stetig an.[51]

Radiowellen können Informationen übermitteln, und zwar mittels eines sogenannten Modulations- und Demodulationsprozeß. Durch diesen Prozess wird zunächst die zu übermittelnde Information verschlüsselt und anschließend nach Empfang unter Zuhilfenahme einer Antenne wieder entschlüsselt.[52] Eine erfolgreiche Übermittlung kann nur dann erfolgen, wenn Störungen durch andere Radiowellen nicht auftreten.[53] Aus diesem Grund ist es erforderlich, dass jeder übermittelnde Rechtsträger das alleinige Recht zur Nutzung eines bestimmten Bereichs des Radiospektrums zwischen sich und jeder Empfangsatenne besitzt.

Alle Teile des Radiospektrums haben die Fähigkeit grundsätzlich die gleiche Anzahl von Informationen zu übermitteln. Das sogenannte Niedrigfrequenzspektrum, d.h. Radiowellen im Bereich zwischen 150 und 1.500 MHz, kann jedoch größere Distanzen überwinden als Hochfrequenzspektrum, da es sich nicht so leicht von Hindernissen aufhalten lässt. Aufgrund dieser geringeren Störanfälligkeit ist es auch weniger verfügbar als Hochfrequenzspekt-

---

45 Vgl. Levin, The Invisible Resource (1971), S. 15.
46 Webster's Ninth Collegiate Dictionary 492 (9th ed. 1986).
47 Webster's Ninth Collegiate Dictionary 492 (9th ed. 1986).
48 Vgl. Glass/Rhodes, Catching the Wave (1999), in 44 McGill L.J. S. 141 (147).
49 Vgl. Glass/Rhodes, Catching the Wave (1999), in 44 McGill L.J. S. 141 (147).
50 Vgl. Glass/Rhodes, aaO.
51 Vgl. Glass/Rhodes, aaO.
52 Vgl. Glass/Rhodes, aaO.
53 Vgl. Allard, The Spectrum Auction Law, in 18 Seton Hall Leg. J. (1993) S. 13 (21).

rum.[54] Dies liegt darin begründet, dass die Empfangssender beim Niedrigfrequenzspektrum zur Vermeidung von Interferenzen in größeren Abständen aufgestellt werden, was wiederum die Möglichkeit, die gleiche Frequenz in unterschiedlichen Teilen des Landes zu verwenden, einschränkt. Zudem wollen viele Rechtsträger einen Teil dieser Niedrigfrequenz-Wellen vor allem lokal nutzen. Dies führt dazu, dass bei den niedrigeren Frequenzen weniger Bandbreite zur Verfügung steht. Die beschränkte Verfügbarkeit des Niedrigfrequenzspektrums macht es letztlich erforderlich, dass es nur dort genutzt wird, wo keine große Anzahl an Informationen zu übermitteln ist, also z.B. bei der Übertragung von Audio-Informationen wie Stimmen und Musik im kommerziellen Radio.[55]

Hochfreqenzspektrum hingegen, d.h. der Bereich zwischen 30 und 3.000 MHz, vermag nur kürzere Distanzen zu überwinden, da es leicht von Hindernissen, wie Gebäuden oder Bergen, blockiert wird. Die eingeschränkte Reichweite dieser höheren Frequenzwellen macht es erforderlich, dass die entsprechenden Sender in relativ geringen Abständen plaziert werden. Die Bandbreite der Frequenzen zur Übermittlung von Informationen im ganzen Land nimmt entsprechend zu. Deshalb können höhere Frequenzwellen insbesondere für die Übermittlung von Video-Informationen, wie gewöhnlichen Fernsehsignalen, eingesetzt werden.[56]

Einzelne Bereiche des Frequenzspektrums, die zur Übertragung ähnlicher Informationen fähig sind, werden zur Identifizierung in „Bänder" oder „Blöcke" eingeteilt.[57] Aufgrund der individuellen Bedürfnisse, ein Band nutzen zu können, das eine adäquate Gewichtung zwischen der Möglichkeit, eine bestimmte Information zu übertragen und der zu überwindenten Distanz hat, stehen für eine bestimmte Art von Informationsdiensten lediglich eine beschränkte Anzahl von Spektrumblöcken zur Verfügung. Zwar steigt die Anzahl der verfügbaren Blöcke mit dem Fortschritt der Technik, jedoch lassen neue Techniken und der Zuwachs an neuen Dienstleistungen gleichzeitig auch die Nachfrage nach Frequenzspektrum schneller wachsen, als solches verfügbar wird.[58] Aus diesem Grund wird das Frequenzspektrum von der amerikani-

---

54 Vgl. Glass/Rhodes, aaO, S. 141 (148).
55 Vgl. Glass/Rhodes, aaO, S. 141 (149).
56 Vgl. Glass/Rhodes, aaO.
57 Vgl. Glass/Rhodes, aaO.
58 Ein gutes Beispiel zur Verdeutlichung dafür, wie die Fortschritte in der Technologie die Art und Weise, wie das Spektrum genutzt wird, verändert, ist der Wechsel von der gewöhnlichen Radioübertragung zu digitalem Radio oder der Wechsel von analogen mobilen Telefonen zu persönlichen Kommunikationsdiensten.

schen Regierung als „knappe Ressource" angesehen, die der Verteilung bedarf.[59] [60]

2. Notwendigkeit der Allokation des Frequenzspektrums

Die bislang bestehende Störanfälligkeit des Spektrums macht es erforderlich, dass jeder übermittelnde Rechtsträger das Exklusivrecht zur Nutzung eines bestimmten Spektrumbandes besitzt. Soweit mehrere Rechtsträger die Nutzung eines bestimmten Bandes begehren, ist eine Verteilung des Spektrumbandes mithin unerläßlich. Wegen des Allgemeingutcharakters des Spektrums versteht die USA die Verteilung als staatliche Ordnungsaufgabe.[61] Es gibt in den USA zwei Behörden, die zur Verteilung von Nutzungsrechten an Spektrumbändern für bestimmte Bereiche innerhalb der USA berechtigt sind: Die National Telecommunications and Information Administration (NTIA), die für die staatliche Nutzung des Spektrums zuständig ist, und die FCC, die für die private und die übrige nichtstaatliche Nutzungen des Spektrums zuständig ist.[62] Insbesondere die FCC hat in den vergangenen Jahrzehnten ausgefeilte Methoden zur Verteilung des Spektrums zwischen verschiedenen Dienstleistungen und konkurrierenden Dienstleistungsanbietern entwickelt.

II. Überblick über die Instrumente zur Allokation des Frequenzspektrums

Der Communications Act von 1934 - seit 1996 der Telecommunications Act - ermächtigt und verpflichtet die FCC zur Verteilung, Zuteilung und Regulierung des elektromagnetischen Spektrums in Übereinstimmung mit den

59 Vgl. Glass/Rhodes, aaO, S. 141 (149). Hazlett und andere behaupten, dass es die amerikanische Regierung selbst war, die von Beginn an durch ihre Spektrumlizenzpolitik eine falsche Knappheit geschaffen hat. Vgl. Hazlett, The Rationality of U.S. Regulation of the Broadcast Spectrum, 33 J.L. & Econ. (1990), S. 133 (136-139).

60 Dieses Paradigma wird jedoch in naher Zukunft möglicherweise in Frage gestellt werden. Die Entwicklung komprimierter Technologien könnte mehreren Nutzern den Gebrauch des gleichen Spektrumteils ermöglichen, ohne dass der eine den anderen stört. Vgl. Georg Gilder's Telecosm, Forbes Plus, 11. April 1994, S. 99. In dem abschließenden 3. Teil der Arbeit (C.) werden diese technologischen Neuerungen erläutert und ihre Auswirkungen auf das derzeitige Paradigma aufgezeigt. Für den weiteren Verlauf der Arbeit wird jedoch von der Anwendbarkeit des derzeitigen Paradigmas ausgegangen.

61 Krattenmaker, Telecommunications Law and Policy, S. 22 f.

62 47 U.S.C. §§ 302 (a), 305 (1991).

Kriterien des „public interest, convenience and necessity“[63] In den letzten Jahrzehnten hat die FCC vor diesem Hintergrund drei verschiedene Methoden zur Verteilung von Spektrumlizenzen entwickelt: Vergleichende Anhörungen, Lotterien und Versteigerungen.

1. Vergleichende Anhörungen

Bis vor einigen Jahren verteilte die FCC die Spektrumlizenzen mittels sogenannter "vergleichender Anhörungen". Hierbei bestimmte die FCC zunächst die Dienstleistungen, die dem Spektrumband am meisten entsprachen. Die interessierten Parteien wurden sodann aufgefordert, sich für die der betreffenden Dienstleistung entsprechenden Spektrumlizenz zu bewerben. Waren Bewerber an derselben exklusiven Nutzung eines Spektrumbandes interessiert, mußten die einzelnen Bewerber weitere, detailliertere Bewerbungsunterlagen einreichen, auf deren Grundlage die FCC dann eine quasi-juristische vergleichende Auswertung durchführte. Derjenige Bewerber, der den Kriterien des "public interest, convenience and necessity" dabei am ehesten Rechnung trug, wurde schließlich ausgewählt.[64] Der Hintergrund der vergleichenden Anhörungsmethode war, dass die Öffentlichkeit durch die staatliche Lizenzierung der als Allgemeingut angesehenen Frequenzen in größtmöglichem Maße profitieren sollte.[65]

Das öffentliche Interesse wurde insoweit zum entscheidenden Prüfstein. Die FCC hatte Entscheidungsbefugnis darüber, wie und wo die Radiowellen genutzt werden sollten und wer die Berechtigung zur Nutzung erhielt.

Die Verwendung dieser Methode offenbarte jedoch bereits nach kurzer Zeit ihre Schwächen. Die einzelnen Bewerber begannen - nachdem die FCC hatte durchblicken lassen, welches die Auswahlkriterien unter mehreren konkurrierenden Bewerbern sein würden - ihre Bewerbungen so zu gestalten, dass sie unter diesen Kriterien optimale Chancen zum Erhalt der betreffenden Lizenz hatten. Dies führte dazu, dass die Bewerber Versprechungen machten, die sie im Endeffekt nicht einhalten konnten. Zugleich begannen die Bewerbungen sich zu ähneln, was wiederum zur Konsequenz hatte, dass alle Bewerber hohe Bewertungen erhielten. Die FCC konnte die Auswahl daher letztlich

---

63 47 U.S.C. § 303 (1991). Sinngemäße Übersetzung: "Öffentliches Interesse, Geeignetheit und Notwendigkeit".

64 47 U.S.C. §§ 302 (a), 303, 307 (a), 308, 309, 316 (1991).

65 Vgl. Blake, FCC Licensing: From Comparative Hearings to Auctions, 47 Fed. Comm. L.J. (1994), S. 179 (180).

oft nur noch aufgrund von sehr marginalen und oftmals widersprüchlichen Unterscheidungen treffen.[66]

Zudem gaben sich die vergleichenden Anhörungsverfahren als in der Regel sehr zeitaufwendig und teuer zu erkennen. Wenn die endgültige Entscheidung der FCC dann auch noch gerichtlich angegriffen wurde, konnte sich die Gewährung der Spektrumlizenz durch den Rechtsstreit um bis zu acht Jahre verzögern. Zusätzlich verursachte dies in der Regel enorme Kosten.[67]

Ein weiterer Mangel war, dass erfolgreiche Bewerber die Möglichkeit hatten, ihre Lizenzen nach dem Zuschlag zu verkaufen, ohne dass die FCC überprüfen konnte, ob dem öffentlichen Interesse durch den Verkauf an einen anderen Interessenten eher gedient gewesen wäre. Den Interessenten bot sich hierdurch ein lukrativer Sekundärmarkt, nicht zuletzt weil die erworbene Lizenz in der Regel auch eine Verlängerungsoption beinhaltete.[68]

2. Lotterien

Aufgrund dieser Erfahrungen entschloß sich der amerikanische Kongreß im Jahre 1982 zu einem Lotteriesystem und ermächtigte die FCC Lizenzen nach dem Zufallsprinzip zu gewähren.[69] Hierbei konnte die FCC eine Anzahl von Bewerbern zulassen und sodann den Lizenznehmer mittels einer Auslosung auswählen. Ursprünglich versprach das Lotteriesystem schneller und günstiger zu sein als die vergleichenden Anhörungen. Die Tatsache, das die erfolgreichen Bewerber - genau wie bei der vergleichenden Anhörungen - das Recht hatten, ihre Lizenz mit unter Umständen erheblichen finanziellen Gewinnen zu verkaufen, förderte jedoch spekulative Geschäfte mit den Lizenzen. Im übrigen erforderten die Lotterien im voraus nur wenig finanziellen Einsatz, so dass sich die FCC regelmäßig einer Vielzahl von zu überprüfenden Bewerbungen gegenüber sah.[70] Relativ geringere Teilnahmevoraussetzungen ver-

---

66 Vgl. Krattenmaker, Telecommunications law and policy (1997) S. 130.

67 Vgl. Krattenmaker, aaO.

68 Vgl. Krattenmaker, aaO, S. 129.

69 Die Ermächtigung zur Durchführung von willkürlichen Auswahlverfahren ist in 47 U.S.C. § 309 (i) festgelegt. Diese Vorschrift wurde durch das Omnibus Reconciliation Act von 1981, Pub.L.No. 97-35, Abschnitt 1242, § 309, 95 Stat. 736-37 (1981) hinzugefügt und durch das Communications Amendment von 1982, Pub.L.No. 97-259, Abschnitt 115, § 309 (i), 96 Stat. 1087, 1094-95 (1982) abgeändert.

70 Vgl. Glass/Rhodes, Catching the Wave (1999), in 44 McGill L.J. S. 141 (156).

schärften die Situation zudem.[71] Damit zeigte sich schnell, dass die erhofften Vorteile der Kosten- und Zeiteinsparung nicht erreicht werden konnten. Darüberhinaus bestand aber auch kein Anlaß zur Annahme, dass das neue Verfahren - insbesondere was das öffentliche Interesse anbelangte - gerechter oder geeigneter war.[72]

3. Versteigerungen

Als Reaktion auf diese Probleme ermächtigte der amerikanische Kongreß die FCC 1993 zur Verteilung von Spektrumlizenzen Versteigerungen durchzuführen.[73] Hinter dem neuen Auktionskonzept standen dabei die Annahme und die Erwartung, dass der hohe Kostenaufwand zur Erlangung einer Lizenz die meisten Bewerber - außer den ernsthaften - von der Bewerbung abhalten würden, und dass die Gewinner der Versteigerung diejenigen sein würden, die das Spektrum am meisten schätzten und am schnellsten Dienstleistungen einführen konnten.[74]

Ursprünglich wurden die Versteigerungen nicht zur Steigerung der öffentlichen Einnahmen eingeführt. Vielmehr empfand man sie als einen Weg, eine schnelle Vergabe der Lizenzen an diejenigen zu sichern, die diese auch tatsächlich effizient nutzen würden. Weiterhin sollten damit Spekulationen vermieden und Verwaltungskosten reduziert werden.[75] Die primäre Zielsetzung der FCC im Zusammenhang mit der Einführung des Versteigerungsverfahrens war der Schutz des öffentlichen Interesses.[76] Einige bestimmte Ziele,

---

71 Vgl. Krattenmaker, aaO, S. 131. Lotteriebewerber mußten lediglich $ US 35 Anmeldegebühr jeder Bewerbung, zusammen mit einem technischen Plan für die versprochene Dienstleistung, beigefügen. Dies führte dazu, dass viele Bewerber zwischen einer und mehreren Duzend Bewerbungen abgaben. Diese Massenbewerbungen wurden auch durch sog. "lottery application mills", die jeden Bewerber mit allem Notwendigen, einschließlich vorgefertigten technischen Plänen versorgten, begünstigt.

72 Vgl. Allard, The New Spektrum Auction Law, in 18 Seton Hall Leg. J. (1993), S. 13 (27).

73 Im Omnibus Budget Reconciliation Act von 1993 änderte der amerikanische Kongreß den Communications Act von 1934 ab und verpflichtete die FCC zum Entwurf und zur Durchführung von Versteigerungen zur Verteilung von Spektrumlizenzen, Pub. L. No. 103-66, § 6002, 107 Stat. 312 at 387 - 392.

74 Federal Communications Commission „In the Matter of FCC Report to Congress on Spectrum Auctions“ WT Docket No. 97-150, (1997) WL 629251 at Part II.

75 Federal Communications Commission „In the Matter of FCC Report to Congress on Spectrum Auctions“ WT Docket No. 97-150, (1997) WL 629251 at Part II.

76 Der Omnibus Reconciliation Act schrieb vor, welche primären Ziele die FCC zu verfolgen hatte, Pub. L. No. 103-66, § 6002, 107 Stat. 312 at 387 - 392.

wie die effiziente und intensive Nutzung des Spektrums und die schnelle Einführung von neuen Technologien und Dienstleistungen für die Öffentlichkeit, wurden sogar ausdrücklich in das neue Gesetz aufgenommen.[77]

Es ist allerdings nicht überraschend, dass sich die deutliche Absichtserklärung des amerikanischen Kongresses änderte, als sich zeigte, dass die Versteigerungen sehr viel mehr an Einnahmen erzielten, als ursprünglich angenommen.[78] So hat der amerikanische Kongreß in einem Fall die FCC angewiesen, einige Frequenz-Bänder rechtzeitig zum Ausgleich des US - Haushaltes zu versteigern, obwohl die FCC mit dem Hinweis, dass der Markt auf eine solche Versteigerung zu dieser Zeit noch nicht vorbereitet sei, Einspruch erhoben hatte.[79]

B. Das Versteigerungsverfahren des "Telecommunications Act von 1996" (TCA)

Die Befugnis der FCC, zur Vergabe von Spektrumlizenzen Versteigerungsverfahren durchzuführen, ist gesetzlich in § 309 (j) Telecommunications Act von 1996 geregelt.[80] Eine detaillierte Darstellung dieser Vorschrift sowie ihrer wichtigsten Anwendungsfälle ist Gegenstand des nun folgenden Abschnittes. Im Interesse der vollständigen Erfassung der Bestimmung soll zuvor allerdings ihr verfassungsrechtlicher Hintergrund skizziert und ein Blick auf ihre legislative Geschichte geworfen werden.

I. Verfassungsrechtlicher Hintergrund

Verfassungsrechtlicher Maßstab des in § 309 (j) TCA kodifizierten Lizenzierungssystems der Versteigerung ist die im ersten Zusatzartikel der amerikanischen Verfassung geschützte Redefreiheit. Auch "elektronische Sprache" ist dabei unter der Redefreiheits-Klausel des ersten Zusatzartikel der amerikanischen Verfassung geschützt. Der Staat kann dieses Recht nur in Ver-

---

77 47 U.S.C. § 309 (j) (3) (A) - (D) (1994).

78 Dieser Kurswechsel ist wahrscheinlich auf die vierte Versteigerung (PCS Blöcke A, B) zurückzuführen, die mehr als das 10-fache der erwarteten Einnahmen einbrachten. Die Versteigerung brachte mehr als $ US 7,7 Milliarden hervor und wurde vom Guiness Buch der Weltrekorde als größte Versteigerung der Geschichte anerkannt, Vgl. Glass/Rhodes, Catching the Wave (1999), in 44 McGill L.J. S. 141 (157).

79 Vgl. Glass/Rhodes, aaO.

80 47 U.S.C. § 309 (j) (1994 & Supp. III 1997). Die gesetzliche Ermächtigung hierzu findet sich im Omnibus Reconciliation Act von 1993, Pub. L. No. 103-66, § 6002, 107 Stat. 312 (387 - 392).

folgung eines „zwingenden Interesses“ und durch das am „wenigsten einschränkende Mittel“, welches „sorgfältig auf das zu erreichende Interesse zugeschnitten sein muß“, einschränken.[81] Ein Lizenzierungssystem stellt eine erhebliche Einschränkung der Redefreiheit dar, wie auch immer die Lizenzen verteilt werden. Es schließt jemanden ohne Lizenz von elektronischer Sprache aus und auch die Inhaber von Lizenzen können sie nur eingeschränkt nutzen, da an die Nutzung dieser Lizenzen regelmäßig bestimmte Voraussetzungen geknüpft sind. Da das Frequenzspektrum eine knappe Ressource ist, dessen Nutzungen sich untereinander beeinträchtigen, ist die Lizenzierung durch die Regierung jedoch unerläßlich[82], zumal ein weniger einschränkendes Kontrollmittel als ein Lizenzierungssystem derzeit nicht zur Verfügung steht.[83]

Kritiker wenden ein, dass bereits jetzt weniger einschränkende Kontrollmittel zur Verfügung stehen; sie behaupten, dass neue technologische Entwicklungen die Nutzung der gleichen Frequenz gleichzeitig und damit bereits jetzt viel mehr Sprecher erlauben, und dass dies insofern Zweifel an der Verfassungsmäßigkeit des derzeitigen Verteilungssystems hervorrufe.[84]

Obwohl Ingenieure offensichtlich damit begonnen haben, die Durchführbarkeit von Systemen nachzuweisen, die die gleichzeitige Nutzung des gleichen Teils des Spektrums ohne Störungsprobleme gestatten, ist jedoch noch nicht der Beweis erbracht, dass diese Technologiefortschritte bereits jetzt die Architektur des zu verteilenden Frequenzspektrums zu ersetzen vermögen.[85] Nur in diesem Fall würde die „Notwendigkeit“ des derzeitigen Lizenzierungssystems entfallen und sich die Frage der Verfassungsmäßigkeit stellen.[86] Da jedoch noch nicht einmal die Kritiker davon überzeugt sind, dass die Technologie derzeit so weit fortgeschritten ist, dass eine Verteilung des Spektrums

---

81 Sable Communications of California Inc. v. FCC, 492 U.S. 115, 109 S. Ct. 2829, 106 L. Ed. 2nd 93 (1989).

82 Vgl. Krattenmaker, Telecommunications law and policy, S. 45 f.

83 Vgl. Krattenmaker, Telecommunications law and policy, S. 45 f.

84 Vgl. Benkler, Net Gains, The New Republic, 14. Dezember 1998, S. 13 (14); Noam, Spectrum Auctions: Yesterdays Heresy, Tosay's Orthodoxy, Tomorrow's Anachronism. Taking the Next Step to Open Spectrum Access, 41 J. Law & Econ. (1998), S. 765 (770). In Teil 3 meiner Arbeit (C) werde ich diese technologischen Fortschritte erläutern und ihre Auswirkungen in bezug auf die Verfassungsmäßigkeit des derzeitigen Paradigmas untersuchen.

85 Benkler's und Noam's Artikel scheinen dies ebenfalls anzudeuten. Vgl. Benkler, aaO; Noam, aaO, S. 765.

86 Vgl. Benkler, aaO; Noam, aaO, S. 765 (770).

nicht länger notwendig ist,[87] ist derzeit von der Verfassungsmäßigkeit des gegenwärtigen Paradigmas auszugehen.

II. Gesetzgebungsgeschichte

Die Versteigerung von Nutzungsrechten an Frequenzen ist freilich keine neue Idee.[88] Wirtschaftswissenschaftler hatten schon lange die bislang übliche Praxis der amerikanischen Regierung, solche wertvollen Spektrumrechte gratis zu vergeben, in Frage gestellt.[89] Bis zum 103. Kongreß gab es hierfür jedoch kaum politische Unterstützung.[90] Obwohl schon die Präsidenten Carter[91], Reagan[92] und Bush[93] eine die Versteigerung zulassende Gesetzgebung befürworteten, wurde eine solche Gesetzgebung während ihrer Amtszeiten nicht verabschiedet.

---

87 Vgl. Benkler, aaO; Im letzten Absatz seines Aufsatzes bemerkt er: „Wir sind nicht davon überzeugt, dass eine solche Rechtfertigung nicht gemacht werden könnte ... sollten wir nicht zumindest fragen, wo wir uns befinden werden, wenn das Versprechen von Streuspektrumtechnologien wahr wird?"

88 Für eine verständliche Darstellung der Geschichte der Regulierung von Spektrum in den USA vgl. Hazlett, The Rationality of U.S. Regulation of the Broadcast Spectrum, 33 J.L. & Econ. 133 (1990), S. 133 ff.

89 Auf die Idee, Frequenzen an den Höchstbietenden zu versteigern kam zuerst in den späten 1950igern Ronald Coase, der Ökonom und Nobelpreisträger; Vgl. Coase, The Federal Communications Commission, 2 J. L. & Econ. (1959), S. 1 (14-17). Hazlett erwähnt jedoch Leo Herzel als einen der ersten Ökonomen, der die Versteigerung von Spektrum befürwortet hat; Vgl. Hazlett, a.a.O., S. 137 (zitierend Herzel, Public Interest and the Market in Color Television Regulation, 18 U. Chi. L. Rev. (1951), S. 802 (816).

90 Das Hauptargument war, dass Versteigerungen dem öffentlichen Interesse hinsichtlich Zuteilung und Regulierung des Spektrums nicht hinreichend Rechnung tragen würden, Vgl. National Telecommunications and Info. Admin., U.S. Dept. Of Comm., U.S. Spectrum Management Policy: Agenda for the Future 1 (102 - 111) (Feb. 1991).

91 Mitteilung des Präsidenten zur Regulierungsreform der Telekommunikationsindustrie des Kongresses, Pub. Papers, S. 1699 (1702), 1980.

92 Office of Management & Budget, Budget of the U.S. Government, Fiscal Year 1988, S. 2-47 (1987).

93 Office of Management & Budget, Budget of the U.S. Government, Fiscal Year 1990, S. 2-37 (1989), Office of Management & Budget, Budget of the U.S. Government, Fiscal Year 1991, S. A-55 (1990), Office of Management & Budget, Budget of the U.S. Government, Fiscal Year 1992, S. 3-11 (1991), Office of Management & Budget, Budget of the U.S. Government, Fiscal Year 1993, S. 2-13 (1992).

Der von Präsident Clinton im Jahr 1993 gestellte Haushaltsantrag für das Steuerjahr 1994 enthielt erneut eine Ermächtigung für Spektrumversteigerungen, die der von den Präsidenten Reagan und Bush vorgeschlagenen ähnelte.[94] Erst diese wurde schließlich verabschiedet, so dass die Spektrumverteilung mittels Versteigerungen letztlich doch noch Gesetz wurde.[95]

Die mit dem Versteigerungsverfahren verbundene formelle Gesetzgebungsgeschichte ist eher dünn.[96] Dies liegt daran, dass die Versteigerungsvorschriften nicht als eigenständige Gesetzgebung ergingen, sondern Teil des gesamten Haushaltsverfahrens waren, bei dem die im Vordergrund stehenden Steuervorschriften die meiste Aufmerksamkeit des Kongresses erhielten.[97] Der Antrag der Clinton-Regierung kann jedoch in seinem Ursprung auf eine Reihe von Gesetzgebungsinitiativen zurückgeführt werden. Beginnend mit dem Haushaltsentwurf von 1989[98] wurden in den folgenden Jahren in regelmäßigen Abständen Initiativen für ein Versteigerungssystem eingebracht.[99] Dies zeugte von dem sich entwickelnden Bewußtsein, dass mehr Spektrum für die private Nutzung verfügbar gemacht werden sollte, und dass die existierenden Methoden der Zuteilung von Lizenzen schwerwiegende Fehler aufwiesen.[100] Die althergebrachte Opposition der Rundfunk-Lobby gegenüber jeglicher Art von Gebühr für die Nutzung des Spektrums war zudem nicht mehr stark genug, um

---

94 Office of Management & Budget, Budget of the U.S. Government, Fiscal Year 1994, S. 18 (1993).

95 Vgl. Omnibus Reconciliation Act of 1993, Pub. L. No. 103 - 66, § 6002, 107 Stat. 312 (387 - 392).

96 Eine verständliche Darstellung der Gesetzgebungsgeschichte gibt Hazlett, Assigning Property Rights to Radio Spectrum Users: Why did FCC Auctions take 67 Years?, 41 J. L. & Econ.(1988), S. 529 (530 f.).

97 Die speziellen Umstände des Haushaltsverfahren minimierte die Gesetzgebungsgeschichte in Bezug auf die Spektrumversteigerungsvorschriften. Die den Omnibus Budget Reconciliation Act (OBRA) beherrschenden Bestimmungen sind komplex und ein OBRA ist eine herausfordernde Unternehmung, weshalb weniger Zeit und Freiheit zur Verfügung steht, die zumeist sehr wichtigen gesetzgeberischen Initiativen zu diskutieren. Vgl. Nicholas A. Masters, The Congressional Budget Process, Serial No. CP-1, 103d Cong., 2d Sess. (Comm. Print. 1993).

98 Die Entwicklung des aktuellen Versteigerungsgesetzes von 1989 bis zur Verabschiedung im Jahre 1993 wird besprochen in: Congressional Budget Office, A CBO Study: Auctioning Radio Spectrum Licenses, S. 14 f. (März 1992).

99 Vgl. Office of Management & Budget, Budget of the U.S. Government, Fiscal Year 1991, S. A-55 (1990), Office of Management & Budget, Budget of the U.S. Government, Fiscal Year 1992, S. 3-11 (1991), Office of Management & Budget, Budget of the U.S. Government, Fiscal Year 1993, S. 2-13 (1992).

100 In der Gesetzgebungsgeschichte wird der FCC der Misserfolg der Lotterien angelastet. Vgl. z.B. House Comm. On the Budget, Report to H.R. 2264, H.R. Rep. No. 111, 103d Cong., 1st Sess. S. 245-270 (1993).

den Entwurf scheitern zu lassen. Die politische Dynamik hatte sich verändert. Die Tatsache, dass gebührenfreie Rundfunklizenzen ausdrücklich von Versteigerungen ausgenommen werden sollten[101], sowie die ehrgeizigen Anstrengungen der Rundfunkindustrie in anderen Bereichen[102], schränkten die Möglichkeit der Sender, sich offen und effektiv den Spektrumversteigerungen entgegenzustellen, ein. Zudem machte das verzweifelte Bemühen der amerikanischen Regierung im Jahr 1993, zur Minderung des Haushaltsdefizits neue Quellen für die Erzielung öffentlicher Einnahmen zu erschließen,[103] die Einführung dieser einst kontroversen Bestimmungen letzten Endes unvermeidbar. Die Dringlichkeit des Schuldenabbaus entwickelte in den letzten Tagen des Gesetzgebungsverfahrens sogar eine derartige Eigendynamik, dass sich aus dem einst auf die Einführung neuer Technologien beschränkten Versteigerungsexperiment ein Versteigerungsverfahren für eine Vielzahl von Spektrumlizenzen, sowohl für neue als auch alte Nutzungen, entwickelte.[104]

Mit dem Haushaltsgesetz von 1993 wurde also schließlich - zunächst nur für die Lizenzen, die nicht den klassischen Rundfunk betrafen, seit 1997 auch für Rundfunklizenzen[105] - das bis dahin verwandte Lotteriesystem von der Versteigerungsmethode abgelöst.[106] In den Gesetzgebungsmaterialien wird insoweit ausdrücklich klargestellt, dass die Hauptursache für den Wechsel zum Versteigerungsverfahren in den schwerwiegenden Unzulänglichkeiten der Lotterien selbst bzw. zumindest ihrer Durchführung lag. Die Materialien zei-

---

101 Dies spiegelt sich letzten Endes wieder im Omnibus Budget Reconciliation Act von 1993, Pub. L. No. 103 - 66, § 6002, 107 Stat. 312 (387 - 392).

102 Wie die Auseinandersetzung über die „must carry / retransmission" Bestimmungen, die schließlich in Cable Act von 1992 gesetzlich verankert wurden. Cable Television and Consumer Protection and Competitor Act von 1992, Pub. L. No. 102-385, 106 Stat. 1460.

103 Vgl. z. B. Day, Regulation of wireless communications systems, 1997, S. 87.

104 Vgl. Allard, The New Spectrum Auction Law, in 18 Seton Hall Leg. J. (1993), S. 13 (34).

105 Zunächst wurden genau wie bei der Ermächtigung zur Veranstaltung von Lotterien, Rundfunklizenzen von der Verteilung mittels Versteigerung ausgenommen. Letztendlich ermächtigte der amerikanische Kongreß die FCC jedoch, Radio- und Fernsehlizenzen mittels Versteigerungen zu verteilen und zwar im Balanced Budget Act von 1997, Pub. L. No. 105-33, 111 Stat. 251 (5. August 1997), gesetzlich verankert in U.S.C. § 309 (j). Diese Ermächtigung hat jedoch nur eine geringe Auswirkung, da die Lizenzen für digitales Fernsehen ausdrücklich von Versteigerungen ausgenommen wurden, genauso wie alle Lizenzverlängerungen, und praktisch überhaupt keine neuen Lizenzen für Radio- und Fernsehdienste zugelassen werden. Vgl. Hazlett, Assigning Property Rights to Radio Spectrum Users: Why did FCC Auctions take 67 Years?, 41 J.L. & Econ. (1998), S. 529 (560).

106 47 U.S.C. § 309 (j) (l) (1994).

gen, dass der Gesetzgeber unter dem Eindruck handelte, dass die FCC daran gescheitert war, ernstzunehmende Überprüfungsverfahren einzuführen, die sicherstellen, dass das Spektrum nur Bewerbern zugesprochen wird, die in der Tat beabsichtigten, es zu nutzen.[107] Dieser Mangel führte zu Spekulationen, z.B. dazu, dass Beteiligte sich für Spektrum bewarben und es erhielten, dieses aber anschließend für eine beträchtliche Summe an andere Beteiligte, die das Spektrum tatsächlich nutzen wollten, weiterverkauften. Darüberhinaus setzte die Lotteriemethode nicht zuletzt auch die Glaubwürdigkeit des FCC-Lizenzierungsverfahrens aufs Spiel, da nicht selten unqualifizierte Personen oder Rechtsträger FCC-Lizenzen erhielten.[108] Neben den Einnahmen für den Schuldenabbau, erwartete der Kongreß, diesen Problemen durch das Versteigerungsverfahren wirksam zu begegnen.[109]

III. Gesetzliche Grundlage, § 309 (j) TCA

Die Ermächtigung der FCC, zur Verteilung von Nutzungsrechten an Frequenzen das Versteigerungsverfahren zu verwenden, unterliegt gemäß § 309 (j) (1) TCA drei Vorbehalten.[110] Die FCC ist nur dann ermächtigt und verpflichtet, Versteigerungen durchzuführen, wenn (1) sich gegenseitig ausschließende Bewerbungen für eine Lizenz eingegangen und angenommen worden sind,[111] (2) die eingegangen Bewerbungen einer Erstlizenz gelten[112] und (3) keine Ausnahmen i.S.d. § 309 (j) Absatz 2 einschlägig sind.[113]

---

107 House Comm. on the Budget, Report to H.R. 2264, H.R. Rep. No. 111, 103d Cong., 1st Sess. S. 248 (1993).

108 House Comm.on the Budget, Report to H.R. 2264, H.R. Rep. No. 111, 103d Cong., 1st Sess. S. 249 (1993).

109 House Comm. on the Budget, Report to H.R. 2264, H.R. Rep. No. 111, 103d Cong., 1st Sess. S. 248 (1993).

110 47 U.S.C. § 309 (j) (l) (1994 & Supp. III 1997).

111 47 U.S.C. § 309 (j) (l) (1994 & Supp. III 1997). Dieser Abschnitt lautete „von der FCC angenommen nach dem 26. Juli 1993", was dazu führte, dass die meisten anhängigen Bewerbungen für existente Mikrowellendienste ausgeschlossen waren. § 309 (j) wurde abgeändert durch das Balanced Budget Act von 1997, Pub. L. No. 105-33, 111 Stat. 251 (5. August 1997).

112 47 U.S.C. § 309 (j) (l) (1994 & Supp. III 1997).

113 47 U.S.C. § 309 (j) (l) (1994 & Supp. III 1997). Es ist anzumerken, dass die potentiellen Lizenznehmer sich weiterhin unter den in 47 U.S.C. §§ 308 (b) und 310 enthaltenen traditionellen Kriterien (die sich auf Art der Nutzung und ausländische Beteiligung beziehen) zu qualifizieren haben. Darüberhinaus gibt es eine Anzahl von Bedingungen vor und nach Durchführung der Versteigerung, z.B. § 309 (j) (10).

Der erste Vorbehalt bezieht sich dabei auf das Erfordernis, dass eine Bewerbung eingereicht und einer ersten summarische Prüfung unterzogen worden sein muß, und die FCC anschließend öffentlich bekannt gemacht haben muß, dass eine nicht offensichtlich ungültige Bewerbung für eine Lizenz vorliegt.[114] Die zweite Bedingung weist darauf hin, dass die FCC die Versteigerungsmethode nicht für die Verlängerung oder Abänderung von Lizenzen verwenden darf.[115] Die letztgenannte Anforderung bezieht sich auf die in § 309 (j) (2) TCA genannten Fälle, in denen die Versteigerung nicht zur Anwendung kommen soll. Unter anderem sind Lizenzen für digitales Fernsehen sowie für die öffentliche Sicherheit betreffende Funkrufdienste ausdrücklich von Versteigerungen ausgenommen.[116] Wie auch schon bei den Lotteriebestimmungen waren zunächst auch gebührenfreie Rundfunklizenzen von der Zuteilung mittels Versteigerung ausgenommen worden. Im Balanced Budget Act von 1997 ermächtigte der amerikanische Gesetzgeber dann jedoch die FCC, Versteigerungen auch für die Erteilung von Radio- und Fernsehlizenzen durchzuführen.[117] Da aber Lizenzen für digitales Fernsehen und auch alle Lizenzverlängerungen ausdrücklich von Versteigerungen ausgenommen sind, und derzeit kaum neue Lizenzen für Radio- und Fernsehdienste erteilt werden, dürften Rundfunklizenzen in der Praxis letztlich nur selten Gegenstand von Versteigerungsverfahren sein.[118] Insgesamt räumt § 309 (j) (1) TCA der FCC allerdings dennoch sehr weitgehende Befugnisse zur Erteilung von Lizenzen mittels Versteigerungen ein.[119]

Nach § 309 (j) (3) TCA ist die FCC ermächtigt, unterschiedliche Versteigerungsmethoden zur Allokation der Frequenzen zu entwickeln und zu testen.[120] Obwohl diese Bestimmung der FCC auf der einen Seite einen weiten Beurteilungsspielraum einräumt, ist die FCC gleichsam verpflichtet, dabei

---

[114] H.R. CONF. REP. No. 213, 103d Cong., 1st Session (1993), S. 480.

[115] H.R. CONF. REP. No. 213, 103d Cong., 1st Session (1993), S. 481 f..

[116] 47 U.S.C. § 309 (j) (2) (1994 & Supp.III 1997).

[117] Balanced Budget Act von 1997, Pub. L. No. 105-33, 111 Stat. 251 (5. August 1997), gesetzlich verankert in 47 U.S.C. § 309 (j). Bislang hat es keine praktischen Erfahrungen mit dieser neuen Ermächtigung gegeben.

[118] Vgl. Hazlett, Assigning Property Rights to Radio Spectrum Users: Why did FCC Auctions take 67 Years?, 41 J.L. & Econ. (1998), S. 529 (560).

[119] Gleichzeitig ist die Ermächtigung der FCC zur Durchführung von Lotterien als Mittel zur Gewährung von Lizenzen zu einem großen Teil eingeschränkt worden. Gemäß § 309 (i) (5) soll die FCC keine Lizenz unter Nutzung eines willkürlichen Systems nach dem 1. Juli 1997 mehr ausstellen, außer es ist im Unterabschnitt B vorgesehen. Vgl. 47 U.S.C. § 309 (i) (5) (1994 & Supp. III 1997).

[120] 47 U.S.C. § 309 (j) (3) (1994 & Supp. III 1997).

verschiedene, in den folgenden Unterabschnitten gesetzlich festgelegte Ziele zu berücksichtigen:

(A) Entwicklung und rasche Einführung neuer Produkte, Dienstleistungen und Technologien,
(B) Vielfalt der Lizenznehmer,
(C) Finanzieller Ertrag für den Staat, und
(D) Effizienz und Intensität der Nutzung des Spektrums.[121]

Den Vorgaben des § 309 (j) (3) TCA entsprechend hat die FCC Bestimmungen zu erlassen, die die Methode und Ausgestaltung zukünftiger Spektrumversteigerungen im einzelnen festlegt.[122] Dabei hat sie die in § 309 (j) (3) TCA festgelegten Ziele zu fördern, indem sie deren in § 309 (j) (4) TCA festgelegten Spezifikationen umsetzt.[123] Dieser Verpflichtung ist die FCC nachgekommen.

IV. Versteigerungsmethode und -regeln

1. Versteigerungsmethode

Im Herbst 1993 erließ die FCC eine "Notice of Proposed Rulemaking", um ihre neu geschaffene Ermächtigung zur Durchführung von Versteigerungen für die Vergabe bestimmter Lizenzen zu implementieren.[124] Die FCC initiierte damit Versteigerungen für sechs Arten von Dienstleistungen: schmal-

---

121 47 U.S.C. § 309 (j) (3) (A) - (E) (1994 & Supp. III 1997).

122 47 U.S.C. § 309 (j) (3) (A) - (E) (1994 & Supp. III 1997).

123 Die Beziehung zwischen § 309 (j) (3) und § 309 (j) (4) ist dergestalt, dass während (3) lediglich die von der FCC zu verfolgenden Zielsetzungen aufzählt, (4) im einzelnen darlegt, wie diese Ziele verwirklicht werden sollen. Z.B. wird in § 309 (j) (B) darauf hingewiesen, dass die Lizenzen auf eine große Vielfalt an Bewerbern verteilt werden sollen, einschließlich kleiner und ländlicher Telefonunternehmen, u.s.w. § 309 (j) (4) (D) erläutert sodann, dass die FCC zur Sicherung von deren Teilnahme, Steuerbescheinigungen, Bietervorrechte und andere Verfahren in Betracht ziehen soll. Die spezifische Vorschriften, die die FCC in Verfolgung von § 309 (j) (3) und (4) erlassen hat, wird in den nächsten Unterabschnitt „Versteigerungsmethode und -verfahren" erläutert. Zu beachten ist auch, dass der amerikanische Kongreß, obwohl er Milliarden von Dollar an Einnahmen über die Jahre erwartete, im übrigen beschloß, die politischen Entscheidungen der FCC gegenüber haushaltstechnischen Druck zu isolieren, indem hierbei ausdrücklich Einkommensgesichtspunkte nur eingeschränkt eine Rolle spielen dürfen.

124 In re Implementation of Section 309 (j) of the Communications Act Competitive Bidding, Notice of Proposed Rulemaking, 8 FCC Rcd. 7635, paras. 1-3 (1993).

und breitbandige PCS, DBS, MDS, SMR und IVDS.[125] Die FCC stellte drei Kriterien auf, die die Ausgestaltung dieser Versteigerungen bestimmen sollten: (1) die Versteigerungen sollten einfach und leicht durchzuführen sein, (2) die Erfahrungen anderer Regierungsbehörden, die bereits Versteigerungen effektiv durchgeführt hatten, sollten die Versteigerungen formen, und (3) die Versteigerungen sollten so gestaltet werden, dass die Verwaltungskosten für die Bewerber und die FCC gering gehalten werden.[126]

Die FCC untersuchte verschiedene Versteigerungsmethoden, die diese Kriterien in die Tat umsetzen und die in § 309 (j) (3) TCA gesetzlich vorgeschriebenen Ziele erfüllen sollten. Insgesamt begutachtete die FCC vier traditionelle und zwei nicht-traditionelle Systeme.[127]

Zu den traditionellen Methoden gehören die Englische Auktion (oral ascending), die Holländische Auktion (oral descending), die verdeckte Erstpreis-Auktion (sealed bid) und die verdeckte Zweitpreis-Auktion (secondprice sealed bid). Beim sogenannten „englischen Verfahren“ überbieten sich die einzelnen Nachfrager ständig gegenseitig, bis der Auktionator letztlich demjenigen Bieter den Zuschlag erteilt, der das letzte und höchste Gebot abgegeben hat. Die Objekte werden einzeln und i.d.R. voneinander unabhängig sukzessive versteigert.[128] Für das sogenannte „holländische Verfahren“ ist kennzeichnend, dass eine Versteigerungsuhr einen fortlaufend niedrigeren Preis anzeigt und derjenige den Zuschlag erhält, der als erster den aktuell angezeigten Preis akzeptiert. Die Objekte werden in diesem Fall ebenfalls einzeln und voneinander unabhängig sukzessive versteigert.[129] Charakteristisch für die sogenannte „verdeckte Erstpreis-Auktion“ ist, dass alle Angebote in verschlossenen Umschlägen eingereicht werden und der Zuschlag zum gebotenen Preis an denjenigen geht, der das höchste Gebot abgegeben hat.[130] Bei der vierten Variante, der sogenannten „verdeckten Zweitpreis-Auktion“ werden ebenfalls ver-

---

125 In re Implementation of Section 309 (j) of the Communications Act Competitive Bidding, Notice of Proposed Rulemaking, 8 FCC Rcd. 7635, paras. 1-3 (1993).

126 In re Implementation of Section 309 (j) of the Communications Act Competitive Bidding, Notice of Proposed Rulemaking, 8 FCC Rcd. 7635, paras. 18 (1993).

127 In re Implementation of Section 309 (j) of the Communications Act Competitive Bidding, Notice of Proposed Rulemaking, 8 FCC Rcd. 7635, paras. 36-45 (1993).

128 Vgl. Kummel, Spectrum Bids, Bets, and Budget, 48 Fed. Comm. L. J. (1996) S. 512 (530). Kummel weist weiterhin kurz auf die Stärken und Schwächen dieser Versteigerungsmethode hin.

129 Vgl. Kummel, aaO, der die Stärken und Schwächen dieser Versteigerungsmethode beschreibt.

130 Vgl. Kummel, aaO, S. 512 (531), der die Stärken und Schwächen dieser Versteigerungsmethode kurz erläutert.

schlossene Umschläge abgegeben und der Zuschlag dem Meistbietenden erteilt, wobei der zu zahlende Preis aber dem zweithöchsten Gebot entspricht.[131]

Zu den nicht-traditionellen Systemen gehören die japanische Versteigerung (Japanese auction) und das simultane und mehrstufige Bietverfahren in einem elektronischen Verfahren vernetzter Computer (simultaneous multiple round electronic bidding, SMRE). Bei einer "japanischen Versteigerung" steigen die Gebote in genau festgesetzten Inkrementen. Die Parteien müssen bei einem jeden solcher Zuwächse bieten oder endgültig ausscheiden. Den Zuschlag erhält derjenige, der als letzter noch ein Gebot bei einem weiteren Zuwachs abgibt.[132] Unter einem "simultanen und mehrstufigen Bietverfahren in einem elektronischen Verfahren vernetzter Computer" versteht man eine Auktion, bei der die Beteiligten gleichzeitig, unabhängig voneinander und geheim in einer Reihe von vorab festgelegten Gebotsrunden ihre Gebote elektronisch über Computer abgeben. Die Gebote können bis zum Abschluß der letzten Runde erhöht und auch wieder reduziert werden. Die Versteigerung läuft solange, wie auf irgendeine der Lizenzen in irgendeiner Weise Gebote abgegeben werden. Die Gebote gehen über verschiedene Runden, bei deren Beginn jeweils das Ergebnis der letzten Runde bekanntgegeben wird. [133]

Das wichtigste Instrument bei der Begutachtung und Bewertung dieser unterschiedlichen Versteigerungstypen war die sog. „Spieltheorie“.[134] Die amerikanische Regierung hatte bereits zuvor die Spieltheorie bei der Konzeption von Schatzwechsel- und Ölpachtrechte-Versteigerungen verwandt.[135] Die Spieltheorie ist eine angewandte mathematische Methode, mit der das Verhalten von Beteiligten in Wettbewerbssituationen wie Versteigerungen vorausgesagt werden kann.[136] Da jedes Versteigerungssystem typische Ergebnisse hinsichtlich relevanter Versteigerungsfaktoren, wie dem Problem des "Fluch des

---

131 Vgl. Kummel, Spectrum Bids, Bets, and Budget, 48 Fed. Comm. L. J. (1996) S. 512 (531), der die Stärken und Schwächen dieser Versteigerungsmethode beschreibt.

132 Vgl. Kummel, aaO, der kurz auf die Stärken und Schwächen dieser Versteigerungsmethode eingeht.

133 Vgl. Kummel, aaO, S. 512 (532).

134 Mehr zur Spieltheorie bei Luis Garicano, Wie die Auktion von Frequenzen gestaltet werden kann, Financial Times Deutschland vom 9.10.2000, Mastering: Strategie 3, S. 1 (6).

135 Vgl. Amanda Bennett, Nobel in Economics is Awarded to Three for Pioneering Work in Game Theory, Wall St. J., 12 Oktober 1994, S. B 3.

136 Vgl. Peter Passell, Game Theory Captures a Nobel, N.Y. Times, 12. Oktober 1994, S. D 1; Amanda Bennett, Nobel in Economics is Awarded to Three for Pioneering Work in Game Theory, Wall St. J., 12 Oktober 1994, S. B 3.

Gewinners" (winners curse)[137] oder der "Bieterkartelle" (collusion)[138] und anderer Faktoren produziert, trägt die Spieltheorie dazu bei, die Eignung einer Versteigerungsmethode für eine bestimmte Nutzung zu bestimmen.[139]

Wegen der damit verbundenen Vorteile wählte die FCC letztlich das simultane und mehrstufige Bietverfahren in einem elektronischen Verfahren vernetzter Computer (simultaneous multiple round electronic bidding, SMRE) als bevorzugte Versteigerungsmethode.[140] Mehrere Bietrunden ermöglichen es den Teilnehmern, die gesamten Preisäußerungen ihrer Wettbewerber zu beobachten und ihre Gebote entsprechend anzupassen. Diese Information erhöht die Wahrscheinlichkeit, dass die Lizenz demjenigen übertragen wird, für den sie den größten Wert hat. Wenn die Bieter sich vom Markt bestätigt sehen, verringert sich die Gefahr unrealistischer Höchstgebote (winners curse) und es steigt die Bereitschaft, entsprechend für die Lizenz zu bieten. Darüberhinaus verringert sich die Wahrscheinlichkeit, dass die Bieter die Zahlungen auf ihre Gebote nicht leisten können. Daraus resultiert wiederum ein Zuwachs an staatlichen Einnahmen. Eine simultane Auktion im mehrstufigen Bietverfahren erlaubt den Bietern desweiteren volle Flexibilität bei der Zusammenstellung eines Bündels von Lizenzen[141] und gibt ihnen die Möglichkeit, zu ihren "back-

---

[137] Diese Theorie kennzeichnet den höchsten Bieter als denjenigen, der den Wert des zu ersteigernden Stückes am meisten überbewertet hat und der Ansicht ist, mehr bezahlt zu haben, als es wert war. Vgl. McMillan, Why Auction the Spectrum, Telecommunication Policy 19 (1995), S. 191ff.

[138] Mehrere Bieter finden sich zusammen um das Ergebnis der Auktion zu manipulieren und auf diese Weise die Kosten niedrig zu halten, Vgl. Black's Law Dictionary, Seventh Edition (1999).

[139] So ist z.B. die Schwäche der holländischen und der verdeckten Erstpreis-Auktion, dass sich die Bieter ein Urteil darüber bilden müssen, welchen Preis vermutlich die anderen Teilnehmer bieten werden, um keine unnötig hohen Gebote abzugeben. Liegen sie allerdings mit ihrer Beurteilung falsch, werden sie möglicherweise zu wenig bieten und keinen Zuschlag erhalten, obwohl ihre tatsächliche Zahlungsbereitschaft höher ist als die aller anderen Bieter. Die englische und verdeckte Zweitpreis-Auktion auf der anderen Seite sind der Gefahr von Bieterkartellen ausgesetzt. Sie bieten die größten Anreize, vor einer Auktion Kartellabsprachen zu treffen

[140] In re Implementation of Section 309 (j) of the Communications Act Competitive Bidding, Second Report and Order, 9 FCC Rcd. 2348, paras. 106 (1994); vgl. auch die Zusammenfassung der Bietersysteme, Vorteile und Spieltheoriefaktoren in: Kummel, Spectrum Bids, Bets, and Budget, 48 Fed. Comm. L. J. (1996) S. 512 (532).

[141] Für die Bieter hängt der Wert jeder einzelnen Lizenz im Wesenlichen davon ab, ob sie bereits über andere Lizenzen verfügen, so dass mehrere Lizenzen für eine Region gebündelt werden können. Dieser Punkt ist daher bei dem Auktionsdesign besonders wichtig. Vgl. hierzu Luis Garicano, Wie die Auktion von Frequenzen

ups" zurückzukehren, sollte sich die erste Wahl als zu teuer herausstellen. Da das Versteigerungsverfahren die Bieter dazu anregt, ihre Vorstellungen hinsichtlich wünschenswerter Lizenzbündelung zu äußern, bestimmt der Marktprozeß den Ausgang der Versteigerung.[142]

Die FCC hat sich seither bei fast allen Versteigerungen, außer bei der ersten Versteigerung für Interactive Video Data Service (IVDS), der SMRE-Methode bedient.[143]

2. Versteigerungsregeln

Beim Erlaß des "Notice of Proposed Rulemaking" im Herbst 1993 legte die FCC zugleich verschiedene Versteigerungsregeln fest.[144] Die zur Erfüllung der in § 309 (j) (3) TCA festgesetzten Zielsetzungen des Kongresses vorgesehenen Regeln sind dabei erheblich geprägt von der Spieltheorie und den bisherigen Erfahrungen mit Versteigerungen in anderen Bereichen.[145]

Entsprechend den Zielsetzungen in § 309 (j) (3) (A) TCA strebte die FCC eine schnelle Entwicklung und den Einsatz von neuen Dienstleistungen, Produkten und Technologien an. Dies sollte durch die Verwendung von (1) "auctions, (2) build-out requirements and (3) transferability" erreicht werden.[146] Der Grund für die Wahl des Instruments der Versteigerung war, dass bei einer erfolgreichen Versteigerung die Lizenz zu dem am höchsten beurteilten Nutzen zum höchsten Marktpreis zugeteilt wird. Die Lizenznehmer sind in der Konsequenz daran interessiert, die schnelle Entwicklung und den schnellen Einsatz der Dienstleistung und der Technologie zu fördern, um ihre hohen an-

---

gestaltet werden kann, Financial Times Deutschland vom 9.10.2000, Mastering: Strategie 3, S. 1 (6).

142 In re Implementation of Section 309 (j) of the Communications Act Competitive Bidding, Second Report and Order, 9 FCC Rcd. 2348, paras. 106 (1994). Vgl. hierzu auch McMillan/McAffee, Analyzing the Airwaves Auction, 10 J. Econ. Persp. (1996) S. 159 ff.

143 Als die amerikanische Regierung für IVDS eine „mündliche Aufschrei" - Versteigerung (oral outcry) durchführte, erlebten mehrere Gewinner einschließlich des Höchstbietenden bei einer Summe von $ US 4,3 Milliarden den „Fluch des Gewinners" und erfüllten ihre Gebote nicht. Vgl. Kummel, aaO, S. 512 (530).

144 In re Implementation of Section 309 (j) of the Communications Act Competitive Bidding, Notice of Proposed Rulemaking, 8 FCC Rcd. 7635, paras. 68-94 (1993).

145 Vgl. Christopher Stern, FCC's New Deal for PCS, BRDCST & Cable, 13. Juni 1994, S. 10.

146 In re Implementation of Section 309 (j) of the Communications Act Competitive Bidding, Notice of Proposed Rulemaking, 8 FCC Rcd. 7635, paras. 117-119 (1993).

fänglichen Investitionen zu decken.[147] Spekulation und das Horten von Lizenzen sind hingegen eher unattraktiv. Die zweite Bestimmung sollte die rasche Entwicklung von Produkten und Dienstleistungen sichern.[148] Die Möglichkeit, die Lizenzen zu übertragen, sollte schließlich einen aktiven Sekundärmarkt für neue Dienstleistungen schaffen.[149]

Desweiteren strebte die FCC gemäß § 309 (j)(3)(B) eine Vielfalt von Lizenznehmern an, indem sie "(1) multiple partitioning and bandwidth schemes, (2) entrepreneur's blocks, (3) designated entity rules and (4) licensee bandwidth limitations", vorsah.[150] Dem lag die Erwartung zugrunde, dass der Verkauf des Spektrums in verschiedenem Umfang auf verschiedenen Ebenen, z.B. national und regional, die Vielfalt von Lizenznehmer fördern würde. Weiterhin würde die Möglichkeit geschaffen, auf verschiedenen Ebenen in dem gleichen Gebiet zu investieren, da unterschiedliche Spektrumblöcke Investitionsgelegenheiten für verschiedene Produkt- und/oder Dienstleistungsarten ermöglichen. Die Unternehmerblöcke wurden eingeführt, um die Teilnahme von kleinen und mittleren Unternehmen zu gewährleisten. Schließlich wurde eine Spektrumbeschränkung für jeden Lizenznehmer pro Markt vorgesehen, um einer übermäßigen Konzentration entgegenzuwirken.[151]

Den Vorgaben des § 309 (j)(3)(C) entsprechend beabsichtigte die FCC, die öffentlichen Einnahmen zu maximieren, indem sie "(1) ascending price SMRE bidding, (2) preregistration disclosure, (3) up-front payments and (4) transfer restrictions" einführte.[152] Der Wahl der SMRE-Auktionsmethode lag die Erwartung zugrunde, dass damit die Abgabe hoher Gebote begünstigt und die Bündelung von Lizenzen ermöglicht würde, während gleichzeitig der Tendenz der Bieter, zuviel zu bieten oder mit Zahlungen säumig zu sein, entgegengewirkt würde.[153] Die zweite Regel[154] sollte die Bietgenauigkeit steigern,

---

[147] In re Implementation of Section 309 (j) of the Communications Act Competitive Bidding, Notice of Proposed Rulemaking, 8 FCC Rcd. 7635, paras. 119 (1993).

[148] In re Implementation of Section 309 (j) of the Communications Act Competitive Bidding, Notice of Proposed Rulemaking, 8 FCC Rcd. 7635, paras. 90 (1993).

[149] In re Implementation of Section 309 (j) of the Communications Act Competitive Bidding, Notice of Proposed Rulemaking, 8 FCC Rcd. 7635, paras. 91 (1993).

[150] In re Implementation of Section 309 (j) of the Communications Act Competitive Bidding, Notice of Proposed Rulemaking, 8 FCC Rcd. 7635, paras. 72-81 (1993).

[151] In re Implementation of Section 309 (j) of the Communications Act Competitive Bidding, Notice of Proposed Rulemaking, 8 FCC Rcd. 7635, paras. 72-81 (1993).

[152] In re Implementation of Section 309 (j) of the Communications Act Competitive Bidding, Notice of Proposed Rulemaking, 8 FCC Rcd. 7635, paras. 82-94 (1993).

[153] In re Implementation of Section 309 (j) of the Communications Act Competitive Bidding, Second Report and Order, 9 FCC Rcd. 2348, paras. 106-108 (1994). Mehrere Gebotsrunden ermöglichen es den Teilnehmern, die gesamten Preisäuße-

die öffentlichen Einnahmen maximieren und Risiken reduzieren.[155] Die Teilnehmer würden durch die Zurverfügungstellung von Informationen im Hinblick auf Lizenzzusammensetzung und -bündelungsstrategie der konkurrierenden Bieter in der Lage sein, den Wert, den eine bestimmte Lizenz für diese hat, einzuschätzen. Die Vorabzahlungen für jede Lizenz waren in erster Linie dazu bestimmt, die Größe der Lizenzbündelung zu bestimmen, und waren dergestalt konstruiert, dass Spekulationen vermieden werden.[156] Die Zuteilungsbeschränkungen für bestimmte Rechtsträger sollten gewährleisten, dass die Lizenzen an diejenigen verteilt werden, die diese in erster Linie nutzen, anstatt mit ihnen zu handeln.[157]

Schließlich ermöglichte die FCC "(1) aggregation and (2) bidding groups", um die in § 309 (j)(3)(D) vorgeschriebene effiziente und intensive Nutzung des Spektrums zu erzielen.[158] Der Hintergedanke der FCC war, dass Lizenzbündelungen geringere Kosten oder höher bewertete Dienstleistungen nach sich ziehen würden, was letztlich zu einer vermehrten Nutzung des Frequenzspektrums führen würde.[159] Zudem sollte mit letztgenannter Regelung das Potential und der Druck, Nutzungen zu integrieren, die den Markt der Frequenznutzer erweitern, betont werden.[160]

---

rungen ihrer Wettbewerber zu beobachten und ihre Gebote entsprechend anzupassen. Diese Information erhöht die Wahrscheinlichkeit, dass die Lizenz demjenigen übertragen wird, für den sie den größten Wert hat. Da die Bieter sich vom Markt bestätigt sehen, verringert sich ihre Angst vor dem „Fluch des Gewinners“ und sind bereit, mehr für die Lizenz zu zahlen. Das Erlöschen der Angst vor dem „Fluch des Gewinners“ führt auch dazu, dass sich die Wahrscheinlichkeit, dass die Bieter die Zahlungen auf ihre Gebote nicht leisten können, verringert. Vgl. McMillan/McAffee, Analyzing the Airwaves Auction, 10 J. Econ. Persp. (1996) S. 159 ff.

154 Diese beinhaltet die gleichzeitige Veröffentlichung von Marktnachfragen, die Offenlegung der Eigentums- und Beteiligungsverhältnisse und Führung der verschiedenen Bieter, und ein Verbot der Kommunikation zwischen Bietern.

155 In re Implementation of Section 309 (j) of the Communications Act Competitive Bidding, Second Report and Order, 9 FCC Rcd. 2348, paras. 158 (1994).

156 In re Implementation of Section 309 (j) of the Communications Act Competitive Bidding, Second Report and Order, 9 FCC Rcd. 2348, paras. 169 (1994).

157 In re Implementation of Section 309 (j) of the Communications Act Competitive Bidding, Second Report and Order, 9 FCC Rcd. 2348, paras. 211-215 (1994).

158 In re Implementation of Section 309 (j) of the Communications Act Competitive Bidding, Notice of Proposed Rulemaking, 8 FCC Rcd. 7635, paras. 57-62 (1993).

159 In re Implementation of Section 309 (j) of the Communications Act Competitive Bidding, Notice of Proposed Rulemaking, 8 FCC Rcd. 7635, paras. 57 (1993).

160 In re Implementation of Section 309 (j) of the Communications Act Competitive Bidding, Notice of Proposed Rulemaking, 8 FCC Rcd. 7635, paras. 57-62 (1993).

D. Konkrete Anwendungsfälle des Versteigerungsverfahrens des TCA

Die landesweiten Schmalband PCS - Versteigerungen Anfang 1994 stellten den ersten praktischen Test des neuen Rechts dar. Die FCC gewährte zehn Lizenzen für eine insgesamte Bandbreite von 787,5 kHz. Nach 47 Gebotsrunden, an denen zu Beginn 29 zugelassene Bewerber teilnahmen, wurden die zehn Lizenzen schließlich sechs erfolgreichen Unternehmen zugeteilt; es wurden Nettoeinnahmen in Höhe von $ 617 Millionen erzielt.[161]

Im November 1994 setzte die FCC die Versteigerungen mit der Vergabe von 30 regionalen Schmalband PCS - Lizenzen für fünf verschiedene Regionen, wobei insgesamt 450 kHz an Spektrumbandbreite verteilt werden sollten, fort. Nach 105 Gebotsrunden und einer Gesamtzahl von 122 Geboten von 28 Bietern stellte die FCC die Lizenzen für 9 erfolgreiche Unternehmen aus. Die Nettoeinnahmen beliefen sich hierbei auf $ 395 Millionen.[162]

Im März 1995 schloß sich eine regionale Breitband PCS Versteigerung (A und B Block) für 51 Haupthandelsgebiete (Major Trading Areas („MTA"))[163] an. Die FCC stellte 99 Lizenzen für eine Gesamtbandbreite von 60 MHz aus. Es nahmen 30 Bieter teil. Die Versteigerung erstreckte sich über 112 Runden und führte zu 83 Geboten. Die 18 Gebote der gewinnenden Unternehmen erbrachten bemerkenswerte $ 7,02 Milliarden.[164]

Im Januar 1996 führte die FCC zwei Direct Broadcast Satellite Versteigerungen zur Zuteilung von zwei Lizenzen (110 Grad orbital und 148 Grad orbital) durch, mit denen insgesamt 500 MHz Bandbreite verteilt wurden. Nach 19 Gebotsrunden, an denen zu Beginn drei Bieter teilnahmen, wurde eine 110 Grad orbital - Lizenz einem Unternehmen mit einem Gewinngebot von $ 693 Millionen zugesprochen. Die 148 Grad orbital - Lizenz wurde nach 25 Ge-

---

161 Vgl. Hazlett, Assigning Property Rights to Spectrum Users: Why Did FCC License Auctions Take 67 Years?, in 41 J. L. and Econ. (1988), S. 529 (536) (Table 3: FCC License Auction 1994-1998); Kummel, Spectrum Bids, Bets, and Budgets, 48 Fed. Comm. L. J. (1996), S. 512 (538) (Appendix A).

162 Vgl. Hazlett, aaO; Kummel, aaO.

163 MTA ist ein Standardterminus, der zur geographischen Einteilung der USA benutzt wird. Es gibt 51 MTAs in den USA.

164 Vgl. Hazlett, Assigning Property Rights to Spectrum Users: Why Did FCC License Auctions Take 67 Years?, in 41 J. L. and Econ. (1988), S. 529 (536) (Table 3: FCC License Auction 1994-1998); Kummel, Spectrum Bids, Bets, and Budgets, 48 Fed. Comm. L. J. (1996), S. 512 (538) (Appendix A).

botsrunden, an denen nur zwei Interessenten teilnahmen, für ein Nettogebot von $ 52 Millionen vergeben.[165]

Im März 1996 fuhr die FCC fort, Multipoint Distribution Services Lizenzen für 493 Grundhandelsbereiche (Basic Trading Areas („BTA"))[166] zu versteigern. Die FCC stellte 493 Lizenzen aus und verteilte dabei 76 - 78 MHz an elektromagnetischem Spektrum. Die Versteigerung erstreckte sich über 181 Runden und führte zu 98 Geboten. Im Ergebnis wurden die Lizenzen 67 Unternehmen zugesprochen. Die erfolgreichen Gebote ergaben eine Nettosumme von $ 216 Millionen.[167]

Nur einen Monat später führte die FCC eine Specialized Mobile Radio Versteigerung zur Vergabe von 1.020 Lizenzen für 51 Haupthandelsgebiete (MTA) durch. Während der Versteigerung stellte die FCC Lizenzen für eine Gesamtbandbreite von 5 MHz aus. Nach 168 Gebotsrunden mit anfangs 105 zugelassenen Bietern und 201 abgegebenen Geboten wurden die Lizenzen schließlich 80 Unternehmen erteilt; es ergaben sich $ 204 Millionen Nettoeinnahmen für den Staat.[168]

Die schließlich in den Jahren 1996 und 1997 durchgeführten beiden Local Broadband PCS Versteigerungen (C Block und D, E, F Blöcke) erscheinen besonders beachtenswert, da sie dem Staat alleine ca. $ 12 Milliarden an Einnahmen erbrachten. Im Rahmen der C Block Versteigerung im Mai 1996 stellte die FCC dabei Lizenzen für 493 Grundhandelsgebiete (BTA) aus, bei denen eine Gesamtbandbreite von 30 MHz verteilt wurde. 255 Bieter nahmen anfangs an der Auktion teil. Die Zahl der anfänglichen Gebote belief sich auf 2.102. Die Versteigerung ging über 184 Runden. Schließlich stellte die FCC 493 Lizenzen für 83 Rechtsträger aus und erzielte hierbei insgesamt erstaunliche $ 10,217 Milliarden.[169] Im Januar 1997 fuhr die FCC mit der Versteige-

---

165 Vgl. Hazlett, aaO; Kummel, aaO.

166 BTA ist ein Standardterminus, der zur geographischen Einteilung der USA benutzt wird. Es gibt 493 BTAs in den USA.

167 Vgl. Hazlett, aaO; Kummel, aaO.

168 Vgl. Hazlett, aaO; Kummel, aaO.

169 Vgl. Hazlett, Assigning Property Rights to Spectrum Users: Why Did FCC License Auctions Take 67 Years?, in 41 J. L. and Econ. (1988), S. 529 (536) (Table 3: FCC License Auction 1994-1998); William Kummel, Spectrum Bids, Bets, and Budgets, 48 Fed. Comm. L. J. (1996), S. 512 (538) (Appendix A). Es ist zu beachten, dass die FCC eine erneute C-Block Versteigerung durchführen mußte, da einige der C-Block Lizenznehmer ihre Verpflichtungen nicht erfüllen konnten und das Spektrum zurückgeben mußten. Es mußten sogar drei Bieter einen Antrag auf Konkurseröffnung stellen. Vgl. Fritts, Private Property, Economic Efficiency and

rung von Local Broadband PCS - Lizenzen (nunmehr die Blöcke D, E und F) fort. Es standen 1.479 Lizenzen für 493 Grundhandelsgebiete (BTA) für eine Gesamtbandbreite von 30 MHz zur Versteigerung an. Nach 276 Gebotsrunden vergab die FCC 1.479 Lizenzen für ein Nettogewinngebot von insgesamt $ 2,517 Milliarden.[170]

E. Das Versteigerungsverfahren des TCA im Lichte ordnungs- und wettbewerbspolitischer Ziele

Ungeachtet der enormen Einnahmen für den Haushalt der amerikanischen Regierung, wird in der Literatur allerdings über die Frage, ob das Versteigerungsverfahren des § 309 (j) TCA als Instrument der staatlichen Verteilung knapper Frequenzen im Lichte der wettbewerbs- und ordnungspolitischen Ziele des Gesetzgebers den anderen Alternativen überhaupt vorzuziehen ist, kontrovers diskutiert.[171] Im folgenden Abschnitt wird der Versuch unternommen, diese Frage im Rahmen einer Analyse der Stärken und Schwächen der Auktionsmethode unter Berücksichtigung der alternativen Verteilungsmethoden zu beantworten.

Zu diesem Zweck sollen zunächst die vom Kongreß mit der Spektrumversteigerung angestrebten Ziele dargelegt werden, um anschließend die verschiedenen Verteilungsmethoden auf die Frage zu untersuchen, ob mit ihnen diese Ziele verwirklicht werden können. Abschließend versucht die Arbeit eine Analyse der Stärken und Schwächen der Versteigerungsmethode zu leisten.

I. Regulierungsziele des amerikanischen Kongresses

In Ausübung des ihr eingeräumten Ermessens bei der Wahl zwischen verschiedenen möglichen Verfahren verwendete die FCC bislang hauptsächlich drei verschiedene Methoden der Lizenz-/Frequenzverteilung, um eine Auswahl zwischen konkurrierenden Bewerbungen zu treffen: vergleichende Anhörungen, Lotterien und Versteigerungen.[172] Allen Instrumenten zugrunde-

---

Spectrum Policy in the Wake of the C-Block Auction, 51 Fed. Comm. L. J. (1999) S. 849 (851 f.).

170 Vgl. Hazlett, Assigning Property Rights to Spectrum Users: Why Did FCC License Auctions Take 67 Years?, in 41 J. L. and Econ. (1988), S. 529 (536) (Table 3: FCC License Auction 1994-1998.

171 Vgl. u.a. Kummel, Spectrum Bids, Bets and Budgets, in 48 Fed.Comm.L.J. (1996), S. 511 ff.; Rosston/Steinberg, Using Market-Based Spectrum Policy to Promote the Public Interest, in 50 Fed. Com. L. J. (1997) S. 87 ff.; Allard, The Spectrum Auction Law, in 18 Seton Hall Leg. J. (1993) S. 13 ff.

172 Vgl. oben Teil 1 B II.

liegender Prüfstein waren dabei die Kriterien der „public convenience, interest and necessity“[173], wobei jeder Mechanismus insofern seine eigenen Vor- und Nachteile offenbarte.

Im Hinblick auf die Frequenzallokation mittels Versteigerung hat der Kongreß in § 309 (j)(3) TCA im Lichte der „public convenience, interest and necessity“ vier Zielsetzungen vorgegeben: (1) Entwicklung und schnelle Einführung neuer Produkte, Dienstleistungen und Technologien, (2) Vielfalt von Lizenznehmern, (3) finanzieller Ertrag für die Öffentlichkeit und (4) effiziente und intensive Nutzung des Spektrums.[174]

II. Die verschiedenen Allokationsinstrumente im Lichte der Regulierungsziele des Kongresses

Nach Kenntlichmachung der Ziele, denen das Versteigerungsverfahren dienen soll, erscheint es mit Blick auf die anfängliche Fragestellung nunmehr angebracht, die verschiedenen Verteilungsmethoden insoweit auf ihre Tauglichkeit zu untersuchen. Dabei wird jedes Allokationsinstrument in seiner reinen Form untersucht, um die jedem Mechanismus eigenen Vor- und Nachteile besser zum Vorschein zu bringen.

1. Vergleichende Anhörungen

Vergleichende Anhörungen werden, wie bereits erläutert[175], gemäß § 309 (b) TCA vor Verwaltungsrichtern durchgeführt, die die Qualifikationen eines jeden Bewerbers untersuchen und kritisch vergleichen, bevor eine Entscheidung zugunsten des einen oder anderen ergehen kann. Dies macht administrative Anhörungen zu einem langatmigen Verfahren und produziert hohe Verwaltungskosten. Die Lizenzierung verzögert sich zudem durch nachfolgende rechtliche Anfechtungen. Das Potential an Rechtsstreitigkeiten ist dabei sehr hoch, da enttäuschte Bewerber in der Regel versuchen, die Entscheidung der FCC anzufechten.[176] Dies schadet insbesondere der Öffentlichkeit, da sie wäh-

---

173 Vgl. oben Teil 1 B II, in dem darauf hingewiesen wird, dass dieser in § 303 des Communications Act (47 U.S.C. § 303 (1991) kodifizierte Maßstab der Prüfstein für jede der drei verschiedenen Verteilungsmechanismen ist.

174 47 U.S.C. § 309 (j) (3) (1994 & Supp. III 1997).

175 Vgl. oben Teil 1 B II 1.

176 Wie bereits zuvor angemerkt, liegt dies darin begründet, dass die FCC deutlich gemacht hat, wie sie sich zwischen konkurrierenden Bewerbern entscheiden würde, welches die Bewerber dazu verleitete, Versprechen zu geben, die sie nicht halten konnten. Die sich daraus ergebende Ähnlichkeit der Bewerber führte dazu,

rend dieser Zeit ohne die entsprechende Dienstleistungen auskommen muß. Trotz des leichten Anstiegs der Staatseinnahmen durch die im Rahmen der Bewerbung anfallenden Verwaltungsgebühren, steigen zudem die Nettoeinnahmen nicht, sondern bleiben vielmehr aufgrund hoher Verfahrensskosten und mangels Zahlungen für das Frequenzspektrum aus. Schließlich wird auch eine unzureichende Nutzung der knappen Ressource Spektrum gefördert, wenn man Lizenznehmer nicht zur Zahlung für die Spektrumnutzung verpflichtet. Der Lizenznehmer hat keinen Anreiz, mit dem Spektrum wirtschaftlich umzugehen.[177]

Andererseits können vergleichende Anhörungen, die Qualifikationen, vorherige Tätigkeit und Eigentumsverhältnisse berücksichtigen, dazu führen, dass Lizenzen an Personen bzw. Unternehmen verteilt werden, die Dienstleistungsfähigkeit und Erfahrung auszeichnen. Zudem kann im Rahmen dessen auf eine Diversität der Lizenznehmer hingewirkt werden. Diese Annahme läßt dabei allerdings die Tatsache unberücksichtigt, dass die ursprüngliche Zuteilung nur einen geringen Einfluß darauf hat, wer letztendlich das Frequenzspektrum nutzen wird, da es den Lizenznehmern freigestellt ist, ihre Lizenzen zu verkaufen.[178]

Insgesamt ist daher festzustellen, dass vergleichende Anhörungen die in § 309 (j)(3) TCA festgesetzten Ziele nicht zu erfüllen vermögen. Weder ermöglichen sie einen finanziellen Gewinn für den Staat noch sorgen sie für eine effiziente Spektrumnutzung und die Entwicklung und rasche Einsetzung neuer TK-Dienste.

2. Lotterien

Gemäß § 309 (i) TCA kann die FCC zur Auswahl des Lizenznehmers auch Lotterien durchführen. Wie bereits beschrieben[179], nimmt die FCC nach diesem System zunächst eine Anzahl von Bewerbungen an und wählt den Li-

---

dass die FCC ihre Entscheidungen aufgrund unbedeutender und schwacher Unterschiede fällte. Vgl. Krattenmaker, Telecommunications law and policy, S. 130.

177 Für einige dieser Argumente vgl. auch Kummel, Spectrum Bids, Bets, and Budgets, 48 Fed. Comm. L. J. (1996), S. 512 (525); Fritts, Private Property, Economic Efficiency and Spectrum Policy in the Wake of the C-Block Auction, 51 Fed. Comm. L. J. (1999) S. 849 (853); Blake, FCC Licensing: From Comparative Hearings to Auctions, 47 Fed. Comm. L. J. (1994), S. 179 (180).

178 Gemäß § 310 (d) des Communications Act (47 U.S.C. § 310 (d)) bedarf es bei der Lizenzübertragung lediglich der Genehmigung der FCC, die Regelung verhindert aber, dass die FCC berücksichtigt, ob dem öffentlichen Interesse gedient wird.

179 Vgl. oben Teil 1 B II 2.

zenznehmer sodann in einem Lotterieverfahren, also willkürlich aus. Die Lotterien locken eine große Anzahl von Bewerbern an, da es keine substantiellen Überprüfungsverfahren gibt und die Teilnahmeanforderungen eher gering sind.[180] Dies führt zu hohen Verwaltungskosten auf Seiten der Regierung und der Bewerber und darüberhinaus zu erheblichen Verzögerungen bei der Gewährung der Lizenz, was der ursprünglichen Erwartung einer schnellen Lizenzierungsmethode und folgender raschen Einsetzung neuer Dienstleistungen zuwiderläuft.[181] Von gleicher Bedeutung für die gesetzgeberischen Ziele ist, dass willkürliche Auswahlverfahren keine staatlichen Einnahmen produzieren, sondern ausschließlich private Gewinne. Desweiteren verzögern sie die Entwicklung von Dienstleistungen, da unqualifizierte, unterkapitalisierte und unerfahrene Bewerber Frequenzen gewinnen können.[182] Zudem ist eine Diversität der Lizenznehmer nicht gesichert, weil die Auswahl der Bewerber willkürlich ist. Und schließlich dürfte Intensität und Effizienz der Spektrumnutzung kaum gewährleistet sein, wenn viele Lizenzen in die Hände von Spekulanten fallen[183] und/oder wenn zusätzliche Lizenzen zum Aufbau eines sinnvollen Frequenzbandes nötig sind. Der einzige positive Aspekt dieser Verteilungsme-

---

180 Lotteriebewerber mußten lediglich $ US 35 Anmeldegebühr jeder Bewerbung, zusammen mit einem technischen Plan für die versprochene Dienstleistung, beigefügen. Dies führte dazu, dass viele Bewerber zwischen eine und mehrere Duzend Bewerbungen abgaben. Diese Massenbewerbungen wurden auch durch Lotteriebewerbungsmühlen, die jeden Bewerber mit allem Notwendigen, einschließlich vorgefertigten technischen Plänen versorgten, begünstigt. Vgl. Krattenmaker, Telecommunications law and policy, S. 130-136. Bei einigen Lotterien gingen bei der FCC innerhalb von zwei Tagen mehr als 65.000 Bewerbungen ein. Vgl. Glass/Rhodes, Catching the Wave (1999), in 44 McGill L.J. S. 141 (156).

181 Vgl. Krattenmaker, Telecommunications law and policy, S. 131. Selbst wenn Teilnahmevoraussetzungen und substantielle Überprüfungsverfahren eingeführt werden würden, so würde sich die Anzahl der Bewerber dennoch nicht verringern, da die Lizenznehmer für das Spektrum nichts zu zahlen brauchten. Es ist weiterhin anzumerken, dass substantielle Überprüfungsverfahren darüberhinaus kosten- und zeitaufwendig wären.

182 Dies, wenn man von der Lotterie in ihrer reinen Form ausgeht. Höhere Kapital- und Teilnahmevoraussetzungen und bessere Überprüfungsverfahren stellen zwar Gegenmaßnahmen zu dieser der willkürlichen Auswahl innewohnenden Schwächen dar. Dennoch bleibt die Auswahl selbst willkürlich.

183 Dennoch könnte der legitime Einwand erhoben werden, dass das Recht die Lizenz (zusammen mit der Verlängerungsoption) zu übertragen, abgeschaffen und damit Spekulationen verhindert werden könnten. Diese Arbeit untersucht die Lotterie an dieser Stelle jedoch in ihrer reinen, d.h. nicht auf die Umgehung der innewohnenden Mängel zugeschnittenen Form. Daher wird dieser Einwand an einer späteren Stelle dieser Arbeit behandelt, und zwar unter Teil 1E III 2 g.

thode ist seine Transparenz und Objektivität.[184] Insgesamt ist jedoch davon auszugehen, dass Lotterien ebenfalls nicht im Stande sind, die Zielsetzungen von § 309 (j) (3) TCA zu erfüllen.

3. Versteigerungen

Gemäß § 309 (j) TCA ist die FCC schließlich auch ermächtigt, zur Auswahl des Lizenznehmers Versteigerungen durchzuführen.[185] Kennzeichnendes Merkmal dieser Methode ist, wie zuvor angedeutet,[186] dass die Lizenzen denjenigen Nutzern zugesprochen werden, die am meisten zu zahlen bereit sind. Das hat folgende Vorteile: Erstens werden öffentliche Einnahmen generiert, da der aktuelle Marktwert des elektromagnetischen Frequenzspektrums der amerikanischen Regierung zufließt. Zweitens werden rasche Entwicklung und prompte Einsetzung von Diensten gefördert, da die hohen Lizenzkosten die erfolgreichen Bieter veranlassen, die Dienste so schnell wie möglich zu entwickeln und zu implementieren, damit sich die hohen anfänglichen Investitionen amortisieren. Ferner verursacht die Versteigerungsmethode die geringsten Verzögerungen, da sie weniger Bewerber anzieht als Lotterien und nicht, wie vergleichende Anhörungen, die umfassende Beurteilungen erfordern, nachfolgenden rechtlichen Anfechtungen ausgesetzt ist. Schließlich wird eine effiziente und intensive Spektrumnutzung erreicht, da die hohen Spektrumkosten Investitionen in Technologien zur Erweiterung der Kapazitäten fördern.[187]

Mithin bleibt insgesamt festzuhalten, dass die Versteigerungsmethode am ehesten im Stande ist, die sich in § 309 (j)(3) TCA widerspiegelnden gesetzgeberischen Ziele zu verwirklichen. Sie sorgt für öffentliche Einnahmen sowie eine effiziente und intensive Nutzung des Spektrums und fördert die Entwicklung und rasche Einsetzung von Diensten. Da das entscheidende Verteilungskriterium die Höhe des Gebotes ist, vermag die Versteigerungsmethode allerdings nicht das Ziel der Diversität der Lizenznehmer zu fördern.

---

184 Für einige von diesen Argumenten vgl. Kummel, Spectrum Bids, Bets, and Budgets, 48 Fed. Comm. L. J. (1996), S. 512 (526); Fritts, Private Property, Economic Efficiency and Spectrum Policy in the Wake of the C-Block Auction, 51 Fed. Comm. L. J. (1999) S. 849 (854); Blake, FCC Licensing: From Comparative Hearings to Auctions, 47 Fed. Comm. L. J. (1994), S. 179 (181).

185 47 U.S.C. § 309 (j).

186 Vgl. oben Teil 1 B II 3.

187 Vgl. Kummel, Spectrum Bids, Bets, and Budgets, 48 Fed. Comm. L. J. (1996), S. 512 (527); Fritts, Private Property, Economic Efficiency and Spectrum Policy in the Wake of the C-Block Auction, 51 Fed. Comm. L. J. (1999) S. 849 (855).

III. Stärken und Schwächen des Allokationsinstruments der Versteigerung

Obwohl sich die Versteigerungsmethode gegenüber den anderen Verfahren, was die gesetzgeberischen Regulierungsziele in § 309 (j)(3) TCA anbelangt, als eindeutig vorzugswürdige Alternative erweist, haben Kritiker dennoch verschiedene Schwächen festgestellt und bestimmte Einwände gegen das Versteigerungsverfahren als Mittel der Spektrumverteilung erhoben. Im folgenden sollen diese Einwände untersucht und die mutmaßlichen Stärken und Schwächen der Versteigerungsmethode beurteilt werden.

1. Bedenken gegen ein Versteigerungsverfahren

a) Gefahr höherer Kosten für Telekommunikationsdienstleistungen

Die Kritiker befürchten, dass die hohen anfänglichen Kosten, d.h. der Betrag, der für eine Lizenz bei einer Versteigerung gezahlt wird, mittelfristig an die Endverbraucher in Form höherer Kosten weitergeleitet werden.[188] Es erscheint jedoch wahrscheinlicher, dass, gleichgültig welchen Betrag die Lizenznehmer für das Frequenzspektrum bezahlen, sie von den Kunden nur das fordern werden, was Wettbewerb und Markt zulassen. Dies ist jedenfalls der Eindruck, den ein Blick auf die Mobilfunkindustrie erweckt, beispielsweise im Bereich des Funkruf- und PCS-Marktes, der sich im Hinblick auf Gebühren und Preise besonders wettbewerbsintensiv darstellt. Zumal in einem solchen Transfer der Kosten eher eine Stärke als eine Schwäche gesehen werden kann. Es dürfte nämlich effizienter sein, nicht die Gesellschaft durch Nichterhebung möglicher öffentlicher Einnahmen, sondern den Verbraucher, der die Dienste tatsächlich nutzt, für das Spektrum zahlen zu lassen.[189]

b) Gefahr spekulativer Gebote

Desweiteren werden Bedenken dahingehend geäußert, dass Versteigerungen Spekulanten anzögen und damit eine effiziente Verteilung der Lizenzen verhinderten.[190] Spekulationen treten dann auf, wenn jemand eine Spektrumlizenz in der Hoffnung erwirbt, dass wirtschaftliche und technologische Verän-

---

188 Vgl. z.B. Noam, Spectrum Auctions: Yesterdays Heresy, Today's Orthodoxy, Tomorrow's Anachronism. Taking the Step to Open Spectrum Access, 41 J. Law & Econ, 1998, S. 765 (774).

189 In diesem Sinne Glass/Rhodes, Catching the Wave (1999), in 44 McGill L.J. S. 141 (156).

190 Vgl. z.B. Blake, FCC Licensing: From Comparative Hearings to Auctions, 47 Fed. Comm. L.J. (1994), S. 179 (182).

derungen im Laufe der Zeit zu einer Wertsteigerung der Lizenz führen und dem Spekulanten erlauben, die Lizenz mit Gewinn zu verkaufen. Diesen legitimen Bedenken kann wirksam durch eine Verpflichtung des erfolgreichen Bieters, den gesamten Betrag für sein Gebot zeitnah zum Beginn der Lizenzlaufzeit zu zahlen, begegnet werden. Denn mit diesen üblicherweise sehr hohen Vorauszahlungen wird das Risiko, dass mit Spektrumlizenzen spekuliert wird, reduziert, da die gewinnenden Unternehmen es sich nicht leisten können, das Spektrum auf Reserve zu halten, ohne es zur Deckung ihrer hohen anfänglichen Investitionen zu nutzen.[191] Eine weitere wirksame Methode, dem Problem der Spekulation zu begegnen, ist die Einführung einer "use it or lose it" Bestimmung, wonach die Lizenz widerrufen wird, wenn sie nicht innerhalb eines bestimmten Zeitraumes zum Angebot von TK-Diensten genutzt wird.[192]

c) Gefahr der Monopolisierung / Oligopolisierung

Ein weiterer Einwand gegenüber Spektrumauktionen ist, dass sie große Unternehmen oder Konzerne dazu ermutigten, ihre Gegner zu überbieten, um Wettbewerb zu verhindern, und so zu Monopolen oder Oligopolen führten.[193] Dieses Szenario erscheint jedoch aus mehreren Gründen unwahrscheinlich. Zum einen können Unternehmen, die bereit und finanziell im Stande sind, das Frequenzspektrum im Wege der Versteigerung zu monopolisieren, dies auch bei den anderen Auswahlmethoden tun, indem sie einfach die Lizenzen von den Beteiligten kaufen, denen sie ursprünglich zugeteilt wurden. Zum anderen verfügen die meisten Unternehmen nicht über ausreichendes Kapital, um große Teile des Spektrums aufzukaufen. Im übrigen wäre die Monolopisierung des Spektrummarktes auch keine gewinnbringende Strategie, da das Frequenzspektrum zum größten Teil bereits zugeteilt wurde und die bestehenden Lizenznehmer im Hinblick auf die möglichen Gewinne bei der Monopolisierung des Marktes versuchen würden, hohe Preise zu erzielen. Schließlich - und dies erscheint ausschlaggebend - würden die bestehenden Kartellgesetze angesichts einer drohenden Monopolisierung des Frequenzspektrums wahrscheinlich Anwendung finden, da die elektromagnetischen Wellen eine "essential facili-

---

191 Diese Schutzmaßnahme wurde bei den FCC Versteigerungen eingesetzt; vgl. Federal Communications Commission, In the Matter of FCC Report to Congress on Spectrum Auctions WT Docket No. 97-150 (1997) WL 629251, Part II.

192 Eine solche Bestimmung wurde bei den FCC Versteigerungen implementiert; vgl. Federal Communications Commission, In the Matter of FCC Report to Congress on Spectrum Auctions WT Docket No. 97-150 (1997) WL 629251, Part II.

193 Vgl. z.B. Noam, Spectrum Auctions: Yesterdays Heresy, Today´s Orthodoxy, Tomorrow´s Anachronism. Taking the Step to Open Spectrum Access, 41 J. Law & Econ, 1998, S. 765 (776).

ty" (wesentliche Einrichtung) für alle Wettbewerber in der Mobilfunkindustrie darstellen.[194]

Das Risiko einer gewissen Konzentration von Lizenzen und Frequenzen scheint jedoch eine berechtigte Sorge zu sein. Es können aber innerhalb des Versteigerungsverfahrens regulatorische Schutzmaßnahmen eingebaut werden, um diesem möglichen Problem zu begegnen und einen funktionierenden Wettbewerb zu gewährleisten. Eine Option wäre, die Anzahl der Lizenzen, die ein Unternehmen erwerben kann, zu beschränken, um diesem so der Fähigkeit zu berauben, sich eine Konzentration an Lizenzen in einem bestimmten Markt zu verschaffen. Eine weitere Gegenmaßnahme wäre, Gebotspräferenzen für finanzschwächere Unternehmen festzulegen. Dies könnte z.B. durch Reservierung bestimmter Blöcke für kleine und mittlere Unternehmen umgesetzt werden.[195]

d) Gefahr des Verlustes von Vielfalt

Desweiteren wird kritisiert, dass ein Versteigerungssystem eine Vielfalt von Lizenznehmern verhinderte, da die Unternehmen, deren Interessen idealerweise gefördert werden sollten, - im Telecommunications Act von 1996 verstand der Kongreß hierunter kleine und ländliche Unternehmen bzw. solche, die Minderheiten oder Frauen gehören - kaum die finanziellen Mittel hätten, um auf dem offenen Markt wirksam am Wettbewerb teilnehmen zu können.[196] Dieser Nachteil der Versteigerungsmethode kann jedoch durch verschiedene Maßnahmen ausgeglichen werden. Zum einen könnte man das Spektrum auf verschiedenen Ebenen versteigern, d.h. landesweit und regional. Damit würde Diversität gefördert, da Investitionsgelegenheiten auf verschiedenen Stufen innerhalb des gleichen Gebietes ermöglicht würden. Verschiedene Spektrumblöcke erlauben mehr Investitionsmöglichkeiten für verschiedene Produkte und Dienstleistungen. Darüberhinaus besteht die Möglichkeit ein Bietvorrecht einzuführen, wonach bestimmte Blöcke kleinen, Minderheiten gehörenden oder ähnlichen Unternehmen vorbehalten werden. Damit würde

---

194 Für die meisten dieser Argumente vgl. Auch Krattenmaker, Telecommunications Law and Policy, 1997, S. 133.

195 Beide Maßnahmen wurden bei FCC Versteigerungen ergriffen. Vgl. In re Implementation of Section 309 (j) of the Communications Act Competitive Bidding, Sixth Report and Order, 78 Rad. Reg. 2d (P&F) 934 (1995). Vgl. Auch Christopher Stern, FCC's New Deal for PCS, BRDCST & CABLE, 13. Juni 1994, S. 10 (19).

196 Vgl. z.B. Noam, Spectrum Auctions: Yesterdays Heresy, Today's Orthodoxy, Tomorrow's Anachronism. Taking the Step to Open Spectrum Access, 41 J. Law & Econ, 1998, S. 765 (772).

solchen Unternehmen eine Teilnahme am Markt garantiert und die Diversität von Lizenznehmern gefördert. Schließlich könnte zur Vermeidung einer zu starken Konzentration auf einzelne Lizenznehmer, für jeden Lizenznehmer auf jedem Markt eine Beschränkung von Spektrumnutzungsrechten eingeführt werden.[197]

e) Gefahr einer Marktzutrittsbarriere

Die Gegner der Versteigerungsmethode befürchten weiterhin, dass die hohen Zahlungen, die ein Versteigerungsgewinner zu leisten hat, den Zugang zum Markt beschränken und eine schnelle Entwicklung der Dienstleistung verhindern.[198] Dies liegt darin begründet, dass die bei der Auktion erfolgreichen Unternehmen oft finanziell nicht im Stande sind, gleichzeitig ihre Zahlungen für das obsiegende Gebot zu leisten und ihre Netzwerke und Dienstleistungen zu entwickeln. Im Fall der C-Block Versteigerungen war dies in der Tat ein schwerwiegendes Problem. Nach Abschluß dieser Auktionen verwirkten viele der Gewinner ihre Lizenzen zugunsten der FCC, da sie nicht ausreichend finanzielle Mittel zur Verfügung hatten, um die Zahlung für das Gebot zu leisten und gleichzeitig ihre Dienste zu entwickeln. Dies machte eine erneute Versteigerung erforderlich, was die Einführung neuer Dienstleistungen verzögerte.[199] Dieses signifikante Problem kann jedoch durch einen Tilgungsplan, der eine Zahlung für einen bestimmten Zeitraum der Lizenz vorsieht, gemildert werden. In diesem Zusammenhang ist es wichtig sich aber auch in Erinnerung zu rufen, dass hohe Vorauszahlungen den Vorteil haben, dass die Wahrscheinlichkeit, dass mit der Lizenz spekuliert wird, reduziert wird. Wenn hingegen den Lizenznehmern erlaubt wird, über die gesamte Laufzeit der Lizenz hinweg ihre Schulden zu zahlen, dann würde eindeutig eine Spekulation mit der Lizenz begünstigt, da der Lizenznehmer für den Fall, dass die Lizenz letztlich weniger wert ist als zunächst erwartet, einfach seine Zahlungen einstellen und die Lizenz damit verwirken könnte. Deshalb ist es unerläßlich, dass ein Mittelweg gefunden wird, der beide Aspekte angemessen berücksichtigt. Eine bessere und wirksame Methode wäre, eine hohe Vorauszahlung zu

---

197 Sämtliche Schutzmaßnahmen wurden in den FCC Versteigerungen vorgesehen. Vgl. In re Implementation of Section 309 (j) of the Communications Act Competitive Bidding, Notice of Proposed Rulemaking, 8 FCC Rcd. 7635, paras. 57-62 (1993).

198 Vgl. z.B. Noam, Spectrum Auctions: Yesterdays Heresy, Today's Orthodoxy, Tomorrow's Anachronism. Taking the Step to Open Spectrum Access, 41 J. Law & Econ, 1998, S. 765 (772).

199 Vgl. Fritts, Private Property, Economic Efficiency, and Spectrum Policy in the Wake of the C Block Auction, 51 Fed. Comm. L.J. (1999), S. 849 (851).

verlangen und die dann noch verbleibenden Zahlungen über eine Teil-Laufzeit der Lizenz zu verteilen.[200]

f) Gefahr der Verzögerung der Entwicklung neuer Technologien

Die Kritiker äußern sich ferner besorgt darüber, dass die Entwicklung neuer Technologien durch Versteigerungen verzögert werde.[201] Sie begründen dies damit, dass Weiterentwicklungen in der Technologie, wie beispielsweise eine Methode, die eine gleichzeitige Nutzung derselben Frequenz ohne gegenseitigen Störung erlaubt, die Vergabe von exklusiven Nutzungsrechten an Frequenzen letztlich obsolet mache. Insofern werde die Versteigerungsmethode die Einwicklung solcher neuen Technologien verzögern. Obwohl die Behauptung, dass neue Technologien das derzeitige Paradigma der Zuteilung exklusiver Spektrumrechte zukünftig obsolet mache, wahrscheinlich zutreffend ist, erscheint jedoch die daraus gezogene Schlußfolgerung unpräzise. Denn die ausschließlichen Spektrumnutzunsgrechte werden nicht nur mittels Auktionen, sondern auch durch vergleichende Anhörungen und Lotterien gewährt. Insofern perpetuiert jede der drei im Telecommunications Act von 1996 vorgesehenen Verteilungsmethoden das derzeitige Paradigma und verzögert die Entwicklung neuer Technologien. Damit handelt es sich nicht nur um einen der Versteigerungsmethode, sondern einen der gesamten FCC-Politik immanenten Mangel. Zweifellos werden aber in der Zukunft neue Technologien letztlich einen Kurswechsel weg vom Exklusivrecht-Paradigma erfordern. Unter Berücksichtigung des gegenwärtigen Standes des Technologie bedeutet dies aber nicht, dass Versteigerungen nicht mehr durchgeführt werden bzw. nicht mehr durchgeführt werden sollten, da die Versteigerungen derzeit im wesentlichen sehr erfolgreich sind.[202]

2. Argumente für ein Versteigerungsverfahren

Wenn auch zu einem gewissen Maße spekulativ[203], so spricht doch vor allem die ökonomische Logik dafür, dass die Versteigerungsmethode in der Tat

---

200 Es ist anzumerken, dass die C Block Regeln nur eine Anzahlung in Höhe von 10 % verlangten und dann eine Abzahlung über einen 10-Jahres-Zeitraum ermöglichten. Als die Zahlungen fällig wurden, hatten die C Block Lizenznehmer große Schwierigkeiten, ihren Verpflichtungen nachzukommen. Vgl. Fritts, aaO.

201 Vgl. z.B. Noam, Spectrum Auctions: Yesterdays Heresy, Today's Orthodoxy, Tomorrow's Anachronism. Taking the Step to Open Spectrum Access, 41 J. Law & Econ, 1998, S. 765 (769).

202 So selbst Noam, aaO.

203 Ausreichende empirische Daten, die die im Hinblick auf die Stärken der Versteigerungen vertretenen Auffassungen eindeutig stützen, sind noch nicht vorhanden.

erfolgreich ist, indem sie staatliche Kontrolle durch Marktmechanismen ersetzt.

a) Effiziente und intensive Nutzung des Frequenzspektrums

Zum einen kann davon ausgegegangen werden, dass die Versteigerungsmethode eine effiziente und intensive Nutzung des Spektrums gewährleistet, da die hohen Spektrumkosten, denen sich der erfolgreiche Bieter gegenübersieht, zu hohen Investitionen in die Technologie zur Erweiterung der Frequenzkapazität ermutigen.[204] Bei der vergleichenden Anhörung oder der Lotterie fehlt ein solcher Anreiz.

b) Niedrige soziale, private und administrative Kosten

Darüber hinaus verursacht die Versteigerungsmethode wahrscheinlich die vergleichsweise geringsten sozialen, privaten und administrativen Kosten. Die sozialen Kosten, d.h. die zeitliche Verzögerung der Lizenzverteilung, sind gering, da die Versteigerungen weniger Bewerber als Lotterien anziehen, weil der Gewinner für die Lizenz bezahlen muß. Zudem bedarf es bei Versteigerungen nicht der umfassenden Beurteilungen der vergleichenden Anhörungen, die zudem regelmäßig nachfolgend langwierigen rechtlichen Anfechtungen unterliegen.[205] Die privaten Kosten bei Versteigerungen sind ebenfalls vergleichsweise niedrig. Obwohl die Bewerbungskosten des Einzelnen für Versteigerungen zwar eher hoch sind, kann davon ausgegangen werden, dass die privaten Kosten bei den anderen Methoden insgesamt einen höheren Faktor darstellen, wenn man die gesamten Aufwendungen der unzähligen Lotteriebewerber und die Aufwendungen, die für die langwierigen vergleichenden Anhörungsverfahren und die potentiellen Rechtsstreitigkeiten erbracht werden müssen, berücksichtigt.[206] Schließlich werden nur geringe Verwaltungskosten

---

Die diesbezüglichen theoretischen Vorarbeiten sind jedoch sehr fundiert; Vgl. dazu und für weitere Literaturnachweise McMillan (1994), Selling spectrum rights, in: Journal of Economic Perspectives Vol. 8 Nr. 3, S. 145-162; McMillan (1995), Why auction the spectrum, in: Telecommunications Policy 19, S. 191-199; Milgrom (1989), Auctions and bidding: A primer, in: Journal of Economic Perspectives Vol. 3 No. 3, S. 3-22.

204 Vgl. FCC Report to Congress on Spectrum Auctions, Report, 13 F.C.C.R. 9601, 9611; vgl auch Kummel, Spectrum Bids, Bets, and Budgets, 48 Fed. Comm. L.J. (1996), S. 512 (527); Fritts, Private Property, Economic Efficiency, and Spectrum Policy in the Wake of the C Block Auction, 51 Fed. Comm. L.J. (1999), S. 849 (855).

205 Vgl. Krattenmaker, Telecommunications law and policy, S. 133.

206 Vgl. Krattenmaker, Telecommunications law and policy, S. 133.

verursacht, da die Auktionen, wie bereits zuvor dargelegt, weniger Bewerber als Lotterien anziehen und damit weniger Verwaltungsaufwand auslösen. Ganz zu schweigen von den administrativ sehr aufwendigen vergleichenden Anhörungsverfahren.[207]

c) Erzielung von Staatseinkommen

Desweiteren wird bei Versteigerungen anders als bei den anderen Methoden, das Spektrum demjenigen Nutzer zugesprochen, der bereit ist, am meisten hierfür zu zahlen, und damit, da der aktuelle Marktwert des elektromagnetischen Spektrums dem Staat zufließt, öffentliche Einnahmen generiert.[208]

d) Schnelle Entwicklung und rasche Bereitstellung von Telekommunikationsdienstleistungen

Außerdem scheint die Annahme berechtigt, dass Versteigerungen vermehrt zu einer raschen Entwicklung und schnellen Einführung von TK-Dienstleistungen führen, da die hohen Lizenzgebühren für die erfolgreichen Bieter Anreiz sind, Dienstleistungen so schnell wie möglich zu entwickeln und zu implementieren, um die hohen anfänglichen Investitionen zu finanzieren.[209]

e) Marktgerechte Preisbildung

Zudem gewähren Versteigerungen nützliche Informationen im Hinblick auf den Wert des Frequenzspektrums. Die Summe, die die Bieter bereit sind, für einen Teil des Spektrums zu zahlen, reflektiert ihre Einschätzung, welchen Wert der Endverbraucher der Dienstleistung, die angeboten werden soll, vermutlich zumessen wird. Falls sich beispielsweise herausstellte, dass die Gebote für eine bestimmte Spektrumnutzung die Gebote für ähnliche Frequenzbänder, welche einer anderen Nutzung zugeteilt wurden, erheblich überstiegen, würde das seitens der FCC Überlegungen nach sich ziehen, ob diese Frequenzen nicht der höher bewerteten Nutzung zuzuweisen sind.[210] Zwar kann auch

---

207 Vgl. Krattenmaker, Telecommunications law and policy, S. 134.

208 Vgl. FCC Report to Congress on Spectrum Auctions, Report, 13 F.C.C.R. 9601, 9611; vgl auch Kummel, Spectrum Bids, Bets, and Budgets, 48 Fed. Comm. L.J. (1996), S. 527; Fritts, Private Property, Economic Efficiency, and Spectrum Policy in the Wake of the C Block Auction, 51 Fed. Comm. L.J. (1999), S. 855.

209 Vgl. FCC Report to Congress on Spectrum Auctions, Report, 13 F.C.C.R. 9601, 9611; vgl auch Kummel, aaO; Fritts, aaO.

210 Vgl. Krattenmaker, Telecommunications Law and Policy, S. 134; vgl. darüberhinaus FCC Report to Congress on Spectrum Auctions, Report, 13 F.C.C.R. 9601, 9611; vgl auch Kummel, Spectrum Bids, Bets, and Budgets, 48 Fed.

argumentiert werden, dass die FCC aufgrund der - großen oder kleinen - Anzahl von Bewerbern ähnliche Informationen bei der Lotterie oder der vergleichenden Anhörung erhält. Ungeachtet der Tatsache, dass eine ungewöhnlich große oder kleine Anzahl von Bewerbern nicht notwendigerweise Rückschlüsse auf den Wert des Spektrums zuläßt,[211] stellt sich allerdings die Frage, wieso die FCC sich nur auf Indikatoren bezüglich des Wertes stützen soll, wenn sie die Möglichkeit hat, unmittelbare und konkrete Informationen über den aktuellen Marktwert eines bestimmten Blocks des Frequenzspektrums zu erhalten.

f) Universaldienstleistungen

Im übrigen ist davon auszugehen, dass die Versteigerungsmethode auch in Richtung der angestrebten Universalität der Dienstleistungen wirkt, da die Kosten für ländliche Lizenzen eher niedrig sind und geringere Entwicklungskosten verursachen, was wiederum Investoren anzieht, die nicht in der Lage oder bereit sind, die notwendigen Kapitalvoraussetzungen zur Entwicklung großstädtischer Lizenzen zu erfüllen.[212]

g) Versteigerungen auf dem Sekundärmarkt existieren schon

Schließlich argumentieren Fürsprecher der Versteigerungsmethode auch häufig, dass private "Versteigerungen" in Gestalt des Wiederverkaufsmarktes (resale market) ohnehin bereits existieren.[213] Damit ist das derzeitige System angesprochen, in welchem Lizenzen im Anschluß an die Zuteilung wieder verkauft werden können. Hierbei ist jedoch zu berücksichtigen, dass vor allem im Hinblick auf Rundfunklizenzen ein solch lebendiger Markt nur aufgrund der Tatsache besteht, dass der Käufer der Lizenz eine Verlängerungsoption erwerben kann. Das macht in erster Linie den hohen Wert einer solchen Lizenz aus. Vor diesem Hintergrund erscheint die häufig gezogene Schlußfolge-

---

Comm. L.J. (1996), S. 512 (527); Fritts, Private Property, Economic Efficiency, and Spectrum Policy in the Wake of the C Block Auction, 51 Fed. Comm. L.J. (1999), S. 849 (855).

211 Eine ungewöhnlich große Anzahl von Lotteriebewerbungen könnte beispielsweise auch durch geringe Bewerbungsvoraussetzungen und die Hoffnung, mit dem Wiederverkauf finanziellen Gewinn zu machen, verursacht werden.

212 Vgl. FCC Report to Congress on Spectrum Auctions, Report, 13 F.C.C.R. 9601, 9611; vgl auch Kummel, aaO; Fritts, aaO. Es ist anzumerken, dass für den Fall, dass eine Lizenz ländliche und städtische Gebiete umfaßt, der Lizenznehmer einen geringeren Anreiz haben könnte, die ländliche Lizenz zu entwickeln. Dies wäre jedoch durch die „Universaldienste"-Bestimmung des Communications Acts (§ 254) korrigierbar.

213 So Krattenmaker, Telecommunications law and policy, S. 129.

rung nicht sehr überzeugend, dass, wenn "Versteigerungen" ohnehin von den Lizenznehmern durchgeführt würden, doch besser der Staat gleich selbst solche Versteigerungen durchführen solle, um auf diese Weise öffentliche Einnahmen zu erzielen. Denn der Staat bzw. die FCC könnte auch die Verlängerungsoption in diesem Zusammenhang abschaffen und/oder den Wiederverkauf der Lizenzen vollständig oder teilweise verbieten, wollte man die Versteigerung von Lizenzen durch Lizenznehmer unterbinden. Eine solche Bestimmung würde private "Auktionen" in der gleichen Weise beendet.[214] Das Argument vermag insofern nicht zu überzeugen.

IV. Resümee

Zusammenfassend kommt die Untersuchung zu dem Ergebnis, dass die Argumente für Versteigerungen stärker als diejenigen dagegen sind, zumal den meisten der von den Kritikern erhobenen legitimen Bedenken wirksam durch begleitende regulatorische Schutzmaßnahmen, von denen viele bereits von der FCC eingesetzt wurden, begegnet werden kann. Insofern stellt die Versteigerungsmethode im Lichte der ordnungs- und wettbewerbspolitischen Ziele des Gesetzgebers in den USA derzeit das geeignetste Instrument zur Allokation des Frequenzspektrums dar.

---

[214] Vgl. auch Krattenmaker, Telecommunications law and policy, S. 129 (Fn 20).

2. Kapitel: Das Versteigerungsverfahren als Instrument staatlicher Verteilungslenkung in der Bundesrepublik Deutschland

Anders als in den USA stellt die ökonomische Allokation knapper Güter durch Versteigerungen ein Novum im deutschen Wirtschaftsverwaltungsrecht dar.[215]

In allen Fällen der Verteilung knapper Kontingente, wie z.B. bei Genehmigungen nach dem Güterkraftverkehrsgesetz und dem Personenbeförderungsgesetz, der Vergabe von Studienplätzen, der Zulassung von Rundfunkveranstaltern auf Funkfrequenzen, der Vergabe von Marktstandplätzen u.a., wurden bisher andere Vergabeverfahren praktiziert. Insbesondere das Ausschreibungsverfahren stand dabei im Vordergrund. Gegen eine Vergabe durch Versteigerung der knappen Ressource wurde in diesen Fällen eingewandt, dass dieses Verfahren knappe Güter zu Handelsgütern werden lasse, die Verteilung jedoch nur in der Form des staatlichen Hoheitsakts verfassungsrechtlichen und den vorgesehenen gesetzmäßigen Anforderungen entsprechen könne.[216]

Mit dem am 25.07.1996 vom Bundestag verabschiedeten Telekommunikationsgesetz und der damit einhergehenden gesetzgeberischen Entscheidung für ein Versteigerungsverfahren als Instrument der Verteilungslenkung hat der Bundesgesetzgeber nunmehr entgegen allen geäußerten Bedenken[217] und Widerständen seitens der Telekommunikationsindustrie[218] einen neuen Weg im Bereich der staatlichen Verteilung knapper Ressourcen eingeschlagen. Damit verbunden ist die Erwartung, dass das ersteigerte knappe Gut (Lizenz/Frequenz) möglichst optimal eingesetzt und wirtschaftlich und sparsam verwendet wird.[219] Die Begründung zum Entwurf des TKG weist apodiktisch darauf hin, dass im Unterschied zu anderen Bereichen, bei denen es um die Verteilung knapper Güter gehe, wie z.B. bei der Vergabe von Studienplätzen, das ökonomische Auswahlkriterium im Bereich der Frequenz- und Lizenzvergabe rechtstaatlich unbedenklich sei.[220] Worin dieser Unterschied liegen soll, bleibt allerdings unklar.

---

215 Nur im Bereich des Jagdwesens hat der Staat bisher das knappe Gut in Jagdrechten für seine forstfiskalischen Eigenjagdbezirke verbriefen und versteigern lassen.

216 Vgl. nur Rummer, NJW 1988, 225 (233).

217 Siehe Fn. 16, 17, 18.

218 Vgl. nur Hiltl/Großmann, BB 1996, S. 169 (171).

219 So die Begründung zum TKG-Gesetzesentwurf BT-Drs. 13/3609, S. 39.

220 BT-Drs. 13/3609, S. 39.

Das Versteigerungsverfahren des TKG soll deshalb im folgenden auf seine Vereinbarkeit mit den grundrechtlichen (B.) und auch gemeinschaftsrechtlichen Vorgaben (C.) untersucht werden. Zuvor soll es einführend aber im einzelnen analysiert sowie seine ersten praktischen Anwendungen dokumentiert und bewertet werden (A.).

A. Das Versteigerungsverfahren des Telekommunikationsgesetzes (TKG)

Bevor nachfolgend das Versteigerungsverfahren des TKG und seine rechtlichen Grundlagen im einzelnen beschrieben werden, erfolgt zunächst eine Darstellung des dem TKG zugrundeliegenden Regelungsansatzes und seines Kernelements, der Lizenzierung.[221]

I. Der Regelungsansatz des TKG

Der Regelungsansatz des TKG ist an dem heterogenen gesetzgeberischen Ziel ausgerichtet, auf einem bislang von einem Staatsunternehmen monopolisierten Markt chancengleichen und funktionsfähigen Wettbewerb zu eröffnen bzw. sicherzustellen (Art. 87 f Abs. 2 S.1 GG und § 2 Abs. 2 Nr. 2 TKG) und zugleich eine flächendeckende, angemessene, ausreichende und privatrechtliche Grundversorgung mit Telekommunikationsleistungen zu erschwinglichen Preisen zu gewährleisten (Art. 87 f Abs. 1 GG und § 2 Abs. 2 Nr. 3 TKG). Zudem sind auch die Interessen der Nutzer auf dem Gebiet der Telekommunikation zu wahren (§ 2 Abs. 2 Nr. 1 TKG) sowie eine effiziente und störungsfreie Frequenznutzung sicherzustellen (§ 2 Abs. 2 Nr 5 TKG). Diese Zielvorgaben versucht das TKG durch ein regulatorisches Konzept zu erfüllen, das Elemente des Ordnungsrechts, des Wirtschaftsverwaltungsrechts sowie des Kartellrechts verbindet[222]. Der Regulierungsrahmen des TKG nimmt dabei die Vorgaben des europäischen Telekommunikationsrechts auf[223] und entspricht in seinen Grundstrukturen denjenigen anderer moderner Telekommunikationsgesetze[224].

[221] Einen knappen inhaltlichen Überblick über das TKG geben Scherer, in: NJW 1996, S. 2953 ff. und Hiltl/Großmann, BB 1996, S. 169 ff.

[222] So auch Spoerr/Deutsch, DVBl. 1997, S. 300 ff.

[223] Einen guten Überblick hierzu verschafft Spoerr/Deutsch, DVBl. 1997, S. 300 (301, Fn. 17); vgl. auch Hefekäuser/Wehner, CR 1996, S. 698 ff.

[224] Vgl. z.B. die Darstellungen der Telekommunikationsgesetze der Länder Belgien, Frankreich, Schweden und Großbritannien, in: Scherer (Hrsg.), Telecommunications Laws in Europe, S. 29 ff., 60 ff., 146 ff., 164 ff.

II. Das Lizenzierungsregime des TKG

Das zentrale Instrument der Regulierung ist die Lizenzierung, ein spezielles Zulassungsverfahren mit gesetzlich geregelten Voraussetzungen und dem Ziel der Durchsetzung der Regulierungsziele.

1. Lizenz

Die Lizenz ist nach der Legaldefinition in § 3 Nr. 7 TKG eine Erlaubnis des Bundesministeriums für Post und Telekommunikation (BMPT) zum Angebot bestimmter Telekommunikationsdienstleistungen für die Öffentlichkeit. Sie wird auf schriftlichen Antrag[225] von der Regulierungsbehörde (RegTP)[226] i.d.R. in Form eines (begünstigenden) Verwaltungsaktes i.S.d. § 35 S. 1 VwVfG[227] erteilt und kann räumlich, zeitlich sowie nach Art der angebotenen Leistungen beschränkt werden. Gemäß § 6 Abs. 2 TKG sind die Lizenzen in vier verschiedene Klassen unterteilt, die nach § 6 Abs. 4 TKG jeweils auch kombiniert werden können. Neben der Mobilfunklizenz (Lizenzklasse 1) und der Satellitenfunklizenz (Lizenzklasse 2) steht eine unbenannte Lizenzklasse 3, die für sämtliche Telekommunikationsdienstleistungen für die Öffentlichkeit gilt, die nicht von den Lizenzklassen 1 oder 2 erfaßt werden. Eine Sonderlizenz gibt es schließlich für den Sprachtelefondienst (Lizenzklasse 4). Diese Einteilung hat zwei rechtliche Konsequenzen: Zum einen bestimmt die Klassifizierung die inhaltliche Reichweite der Genehmigung nach der Art der Dienste; zum anderen wird in § 25 TKG eine Entgeltgenehmigungspflicht von den Lizenzen der Klasse 3 und 4 abhängig gemacht.

2. Lizenzpflicht

Das TGK geht von dem aus Art. 12 Abs. 1 GG resultierenden Grundsatz aus, dass jedermann berechtigt ist, Telekommunikationsdienstleistungen zu erbringen. Mit dem Ziel, Mißbrauch und Umgehungen zu vermeiden und eine Grundlage für erforderliche Marktbeobachtung durch die Regulierungsbehör-

---

[225] Zu den notwendigen Angaben des Lizenzantrages vgl. Nr. 4 der Vfg. 116/1996, in: ABl. BMPT 1996, S. 951.

[226] Zur Wahrnehmung der sich aus dem TKG ergebenden Aufgaben wurde die Regulierungsbehörde für Telekommunikation und Post errichtet (vgl. §§ 66 ff. TKG); Die Funktionen der Regulierungsbehörde wurden bis zum 31.12.1997allerdings noch durch das Bundesministerium für Post und Telekommunikation (BMPT) wahrgenommen, dessen Befugnisse wiederum vom Bundesamt für Post und Telekommunikation (BAPT) wahrgenommen wurden, BMPT (Hrsg.), Vfg. 143/1996, ABl. BMPT 1996, S. 1246.

[227] Vgl. Scherer, NJW 1996, S. 2953 (2956); Grzeszick, ZUM 1997, S. 911 (912).

de und die Wettbewerber zu schaffen, bestimmt § 4 TKG allerdings, dass jeder, der Telekommunikationsdienstleistungen erbringt, die Aufnahme, Änderung und Beendigung des Betriebes innerhalb eines Monats bei der Regulierungsbehörde anzuzeigen hat. Einer Lizenz hingegen bedarf nach § 6 Abs. 1 TKG nur derjenige, der Übertragungswege betreibt, die für Telekommunikationsdienstleistungen für die Öffentlichkeit benutzt werden und Grundstücksgrenzen überschreiten, oder der Sprachtelefondienst auf der Basis selbst betriebener Telekommunikationsnetze anbietet. Alle übrigen Telekommunikationsdienstleistungen zählen zum nicht lizenzpflichtigen Bereich[228].

3. Voraussetzungen für Lizenzerteilung

Auf die Lizenzerteilung besteht nach § 8 Abs. 1 S.1 TKG grundsätzlich ein Rechtsanspruch[229]. Die Regulierungsbehörde hat insofern kein Ermessensspielraum. Mit der Ausgestaltung der Lizenzerteilung als zwingenden Anspruch des Antragstellers entspricht das TKG den freiheitlichen Vorgaben des Grundgesetzes (Art. 12 Abs. 1 i.V.m. Art. 2 Abs. 1 GG) und des EG-Vertrages (Art. 59 EGV) sowie den bindenden Vorgaben des gemeinschaftlichen Sekundärrechtes[230].

Der Anspruch auf Lizenzerteilung kann in diesem Rahmen lediglich durch tatbestandlich konkretisierte Voraussetzungen beschränkt werden. § 8 Abs. 3 TKG enthält eine abschließende Aufzählung der objektive und subjektive Voraussetzungen enthaltenden Versagungstatbestände.

Objektiv zulassungsbeschränkend wirkt zunächst § 8 Abs. 3 S. 1 Nr. 1 TKG, wonach eine Lizenz nicht erteilt werden darf, wenn die Regulierungsbehörde über keine nutzbaren Frequenzen verfügt[231], die dem Antragsteller,

---

228 Zu der wegen der Verwendung vielfältig aufeinander bezogener Legaldefinitionen und Ausnahmeregelungen nicht leicht zu durchschauenden gesetzlichen Eingrenzung des lizenzpflichtigen Bereichs in § 6 Abs. 1 TKG vgl. Nolte, CR 1998, S. 459 (460); Scherer, NJW 1996, S. 2953 (2955 f.).

229 So ausdrücklich der Entwurf zum TKG in BT-Drs. 13/3609, S. 34, 37 ff.

230 Insbesondere Art. 2 und 3 der sog. Dienstrichtlinie 90/388/EWG, ABl. Nr. L 192 10.

231 Zur interessanten Frage der Verfügungsbefugnis des Staates über das knappe Gut Frequenzen vgl. Grzeszick, ZUM 1997, S. 911 (915), der eine staatliche Verteilungspolitik bei Frequenzknappheit mit Blick auf die Telekommunikationsversorgung als wichtiges Gemeinschaftsgut und des in Art. 87 f GG festgelegten Versorgungsauftrages gerechtfertigt sieht; vgl. auch Schuster/Müller, MMR 2000, S. 26, die unter Bezugnahme auf das Rundfunkurteil des BVerfG (BVerfGE 12, 205, 230) die Notwendigkeit einer hoheitlichen einheitlichen Ordnung und Verteilung der Frequenzen, um ein "Chaos" im Funkverkehr zu vermeiden, betonen. Vgl.

der Funkverbindungen betreiben möchte, zugeteilt werden können. Hier setzt die beschränkte Kapazität der Grundrechtsausübung ihre objektive Grenze. Darüber hinaus enthält § 8 Abs. 3 S. 1 Nr. 2 lit. b TKG eine weitere generalklauselartige[232] objektive Zulassungsbeschränkung. Danach ist die Lizenz auch dann zu versagen, wenn durch die Lizenzerteilung die öffentliche Sicherheit und Ordnung gefährdet würde. Das TKG nimmt insoweit auf die allgemeine Rechtsordnung Bezug[233]. Dem Verhältnismäßigkeitsgrundsatz ist bei Anwendung dieses Versagungstatbestandes in der Weise Rechnung zu tragen, als der (drohenden) Verletzung der Rechtsordnung immer das Grundrecht des Antragstellers aus Art. 12 Abs. 1 i.V.m. Art. 2 Abs. 1 GG gegenüberzustellen ist[234]. Als subjektive Zulassungsbeschränkung wirkt § 8 Abs. 3 S.1 Nr. 2 lit. a TKG. Diese Vorschrift knüpft an verwaltungsrechtlich geläufige Versagungsgründe, die in der Person des Betreibers liegen, an: fehlende Zuverlässigkeit, Leistungsfähigkeit oder Fachkunde. Die Begriffe werden in § 8 Abs. 3 S. 2 TKG konkretisiert. Neben dem Fehlen subjektiver Eignung muß zu erwarten sein, dass die Lizenz nicht dauerhaft ausgeübt wird. Der Gesetzgeber verbindet damit die aus dem Gewerberecht bekannten subjektiven Zulassungskriterien mit einer grundsätzlich davon zu trennenden Ausübungsprognose[235]. Nach dem insoweit klaren Wortlaut des § 8 Abs. 3 Nr. 1 lit. a TKG („...und damit zu erwarten ist....“) ist allerdings davon auszugehen, dass sich bei fehlender Zuverlässigkeit, Leistungsfähigkeit und Fachkunde stets eine negative Ausübungsprognose ergeben wird, die die Versagung der Lizenz rechtfertigt[236].

---

grundlegend hierzu Hermes, Staatliche Infrastrukturverantwortung, S. 1ff und S. 184 m.w.N. zur Notwendigkeit einer flächendeckenden und ausreichenden Telekommunikationsdiensteversorgung mit den Mitteln der hoheitlichen Regulierung,

232 Im Hinblick auf die generalklauselartige Fassung des § 8 Abs. 3 S. 1 Nr. 2 lit. b TKG bestehen allerdings gemeinschaftsrechtliche Bedenken wegen der Vorgaben des Art. 3 der geänderten Fassung der Diensterichtlinie (96/19/EG, Abl. Nr. L 74/13); vgl. hierzu Nolte, CR 1996, S. 459 (461) und Grzeszick, ZUM 1997, S. 911 (914), die diesem Versagungstatbestand bei richtlinienkonformer Auslegung daher ein nur sehr begrenztes Anwendungsfeld prognostizieren.

233 So auch die Begründung in BT-Drs. 13/3609, S. 38.

234 Vgl. Nolte, CR 1996, S. 459 (461).

235 Diesen Ansatz kritisierte der Bundesrat, BR-Drs. 80/96, S. 10.

236 Ausführlich zu alledem Nolte, CR 1996, S. 459 (461 f.); Grzeszick, ZUM 1997, S. 911 (913 ff.)

4. Lizenzbeschränkung

Soweit für eine Lizenzerteilung im Bereich des Mobilfunks entsprechend dem Frequenznutzungsplan (§ 46 TKG)[237] nicht genügend Frequenzen[238] vorhanden sind[239], kann die Regulierungsbehörde gemäß § 10 TKG die Lizenzanzahl auf den Märkten der Telekommunikation beschränken. Eine solche Entscheidung erfolgt gemäß § 10 S. 2 und S. 3 TKG nach Anhörung der betroffenen Kreise und ist im Amtsblatt der Regulierungsbehörde bekannt zu machen[240].

Das Gesetz trifft damit für den Fall eine Regelung, dass sich mehr Antragsteller um die Erteilung einer Lizenz bewerben, zu deren Ausübung Funkfrequenzen erforderlich sind, als solche Funkfrequenzen zur Verfügung stehen[241]. In Anbetracht der insofern bestehenden Gefahr eines Ausschlusses

---

237 Der Frequenznutzungsplan legt die Aufteilung der Frequenzbereiche und die Zuweisung für die einzelnen Frequenznutzungen fest. Der Frequenznutzungsplan basiert dabei wiederum auf dem Frequenzbereichzuweisungsplan gemäß § 45 TKG, der von der Bundesregierung durch Rechtsverordnung erlassen wird, und in groben Zügen die Frequenzbereiche für die einzelnen Funkdienste und andere Anwendungen elektromagnetischer Wellen enthält. Vgl. hierzu Schuster/Müller, MMR 2000, S. 26 (27).

238 Zum Begriff der Frequenz und vgl. Klodt, Wettbewerb und Regulierung in der Telekommunikation, S. 129 f; vgl. auch die Darstellung dazu im amerikanischer Teil 1 B I 1.

239 Das grundsätzliche Problem besteht darin, dass sich Funksignale gegenseitig stören und daher in einzelnen Frequenzbereichen, die für bestimmte Anwendungen besonders stark nachgefragt sind, Knappheit auftritt. Vgl. hierzu Klodt, Wettbewerb und Regulierung in der Telekommunikation, S. 129 f; vgl. auch Darstellung dazu im amerikanischer Teil 1 B I 1. So beispielsweise für das europäische Funkrufsystem ERMES von dem BMPT angenommen, obwohl sich letztlich nur drei Unternehmen für die vier zu vergebenden Lizenzen bewarben; vgl. hierzu Ruhle/Geppert, MMR 1998, S. 175 (178). Zuletzt wurde für den Mobilfunk-Standard der dritten Generation UMTS eine Frequenzknappheit festgestellt; vgl dazu Vfg. 51/1999, ABl. der RegTP Nr. 9/99 vom 26.05.1999, S.1520 ff.

240 So zuletzt geschehen im Zusammenhang mit der Vergabe der UMTS-Lizenzen (Universal Mobile Telecommunication System), deren Versteigerung im Sommer 2000 erfolgte (vgl. ABl. der RegTP 20/98, S. 2513; ABl. RegTP 51/1999, S. 1519).

241 Die mangelnde Verfügbarkeit von Frequenzen ist allerdings nach dem Willen des Gesetzgebers der einzige Ausnahmebereich, der eine Beschränkung der Anzahl der Lizenzen rechtfertigen kann; dies entspricht auch den europarechtlichen Vorgaben nach Art. 3 der Richtlinie 96/19/EG zur Einführung des vollständigen Wettbewerbs auf den Telekommunikationsmärkten, ABl. EG Nr. L 74, S. 13, und Art. 10 der Richtlinie 97/13/EG über einen gemeinsamen Rahmen für Allgemein-

vom Marktzugang im Rahmen des späteren Vergabeverfahrens, darf eine Beschränkung jedoch nur erfolgen, soweit eine nicht zu beseitigende Knappheitssituation besteht[242]. Wenn Frequenzen also technisch vermehrt angeboten werden können und damit eine Knappheitslage vermieden werden kann, ist eine Beschränkung gemäß § 10 TKG nicht gerechtfertigt[243].

a) Exkurs: Verhältnis von Lizenzerteilung und Frequenzzuteilung

Wenn für eine lizenzierte Telekommunikationstätigkeit eine Frequenz erforderlich ist, ist die erteilte Lizenz für den Lizenznehmer ohne Zuteilung der entsprechenden Frequenz wertlos. Für das Recht, Funkfrequenzen nutzen zu dürfen[244], ist deshalb zusätzlich eine Frequenzzuteilung erforderlich, für die ein gesondertes Verfahren nach §§ 44-48 TKG vorgesehen ist. Dies ist notwendig, da die nur beschränkt verfügbaren Funkverbindungen auch dann staatlich zugeteilt werden müssen, wenn sie für lizenzfreie Tätigkeiten genutzt werden[245].

Eine Verknüpfung zwischen Frequenz und Lizenz stellt allerdings § 8 Abs. 5 TKG her. Danach werden die im Rahmen einer Lizenz zum Betrieb von Übertragungswegen benötigten Frequenzen nach Maßgabe der §§ 44-48 TKG zugeteilt. Dies ist dahingehend zu verstehen, dass ein Anspruch des Lizenzinhabers auf Zuteilung der erforderlichen Frequenz bestehen soll. Die Lizenzerteilung entfaltet also eine inhaltliche Bindungswirkung auch für die Frequenzzuteilung[246]. Dieses Verständnis der Regelung des § 8 Abs. 5 TKG ist der Gesetzesbegründung[247] zu entnehmen und ergibt sich zudem aus der

---

und Einzelgenehmigungen für Telekommunikationsdienste, ABl. EG Nr. L 117, S. 15 (21).

242 Aufgrund der sich aus der Beschränkung der Anzahl von Lizenzen ergebenden Beschränkung der Berufsausübungschancen gilt das vom BVerfG aus Art. 12 Abs. 1 GG abgeleitete Gebot der erschöpfenden Kapazitätsauslastung BVerfGE 54, 173 (191).

243 Gleiches Ergebnis mit dem Argument, dass § 10 TKG eine eng auszulegende Ausnahmeregelung sei, Leo/Schellenberg, ZUM 1997, S. 188 (190).

244 Dieser Ansatz der staatlichen Gewährung exklusiver Nutzungsrechte basiert auf der in einzelnen stark nachgefragten Frequenzbereichen wegen der Interferenz der Funksignale bestehenden Frequenzknappheit. Vgl. hierzu Kruse, Gutachten für das Bundesministerium für Post und Telekommunikation, Frequenzvergabe im digitalen zellularen Mobilfunk in der BRD, S. 117; Die Darstellungen hierzu im amerikanischer Teil 1 B I 1 gelten entsprechend.

245 Vgl. Spoerr/Deutsch, DVBl. 1997, S. 300 (305).

246 So Spoerr/Deutsch, DVBl. 1997, S. 300 (305).

247 Vgl. Begründung des Gesetzesentwurfs der Bundesregierung, BR-Drs. 80/96, S. 39.

Abhängigkeit der Lizenzerteilung von der Verfügbarkeit der Frequenzen (§§ 10, 8 Abs. 3, 11 Abs. 2 S. 2 TKG) sowie dem Wortlaut des § 11 Abs. 2 S. 2 TKG, wonach die Frequenzen im Rahmen der Lizenzerteilung zuzuteilen sind. Die Frequenz kann dabei sowohl in der Lizenz selbst als auch durch eigenständigen Verwaltungsakt[248] zugewiesen werden[249].

b) Feststellung der Frequenzknappheit

Die Entscheidung über eine Lizenzbeschränkung nach § 10 S. 1 TKG hängt von der Frequenzplanung der Regulierungsbehörde ab und erfordert eine Einschätzung der künftigen Marktentwicklung und der erwartbaren Nachfrage im jeweiligen Frequenzbereich[250]. Denn wegen des nach § 8 Abs. 1 TKG grundsätzlich bestehenden Rechtsanpruches auf Lizenzierung besteht die Gefahr, dass Antragsteller aufgrund zunächst ausreichend verfügbarer Frequenzen lizenziert würden, später beantragende Lizenzbewerber aber mit der Situation konfrontiert wären, dass durch die früheren Lizenzierungen keine bzw. nicht in ausreichendem Umfang verfügbare Frequenzen vorhanden sind. Ein solches diskriminierendes Ergebnis widerspräche jedoch den Anforderungen an ein rechtstaatliches Vergabeverfahren.

Frequenzknappheit i.S.d. § 10 S. 1 TKG ist von der Regulierungsbehörde daher regelmäßig zu konstatieren, wenn bereits Lizenzanträge in einer die möglichen Frequenzzuteilungen übersteigenden Anzahl eingereicht wurden oder die Regulierungsbehörde durch ein formelles Bedarfsermittlungsverfahren festgestellt hat, dass die Nachfrage größer sein wird als das Angebot[251].

c) Ermessen

Nach dem Wortlaut des § 10 S. 1 TKG („kann") steht der Regulierungsbehörde bei der Entscheidung über die Beschränkung der Anzahl der Lizenzen ein Ermessen zu. Danach stünde zur Disposition der Regulierungsbehörde, ob sie trotz tatbestandlicher Knappheitssituation nach § 8 TKG Lizenzen auf An-

---

[248] Vgl. § 47 Abs. 5 TKG.

[249] Vgl. Spoerr/Deutsch, DVBl. 1997, S. 300 (305).

[250] Vgl. Geppert, Beck'scher Kommentar zum TKG, § 10 Rdnr. 6; Grzeszick, ZUM 1997, S. 911 (916).

[251] Vgl. Geppert, in: Beck'scher TKG-Kommentar, § 10 Rdnr. 6; Die Verwaltungspraxis hat inzwischen die Normierungslücke des § 10 TKG erkannt und behilft sich mit dafür entwickelten Verfahrensregeln; so fordert z.B. die Verfügung 51/1997 des BMPT potentielle Frequenznutzer unter Fristsetzung dazu auf, ihren Frequenzbedarf für die Realisierung von drahtlosen Teilnehmeranschlußleitungen über Richtfunk Punkt-zu-Multipunkt formell anzuzeigen.

trag dennoch zuteilt oder sie nach einer Beschränkung im Verfahren nach den §§ 10, 11 TKG im Rahmen eines inhaltliche Vorgaben enthaltenden Auswahlverfahrens vergibt. Danach könnte sie nach § 8 TKG eine zunächst unbeschränkte Lizenzierung von Antragstellern vornehmen, um anschließend alle auf Frequenznutzungen angewiesenen Antragsteller wegen Frequenzknappheit schließlich auf Vergabentscheidungen im Rahmen von Frequenzzuteilungen nach § 47 Abs. 5 i.V.m. § 11 TKG zu verweisen. Ein solches Nebeneinander der Verfahren nach § 8 und §§ 10, 11 TKG widerspräche jedoch dem Gesetzeszweck des § 11 TKG. Diese Vorschrift soll ein objektives nichtdiskriminierendes Verfahren bei Ressourcenknappheit garantieren[252]. Sobald mehr Bewerber als Frequenzen für eine Lizenz vorhanden sind, reduziert sich das Ermessen daher in aller Regel auf Null, und die Regulierungsbehörde muß die Anzahl der Lizenzen beschränken[253].

Ein Ermessensspielraum besteht lediglich dann, wenn eine mildere Maßnahme, z.B. eine Befristung der Lizenz gemäß § 8 Abs. 4 TKG, als adäquates Mittel zur Bewirtschaftung von knappen Gütern in Frage kommt[254]. So kann die Regulierungsbehörde auch bei einer prognostizierten Knappheitssituation zunächst abwarten und erst bei einer verstärkten Knappheitserwartung zum stärksten Mittel greifen und kontingentieren.

III. Das Versteigerungsverfahren des TKG

1. Auswahlentscheidung nach § 11 Abs. 1 TKG

Wird die Anzahl der zu verteilenden Lizenzen angesichts nicht hinreichend verfügbarer Frequenzen von der Regulierungsbehörde beschränkt (§ 10 TKG), sind die Lizenznehmer gemäß § 11 Abs. 1 TKG durch ein Ausschreibungs- oder ein Versteigerungsverfahren zu ermitteln[255]. Ein entsprechendes Vergabeverfahren ist von der Regulierungsbehörde einzuleiten[256].

---

252 Vgl. BR-Drs. 80/96, S. 34 (39).

253 So im Ergebnis auch Geppert, in: Beck'scher TKG-Kommentar, § 10 Rdnr. 14 f.; vgl. auch Spoerr/Deutsch, DVBl. 1997, S. 300 (307).

254 Vgl. Grzeszick, ZUM 1997, S. 911 (917).

255 Aufgrund der Verweisung des § 47 Abs. 5 S. 2 TKG ist das Vergabeverfahren nach § 11 TKG, unabhängig davon, ob zuvor die Anzahl der Lizenzen beschränkt wurde, auch dann durchzuführen, wenn für bestimmte Frequenzen mehrere Zuteilungsanträge gestellt wurden. Die Anordnung über die Durchführung des Vergabeverfahrens nach § 47 Abs. 5 S. 2 TKG und die vorhandene Knappheitssituation treten insoweit an Stelle des Beschränkungsverfahrens nach § 10 TKG.

256 Im Gegensatz zum Antragsverfahren nach § 8 Abs. 1 TKG.

Da die hoheitliche Verteilung knapper Güter den Bereich verfassungsrechtlicher Freiheitsrechte (Art. 12 Abs. 1 GG) tangiert und dem Gleichbehandlungsgebot (Art. 3 Abs. 1 GG) gerecht werden muß, sind an die Vergaberegelungen und an den behördlichen Vollzug strenge Anforderungen zu stellen[257]. Auch nach europarechtlichen Vorgaben müssen die einer Auswahl zugrundeliegenden Kriterien objektiv, nichtdiskriminierend, detailliert, transparent und verhältnismäßig sein und bei der Auswahl berücksichtigen, dass die Entwicklung des Wettbewerbs gefördert und der Nutzen für die Benutzer maximiert wird (Art. 10 Abs. 3 der Richtlinie 97/13/EG über einen gemeinsamen Rahmen für Allgemein- und Einzelgenehmigungen für Telekommunikationsdienste[258] sowie Art. 2 Abs. 3, Art. 3 der Richtlinie 96/19/EG zur Einführung des vollständigen Wettbewerbs auf den Telekommunikationsmärkten[259]).

2. Verhältnis zwischen Versteigerungs- und Ausschreibungsverfahren

Eine isolierte Betrachtung der Regelung des § 11 Abs. 1 S. 1 TKG gibt Grund zu der Annahme, dass die Regulierungsbehörde im Rahmen eines ihr gewährten Auswahlermessens[260] entscheidet, ob die Vergabe der Lizenzen bzw. Frequenzen (§ 47 Abs. 5 S.2 TKG) im Wege des Versteigerungsverfahrens oder des Ausschreibungsverfahrens erfolgen soll. Angesichts der starken Einschränkungen durch die nachfolgenden Regelungen in § 11 TKG bestehen bei Erfüllung der tatbestandlichen Voraussetzungen auf der Rechtsfolgenseite tatsächlich jedoch keine Ermessensspielräume mehr für die Behörde.[261]

Nach § 11 Abs. 2 S. 1 TKG soll das Versteigerungsverfahren den Regelfall und das Ausschreibungsverfahren die Ausnahme bei der Vergabe einer begrenzten Anzahl von Lizenzen (§ 11 Abs. 4 TKG) und knapper Frequenzen (§ 47 Abs. 5 S. 2 i.V.m. § 11 Abs. 4 TKG) darstellen. Lediglich für den Fall,

---

257 Vgl. auch BVerfGE 57, 295 (327); BVerfGE 83, 238 (319).

258 Vgl. ABl. EG Nr. L 117, S. 15.

259 Vgl. ABl. EG Nr. L 74, S. 13 ff.

260 Eine nachvollziehbare Erklärung dafür, wieso es sich bei dem der RegTP eingeräumten Ermessen nicht um Entschließungsermessen handeln kann, wird von Varadinek, CR 2001, S. 17 (19) gegeben.

261 Mit diesem Ergebnis auch Geppert, in: Beck'scher TKG-Kommentar, § 11 Rdnr. 5. Dies steht nicht im Widerspruch zu § 11 Abs. 1 TKG, da es sich hier um eine sogenannte Kopplungsnorm handelt. Kopplungsnormen sind Normen, die neben der Ermessensermächtigung auf der Rechtsfolgenseite zugleich auf der Tatbestandsseite einen unbestimmten Rechtsbegriff enthalten und die Trennung nicht oder nur schwer möglich ist, weil schon bei der Anwendung des unbestimmten Rechtsbegriffs auch die im Rahmen der Ermessensausübung relevanten Gesichtspunkte berücksichtigt werden. So auch Varadinck, CR 2001, S. 17 (20).

dass das Versteigerungsverfahren gemessen an den Regulierungszielen des § 2 Abs. 2 TKG ungeeignet ist (§ 11 Abs. 2 S. 1 HS 2 TKG) oder eine Vergabe von Frequenzen für die Funkanbindung von Teilnehmeranschlüssen erfolgt (§ 11 Abs. 2 S. 3 TKG), soll das Ausschreibungsverfahren zum Einsatz kommen. Das Merkmal der Ungeeignetheit erfährt dabei in § 11 Abs. 2 S. 2 TKG eine nähere – wenn auch nicht abschließende[262] - Konkretisierung. Das Versteigerungsverfahren ist danach insbesondere dann ungeeignet, die Regulierungsziele des § 2 Abs. 2 TKG sicherzustellen, wenn auf dem relevanten Markt bereits eine Lizenz ohne Versteigerungsverfahren vergeben wurde oder ein Antragsteller eine gesetzlich begründete Präferenz geltend machen kann. Der Umstand, dass die Fallvarianten der Ungeeignetheit nicht enumerativ aufgezählt sind („insbesondere")[263] und es in besonderen Situation denkbar wäre, dass auch in den von § 11 Abs. 2 S. 2 TKG genannten Fällen ein Versteigerungsverfahren in Betracht kommt („kann„)[264], eröffnet der Regulierungsbehörde im Hinblick auf den unbestimmten Rechtsbegriff der „Geeignetheit" aber einen gewissen Beurteilungsspielraum.[265] Die Konkretisierung in § 11

262 Dies ergibt sich aus der andere Fallkonstellationen nicht ausschließenden Wortwahl („....insbesondere....") in diesem Zusammenhang.

263 So lassen sich vielfältige weitere Fallkonstellationen vorstellen, bei der die Durchführung eines Versteigerungsverfahrens gemessen an den Regulierungszielen des § 2 Abs. 2 TKG ungeeignet sein könnte. Beispielsweise können sich durch die im Rahmen der Versteigerung im Regelfall deutlich höheren Marktzutrittskosten Wettbewerbsverzerrungen bis hin zu Markteintrittsbarrieren zum Nachteil neuer Marktteilnehmer ergeben. Etablierte Telekommunikationsunternehmen können versuchen, durch Ersteigerungen weit jenseits des Knappheitspreises neue Unternehmen vom Marktzutritt zu hindern. Auch könnte sich die Erbringung von Telekommunikationsdienstleistungen durch das Versteigerungsverfahren und seine hohen Kosten zum Nachteil der Kunden unverhältnismäßig verteuern.

264 So wurde nach Geppert, in: Beck'scher TKG-Kommentar, § 11 Rdnr. 7 bereits im ersten Versteigerungsverfahren auf Basis des § 11 TKG (ERMES-Lizenzversteigerung) eine Lizenzversteigerung angeordnet, obwohl bereits früher Lizenzen ohne Durchführung eines Versteigerungsverfahrens auf dem sachlich und räumlich relevanten Markt vergeben wurden. Dies wurde damit begründet, dass die bisherigen im Rahmen von Ausschreibungsverfahren lizenzierten Lizenznehmer sich alle ebenfalls an der Versteigerung beteiligen könnten. – kritisch hierzu Ruhle/Geppert, MMR 1998, S. 175 (180 f.); ähnlich verhielt es sich auch bei der Versteigerung von Frequenzen auf GSM-1800-Basis, obwohl die einschlägigen Mobilfunklizenzen, deren Spektrumserweiterung anstand, vorher im Wege von Ausschreibungsverfahren vergeben wurden; vgl. zur Begründung, Vfg. 45/1999, ABl. BMPT vom 28.04.1999, S. 1251 (1256).

265 Diesen Beurteilungsspielraum nahm die Regulierungsbehörde bei den Anordnungen der Versteigerungsverfahren im Zusammenhang mit der ERMES-Lizenz-/Frequenzversteigerung und der GSM-1800-Frequenzversteigerung wohl für sich in Anspruch.

Abs. S. 2 TKG setzt dem Beurteilungsspielraum allerdings deutliche Grenzen.[266]

Im übrigen ist zu bemerken, dass die allgemeinen und vielfältigen Ziele des § 2 Abs. 2 TKG nicht immer gleichzeitig und gleichmäßig verfolgt werden können, sondern dass Zielkonflikte vorgezeichnet sind.[267] Der Gesetzgeber hat diesen Zielkonflikt gesehen und deshalb gesetztliche Vorgaben zur Lösung dieses Zielkonflikts bei der Entscheidung über das Vergabeverfahren determiniert. Nach § 11 Abs. 4 TKG soll mit dem Versteigerungsverfahren festgestellt werden, welcher Bieter am besten geeignet ist, die Frequenzen effizient zu nutzen. Mit dem Ausschreibungsverfahren soll dagegen festgestellt werden, welche Bewerber ausweislich ihrer Fähigkeiten und Eigenschaften am besten geeignet sind, die Nachfrage der Nutzer zu befriedigen. Die beiden Verfahren dienen damit der Verfolgung verschiedener, in § 2 Abs. 2 TKG genannter Regulierungsziele: das Versteigerungsverfahren einer effizienten Frequenznutzung, das Ausschreibungsverfahren zur Bedienung der Nutzerinteressen. Indem der Gesetzgeber das Versteigerungsverfahren als Regelverfahren ausgestaltet hat, hat er dem Regulierungsziel der effizienten Frequenznutzung eindeutig Priorität eingeräumt.[268]

3. Versteigerungsverfahren nach § 11 Abs. 4 TKG

a) Wahl des Versteigerungsverfahrens als Vergabeverfahren

aa) Anhörung

Vor der Entscheidung über die Wahl des Versteigerungsverfahrens als Vergabeverfahren hat gemäß § 11 Abs. 1 S. 1 TKG zunächst eine Anhörung der betroffenen Kreise, d.h. insbesondere der Lizenz- und Frequenzzuteilungsbewerber als unmittelbar Betroffene, zu erfolgen. Die Anhörung sollte sich dabei aus Gründen der Transparenz darauf beziehen, welche Festlegungen und Regeln für die Durchführung des Versteigerungsverfahrens gelten

---

266 Vgl. Geppert, in: Beck´scher TKG-Kommentar, § 11 Rdnr. 5.

267 So führen Maßnahmen, die zur Sicherung der Grundversorgung dienen, möglicherweise zu höheren Preisen und sind daher nicht im Interesse aller Nutzer. Maßnahmen zur Sicherung einer effizienten Frequenznutzung sind nicht unbedingt wettbewerbsfördernd, z.B. wenn die Zuteilung von größeren Frequenzpaketen an wenige Wettbewerber notwendig erscheint.

268 Wenn sich aber im Einzelfall der Zielkonflikt nicht in optimaler Weise durch das Versteigerungsverfahren lösen läßt, kann die Behörde das Ausschreibungsverfahren durchführen. Vgl. Varadinek, CR 2001, S. 17 (20).

sollen.[269]. Die enge Verknüpfung der Verfahrenswahl mit den hierfür geltenden Verfahrensregeln macht auch § 11 Abs. 1 S. 2 TKG deutlich.

bb) Inhaltliche Festlegungen und Verfahrensregeln

Vor Durchführung des Versteigerungsverfahrens ist die Regulierungsbehörde verpflichtet, neben den Verfahrensregeln, die organisatorische Fragen wie den zeitlichen Ablauf des Versteigerungsverfahrens betreffen, die inhaltlichen Festlegungen i.S.d. § 11 Abs. 4 S. 2 TKG zu treffen und zu veröffentlichen. Bei den inhaltlichen Festlegungen handelt es sich insbesondere um die zu erfüllenden fachlichen und sachlichen Mindestvoraussetzungen des Bieters (§ 11 Abs. 4 S. 2 Nr. 1 TKG), den sachlich und räumlich relevanten Markt der Nutzung der zu ersteigernden Frequenz (§ 11 Abs. 4 S. 2 Nr. 2 TKG), die Lizenzbestimmungen einschließlich des räumlichen Versorgungsgrades bei der Frequenznutzung und seiner zeitlichen Umsetzung (§ 11 Abs. 4 S. 2 Nr. 3 TKG) und die von einem Bieter für die Aufnahme der Telekommunikationsdienstleistung zu ersteigernde Grundausstattung an Funkfrequenzen, sofern erforderlich (§ 11 Abs. 4 S. 2 Nr. 4 TKG). Der potentielle Versteigerungsteilnehmer soll somit vorab möglichst präzise erkennen können, welchen Inhalt eine erteilte Lizenz besitzen wird, insbesondere welche Pflichten damit für den Lizenznehmer verbunden sein werden[270].

cc) Veröffentlichung im Amtsblatt

Die Entscheidung über die Wahl des Versteigerungsverfahren und die dafür geltenden Verfahrensregeln und inhaltlichen Festlegungen sind nach § 11 Abs. 1 S. 2 TKG durch gleichzeitige[271] Veröffentlichung im Amtsblatt der Regulierungsbehörde öffentlich bekannt zu machen. Neben der Einschätzung der Erfolgschancen einer Bewerbung, soll dem potentiellen Interessenten damit ermöglicht werden, auch den finanziellen und zeitlichen Aufwand einer Beteiligung im Versteigerungsverfahren beurteilen zu können[272].

---

269 Vgl. Geppert, in: Beck'scher TKG-Kommentar, § 11 Rdnr. 4.

270 Vgl. Geppert, in: Beck'scher TKG-Kommentar, § 11 Rdnr. 10.

271 Nach der früheren Praxis des BMPT erfolgte mitunter die Veröffentlichung zeitlich nacheinander mit dem Hinweis auf die gewählte Verfahrensart und der Aufforderung zur Einreichung von Zulassungsanträgen in der ersten Stufe und den konkreten Verfahrensregeln in der zweiten Stufe.

272 Vgl. Geppert, in: Beck'scher TKG-Kommentar, § 11 Rdnr. 13.

b) Konkrete Gestaltung des Versteigerungsverfahren

Die konkrete Gestaltung des Versteigerungsverfahrens richtet sich im wesentlichen nach den gemäß § 11 Abs. 1 S. 2 TKG veröffentlichten Festlegungen und Regeln.

Zum einen müssen die Bewerber ermittelt werden, die überhaupt aufgrund fachlicher und sachlicher Mindestvoraussetzungen i.S.d. §§ 11 Abs. 4 S. 2 Nr. 1, 8 Abs. 3 Nr. 2 TKG die Berechtigung besitzen, an der Versteigerung teilzunehmen. Dies dient dem Zweck, den Zuschlag nicht einem fachlich und sachlich ungeeigneten Antragsteller zu erteilen[273]. Zum anderen muß der potentielle Lizenznehmer durch die inhaltlichen Festlegungen i.S.d. § 11 Abs. 4 S. 2 Nr. 2 bis 4 TKG verpflichtet werden, die ersteigerten Frequenzen nur unter den definierten Bedingungen einzusetzen. Diese Vorgabe trägt dem Umstand Rechnung, dass knappe Ressourcen im Interesse der Allgemeinheit effizient zu nutzen sind[274].

Die Regulierungsbehörde legt gemäß § 11 Abs. 4 S. 3 TKG die Regeln für die Durchführung des Versteigerungsverfahrens im einzelnen fest. Das TKG überläßt ihr dabei einen großen Spielraum, welche Verfahrensregelungen sie konkret zugrunde legt. § 11 Abs. 4 TKG gibt selbst nur die Verfahrensziele vor, trifft aber zur inhaltlichen Ausgestaltung des Versteigerungsverfahrens keinen weiteren Festlegungen. Die behördlich festgelegten Verfahrensregeln müssen allerdings gemäß § 11 Abs. 4 S. 3 TKG objektiv, nachvollziehbar und diskriminierungsfrei sein und die Belange kleiner und mittlerer Unternehmen berücksichtigen. Im übrigen steht es der Regulierungsbehörde gemäß § 11 Abs. 4 S. 4 TKG frei ein Mindestgebot festzulegen.

c) Ausschluß vom Versteigerungsverfahren

Gemäß § 11 Abs. 3 TKG können Unternehmen vom Versteigerungsverfahren im Einvernehmen mit dem Bundeskartellamt (§ 82 S. 1 TKG) ausgeschlossen werden. Ein solcher Ausschluß kommt insbesondere dann in Betracht, wenn Unternehmen bereits auf dem betreffenden sachlich und räumlich relevanten Telekommunikationsmarkt tätig sind und durch eine weitere Lizenzvergabe bzw. Frequenzzuteilung an diese Unternehmen neue Wettbewerber vom Marktzutritt ausgeschlossen würden. Gefährdungen für einen chancengleichen Wettbewerb i.S.d. § 11 Abs. 3 TKG können allerdings auch un-

---

273 Vgl. Geppert, in: Beck'scher TKG-Kommentar, § 11 Rdnr. 21.
274 Vgl. Geppert, in: Beck'scher TKG-Kommentar, § 11 Rdnr. 22.

terhalb dieser Grenze entstehen[275]. Ähnlich der Entscheidung nach § 10 TKG erfordert die Feststellung einer möglichen Wettbewerbsgefährdung eine prognostische Entscheidung der Regulierungsbehörde. Sie hat deshalb auch hier einen Einschätzungsspielraum[276]. Auf Ermessensseite hat sie aber auch die berechtigten Interessen von betroffenen Unternehmen an der Anwendung neuer Technologien angemessen zu berücksichtigen.[277]

IV. Rechtsschutz gegen versteigerungsbezogene Entscheidungen der RegTP

Gegen die im Zusammenhang mit dem Versteigerungsverfahren von der RegTP zu treffenden Entscheidungen stehen dem Betroffenen verschiedene Rechtsschutzmöglichkeiten zur Verfügung. Die praktische Bedeutung des Rechtsschutzes dürfte wegen der erheblichen wirtschaftlichen Konsequenzen der Entscheidungen der Regulierungsbehörde dabei nicht zu unterschätzen sein. Im wesentlichen sind Streitigkeiten von Wettbewerbern zu erwarten, die sich durch ein Handeln der Regulierungsbehörde benachteiligt sehen[278]. Nach § 80 Abs. 1 TKG findet ein Vorverfahren gegen Entscheidungen der Regulierungsbehörde nicht statt. Klagen entfalten zudem keine aufschiebende Wirkung gemäß § 80 Abs. 2 TKG i.V.m. § 80 Abs. 2 Nr. 3 VwGO. Rechtsstreitigkeiten dürften aus diesem Grund und wegen des mit einem Hauptsacheverfahren verbundenen Zeitaufwandes in erster Linie in den Eilverfahren nach §§ 80 Abs. 5, 80 a und 123 VwGO ausgetragen werden.

1. Gegenüber Beschränkungsentscheidung nach § 10 TKG

Gegen eine das Beschränkungsverfahren abschließende Entscheidung der RegTP kann nach § 42 Abs. 1 VwGO eine verwaltungsgerichtliche Anfechtungsklage erhoben und vorläufiger Rechtsschutz i.S.d. § 80 Abs. 5 VwGO begehrt werden. Die Entscheidung, deren Aufhebung bzw. der gegenüber die Anordnung der aufschiebenden Wirkung begehrt wird, besitzt Verwaltungs-

---

275 Ausführlich zum Ausschluß nach § 11 Abs. 3 TKG , Grzeszick, ZUM 1997, S. 911 (917); vgl. auch Geppert, in: Beck'scher TKG-Kommentar, § 11 Rdnr. 14.

276 Zum Tatbestand der Wettbewerbsgefährdung, Grzeszick, ZUM 1997, S. 911 (917).

277 Vgl. Geppert, in: Beck'scher TKG-Kommentar, § 11 Rdnr. 15.

278 Die Situation ist vergleichbar mit den Kabelbelegungsentscheidungen der Landesmedienanstalten, die in der Praxis wegen der wirtschaftlichen Bedeutung immer häufiger angefochten werden; vgl. zu dieser Entwicklung Beucher/von Rosenberg, ZUM 1996, S. 643 ff.; Der Lizenzvergabe durch die RegTP wird eine ähnliche Entwicklung prognostiziert – vgl. Hiltl/Großmann, BB 1996, S. 169 (172); Grzeszick, ZUM 1997, S. 911 (924).

aktqualität. Ihre Rechtswirkung nach außen besteht darin, dass eine Lizenzvergabe nach § 8 TKG nunmehr unzulässig und ein Vergabeverfahren nach § 11 TKG durchzuführen ist[279].

Im Hinblick auf die gemäß § 42 Abs. 2 VwGO notwendige Geltendmachung einer Rechtsverletzung kann bei angeordneter Beschränkung der Anzahl der Lizenzen der Antragsteller auf das durch § 8 Abs. 1 TKG rechtlich geschützte Interesse verweisen, den Rechtsanspruch auf Lizenzierung nicht gegen einen Anspruch auf Beteiligung am Vergabeverfahren verlieren zu müssen[280].

Denkbar wäre auch eine Verpflichtungsklage gemäß § 42 Abs. 1 VwGO bzw. einstweiliger Rechtsschutz nach § 123 VwGO für den Fall, dass die Regulierungsbehörde sich für eine Nicht-Beschränkung entschieden oder einen Antrag auf Durchführung des Beschränkungsverfahrens insgesamt abgelehnt hat. Allerdings dürfte ein rechtlich geschütztes Interesse auf Erlaß einer Lizenzbeschränkung kaum zu begründen sein. Das Interesse eines im Rahmen eines Vergabeverfahrens lizenzierten Unternehmens, neu in den Markt strebende Unternehmen darauf verweisen zu wollen, dass diese ebenfalls ein Vergabeverfahren durchlaufen müssen, dürfte wohl regelmäßig keine Klagebefugnis i.S.d. § 42 Abs. 2 VwGO begründen können[281].

2. Gegenüber Entscheidung über Wahl des Vergabeverfahrens nach § 11 Abs. 1 TKG

Maßgeblich für die Frage des Rechtsschutzes gegen die Entscheidung der RegTP über die Wahl des Vergabeverfahrens ist, ob die Entscheidung bereits vor Abschluß des Verfahrens durch die Vergabeentscheidung selbst isoliert angefochten werden kann. Die Entscheidung über die Wahl des Verfahrens stellt, ebenso wie die Festlegungen und Regeln für die Durchführung des Verfahrens, eine Teil-Entscheidung im Ablauf des Vergabeverfahrens nach § 11 TKG dar[282]. Diese Entscheidung schließt, anders als das bei der Beschränkung der Lizenzen nach § 10 TKG der Fall ist, kein selbständiges Verfahren ab und

---

279 Vgl. Geppert, in: Beck'scher TKG-Kommentar, § 10 Rdnr. 10; Sie erfüllt die Merkmale einer Allgemeinverfügung i.S.d. § 35 S. 2 VwVfG, s. Scherer, NJW 1996, S. 2953 (2957).

280 Vgl. Geppert, in: Beck'scher TKG-Kommentar, § 10 Rdnr. 17.

281 Zum Maßstab des Drittschutzes und der Klagebefugnis BVerwGE 27, 29 ff. (33); 32, 173 (177); BVerwG DVBl. 1994, S. 284 (286).

282 Vgl. Geppert, in: Beck'scher TKG-Kommentar, § 11 Rdnr. 11.

entfaltet keine unmittelbare Rechtswirkung nach außen i.S.d. § 35 VwVfG[283]. Von ihr geht vielmehr nur die mittelbare Wirkung aus, dass vor der abschließenden Vergabeentscheidung dieser bestimmte Verfahrensschritt durchgeführt werden muß. Bei der Entscheidung über die Wahl des Vergabeverfahrens handelt es sich mithin um eine unselbständige Verfahrenshandlung, die gemäß § 44 a VwGO nicht isoliert angefochten werden kann. Nach § 44 a VwGO kann der Verfahrensfehler nur im Rechtsbehelfsverfahren gemeinsam mit der abschließenden Vergabeentscheidung gerügt und dort inzidenter auf seine Rechtmäßigkeit hin überprüft werden[284].

3. Gegenüber Ausschlußentscheidung nach § 11 Abs. 3 TKG

Ein gemäß § 11 Abs. 3 TKG oder auch wegen Nichterfüllung der Mindestvoraussetzungen vom Versteigerungsverfahren ausgeschlossener Lizenzbewerber kann gegen den den Zulassungsantrag ablehnenden Bescheid eine Anfechtungsklage gemäß § 42 Abs. 1 VwGO erheben bzw. einen Antrag auf Anordnung der aufschiebenden Wirkung i.S.d. § 80 Abs. 5 VwGO i.V.m. § 80 Abs. 2 TKG stellen[285].

4. Gegenüber Vergabeentscheidung nach § 11 Abs. 4 TKG

Im Vordergrund des Rechtsschutzersuchens dürfte allerdings als Reaktion auf die Vergabeentscheidung ähnlich der Situation im Rundfunkrecht[286] die

---

283 Vgl. Geppert, in: Beck'scher TKG-Kommentar, § 11 Rdnr. 11; a.A. Leo/Schellenberger, ZUM 1997, S. 188 (190 f.), die Verfahrensentscheidungen wie der Wahl des Vergabeverfahrens und den Festlegungen der Einzelheiten desselben Verwaltungsaktqulität i.S.d. § 35 S. 1 VwVfG zusprechen, im Ergebnis eine isolierte Anfechtung aber ebenfalls wegen § 44 a VwGO als unzulässig erachten.

284 So im Ergebnis sowohl Geppert, in: Beck'scher TKG-Kommentar, § 11 Rdnr. 12 als auch Leo/Schellenberg, ZUM 1997, S. 188 (190 f.) - Dies gilt auch für Verfahrensentscheidungen wie die Festlegungen und Regeln zur Durchführung des Versteigerungsverfahrens.

285 Vgl. Geppert, in: Beck'scher TKG-Kommentar, § 11 Rdnr. 35; Inwieweit eine Konkurrentenklage auf Ausschluß eines Wettbewerbers vom Vergabeverfahren zulässig ist, ist umstritten und noch ungeklärt – befürwortet wird die Zulässigkeit einer solchen Konkurrentenklage mit der Begründung, die „gleichen Chancen" im Wettbewerb i.S.d. § 11 Abs. 3 TKG gewährten den Mitbewerbern ein subjektives Recht, von Leo/Schellenberger, ZUM 1997, S. 188 (191); Ablehnend Grzeszick, ZUM 1997, S. 911 (925) mit der Begründung, dass ein solcher Schutz gegen Wettbewerb dem Zweck des TKG, nämlich gerade der Errichtung eines marktwirtschaftlichen Wettbewerbs, widersprechen würde.

286 So Nolte, CR 1996, S. 459 (466) m.w.N. zur Rspr.

sogenannte ausschließende Konkurrentenklage stehen, wonach der Kläger begehrt, anstelle des Konkurrenten begünstigt zu werden[287].

Hierfür muß der Kläger die Auswahlentscheidung zugunsten von Mitbewerbern mit der Anfechtungsklage gemäß § 42 Abs. 1 VwGO anfechten[288] und gleichzeitig wegen der eigenen angestrebten Lizenzierung unter Aufhebung des ablehnenden Bescheids mit der Verpflichtungsklage i.S.d. § 42 Abs. 1 VwGO eine Neubescheidung durch die Regulierungsbehörde, d.h. hier die erneute Durchführung des Versteigerungsverfahrens, unter Beachtung der Rechtsauffassung des Gerichts beantragen[289]. Der unterlegene Bewerber kann sich dabei im Rahmen der Klagebefugnis i.S.d. § 42 Abs. 2 VwGO auf Art. 12 GG i.V.m. Art. 3 GG berufen, die die Chancengleichheit der Bewerber bei der Konkurrentenauswahl gewährleisten[290]. Die der Auswahl zugrundeliegenden Auswahlkriterien dienen unter der Prämisse dieser verfassungsrechtlichen Vorgabe nämlich zumindest auch dem Schutz der Berufsfreiheit des Bewerbers, sodass die Entscheidung für einen bestimmten Bewerber in dieser Konstellation zugleich zu Lasten eines anderen gehen muß[291].

Im Hinblick auf den einstweiligen Rechtsschutz kann der im Rahmen der Auswahlentscheidung unterlegene Bewerber nach §§ 80a Abs. 3, 80 VwGO vorgehen[292].

V. Konkrete Anwendungsfälle des Versteigerungsverfahrens des TKG

In Deutschland fanden bislang drei Versteigerungen auf der Grundlage des neuen Telekommunikationsrechts statt.

---

287 Ausführlich zur ausschließenden Konkurrentenklage Schenke, NVwZ 1993, S. 718 (720ff.) mit zahlr. Nachw.;

288 Weil diese sonst bestandskräftig werden können - so Hiltl/Großmann, BB 1996, S. 169 (172); Grzeszick, ZUM 1997, S. 911 (924) m.w.N.

289 Vgl. zu der für eine Konkurrentenklage typischen Kombination von Anfechtungs- und Verpflichtungsklage Kopp/Schenke, VwGO, § 42 Rdnr. 31 m.w.N.; telekommunikationsspezifisch s. Geppert, in: Beck´scher TKG-Kommentar, § 11 Rdnr. 34; Grzeszick, ZUM 1997, S. 911 (924).

290 Vgl.nur BVerfGE 33, 303 (338); 43, 291 (314, 324).

291 Vgl. Grzeszick, ZUM 1997, S. 911 (926); zur vergleichbaren Rechtslage bei Kabelbelegungen s. OVG Niedersachsen, ZUM 1996, S. 712 ff.; Beucher/von Rosenberg, ZUM 1996, S. 643 (654 f.); auch die Gesetzesbegründung geht von einer entsprechenden Klagebefugnis aus, vgl. dazu BT-Drs. 13/3609, S. 52.

292 Vgl. Kopp/Schenke, VwGO, § 42 Rdnr. 31 a; So im Ergebnis auch Hiltl/Großmann, BB 1996, S. 169 (172); Grzeszick, ZUM 1997, S. 911 (926).

1. ERMES[293]-Auktion

Die erstmalige Anwendung des TK-rechtlichen Versteigerungsverfahrens erfolgte bei der Vergabe von vier bundesweiten Lizenzen und zehn zusätzlichen regionalen Frequenzen für den Funkruf-Dienst[294] ERMES im September 1996[295].

a) Auswahl zwischen Ausschreibungs- und Versteigerungsverfahren

Das BMPT[296] entschied sich gestützt auf die Vorgabe des § 11 Abs. 2 S. 1 TKG dafür, das Versteigerungsverfahren als Vergabeverfahren für die Vergabe der Funkruflizenzen basierend auf dem ERMES-Standard durchzuführen[297].

Dies war nicht unbedenklich. Im Jahre 1995 hatten im Funkrufmarkt die zwei Wettbewerber der Deutschen Telekom AG/T-Mobil Lizenzen zum Angbot eines Funkrufdienstes basierend auf dem POCSAG-Standard im Ausschreibungsverfahren erhalten[298]. Nach § 11 Abs. 2 S. 2 TKG kann das Versteigerungsverfahren als Vergabeverfahren ungeeignet sein, wenn auf dem gleichen sachlich und räumlich relevanten Markt bereits eine Lizenz ohne Versteigerung erteilt worden ist. Zwar erlaubt der digitale ERMES-Standard neue technische Möglichkeiten, wie u.a. Roaming, im größeren Umfang versendbare Textnachrichten, Gruppenruf[299], jedoch muß daraus nicht zwingend gefolgert werden, dass es sich gegenüber dem Funkrufdienst nach POCSAG-

---

293 ERMES = European Radio MEssaging System

294 Man spricht auch von „Paging".

295 Vgl. hierzu BMPT , Funkruflizenzen und Frequenzen versteigert, PostPolitische Informationen, Oktober 1996.

296 Die Funktionen der Regulierungsbehörde wurden bis zum 31.12.1997 noch durch das Bundesministerium für Post und Telekommunikation (BMPT) wahrgenommen, dessen Befugnisse wiederum vom Bundesamt für Post und Telekommunikation (BAPT) wahrgenommen wurden, Vfg. 143/1996, ABl. BMPT 1996, S. 1246.

297 Vgl. BMPT, Unterlagen zur Vergabe von vier Funkruflizenzen auf der Basis des europäischen ERMES-Standards in der Bundesrepublik Deutschland, Bonn, 08.05.1996, S. 1 ff - s. dazu Vfg. 82/1996, ABl. BMPT vom 08.05.1996, S. 630; vgl. auch BMPT , Regeln für ein Auktionsverfahren zur Versteigerung von ERMES-Lizenzen/Frequenzen sowie regionaler ERMES-Frequenzen, Vfg. 115/1996, ABl. BMPT vom 17.07.1996, S. 948 ff.

298 Vgl. Ruhle/Geppert, MMR 1998, S. 175 (176).

299 Zu den technischen Eigenschaften von ERMES, vgl. BMPT, Unterlagen zur Vergabe von vier Funkruflizenzen auf der Basis des europäischen ERMES-Standards in der Bundesrepublik Deutschland, Bonn, 08.05.1996, S. 1 ff - s. dazu Vfg. 82/1996, ABl. BMPT vom 08.05.1996, S. 630.

Standard um einen anderen sachlich relevanten Markt handeln würde. Ebenso könnte der ERMES-Funkrufdienst als Substitutionstechnik zum technisch veralteten POCSAG-Funkrufdienst innerhalb des gleichen sachlich relevanten Marktes eingeordnet werden, sodass möglicherweise ein Ausschreibungsverfahren hätte durchgeführt werden müssen[300].

Das BMPT entschied sich jedoch offensichtlich dafür, dass der ERMES-Funkrufdienst „neben" den Funkrufdienst auf POCSAG-Basis treten soll, es sich mithin um einen sachlich anderen Markt handelt. Sowohl die bisherigen Lizenznehmer nach dem POCSAG-Standard als auch neue Antragsteller konnten sich daher um Zulassung zum ERMES-Versteigerungsverfahren bemühen.

b) Vorbereitungsmaßnahmen und Zulassung zur Versteigerung

Als erster Schritt zur Vorbereitung der Auktion erfolgte am 23.01.1996 nach Veröffentlichung der Eckpunkte zur Vergabe von Funkruflizenzen und –frequenzen auf Basis des ERMES-Standards die Anhörung der betroffenen Unternehmen[301]. Dem folgte am 08.05.1996 die Veröffentlichung des Hinweises auf und der Unterlagen zur Vergabe von vier Funkruflizenzen auf der Basis des europäischen ERMES-Standards in der Bundesrepublik Deutschland durch das BMPT[302]. Am 17.07.1996 wurden sodann im Amtsblatt die Regeln für ein Auktionsverfahren zur Versteigerung von ERMES-Lizenzen/Frequenzen sowie regionaler ERMES-Frequenzen bekannt gemacht.[303] Diese betrafen neben Ort, Zeit und Ablauf der Versteigerung vor allem die zu erfüllenden fachlichen und sachlichen Mindestvoraussetzungen des Bieters, den sachlich und räumlich relevanten Markt der Nutzung der zu ersteigernden Frequenz, die Spezifizierung der zu vergebenden Frequenzpakete,

---

300 Vgl. die Vorgaben des § 11 Abs. 2 S. 2 TKG, die der Behörde allerdings noch einen Ermessensspielraum lassen.

301 Den Unternehmen wurde die Möglichkeit eingeräumt, zu den Eckpunkten des Versteigerungsverfahrens im Rahmen der festgesetzten Frist Stellung zu nehmen und diese zu kommentieren; s. dazu auch Vfg. 82/1996, ABl. BMPT vom 08.05.1996, S. 630.

302 BMPT , Unterlagen zur Vergabe von vier Funkruflizenzen auf der Basis des europäischen ERMES-Standards in der Bundesrepublik Deutschland, Bonn, 08.05.1996, S. 1 ff; s. dazu Vfg. 82/1996, ABl. BMPT vom 08.05.1996, S. 630.

303 BMPT, Regeln für ein Auktionsverfahren zur Versteigerung von ERMES-Lizenzen/Frequenzen sowie regionaler ERMES-Frequenzen, Vfg. 115/1996, ABl. BMPT vom 17.07.1996, S. 948 ff.

die Anzahl der zu vergebenden Lizenzen sowie den Typ des Versteigerungsverfahrens.[304]

Trotz unbeschränkter Berechtigung zur Teilnahme am Verfahren zur Vergabe der ERMES-Lizenzen bei Erfüllung der Zulassungsvoraussetzungen reichten nur drei Unternehmen schließlich einen Antrag auf Zulassung zum Versteigerungsverfahren ein. Trotzdem wurde das Versteigerungsverfahren für die Lizenzvergabe durchgeführt. Begründet wurde dies mit den teilweise identischen Präferenzen der Antragsteller hinsichtlich der Lizenzen[305]. Hintergrund für die Wahl des Versteigerungsverfahrens als Vergabeverfahren dürfte aber auch gewesen sein, dass das BMPT und dessen nachgeordnete Behörde, das Bundesamt für Post und Telekommunikation (BAPT), für die Entwicklung eines Auktionsverfahrens bereits umfangreiche Anstrengungen unternommen und Mittel verausgabt hatten und man nun die erfolgten Vorarbeiten in der Praxis umgesetzt sehen wollte[306].

c) Versteigerungstyp

Nach Auswertung von Auktionserfahrungen anderer Länder[307] wurde für die Versteigerung der Lizenzen/Frequenzen ein vom Wissenschaftlichen Institut für Kommunikationsdienste (WIK) entwickeltes[308] simultanes und mehrstufiges Bietverfahren in einem elektronischen Verfahren vernetzter Computer verwendet[309]. Bei einer „simultanen" Versteigerung werden alle Versteige-

---

304 BMPT, Regeln für ein Auktionsverfahren zur Versteigerung von ERMES-Lizenzen/Frequenzen sowie regionaler ERMES-Frequenzen, Vfg. 115/1996, ABl. BMPT vom 17.07.1996, S. 948 ff; Eine gute Zusammenfassung der einzelnen Regeln bietet Gramlich, CR 2000, S. 752 (757).

305 Mindestens zwei Unternehmen bemühten sich um die Lizenz mit dem Anrecht auf Zuteilung der beiden Frequenzen, die gemeinsam eine bundesweite Versorgung sicherstellen.

306 Nicht zuzletzt auch in Erwartung hoher Lizenzgebühren, und zwar nicht nur aus der einmaligen Versteigerung der ERMES-Lizenzen/Frequenzen, sondern vor allem aus der zukünftigen Vergabe dieser knappen Ressource.

307 U.a. Australien, Neuseeland und USA; vgl hierzu auch Keuter/Nett/Stumpf, Regeln für das Verfahren zur Versteigerung von ERMES-Lizenzen/Frequenzen sowie regionaler ERMES-Frequenzen, WIK-Diskussionsbeiträge Nr. 165.

308 Vgl. Ruhle/Geppert, MMR 1998, S. 175.

309 Vgl. BMPT, Regeln für ein Auktionsverfahren zur Versteigerung von ERMES-Lizenzen/Frequenzen sowie regionaler ERMES-Frequenzen, Vfg. 115/1996, ABl. BMPT vom 17.07.1996, S. 948 ff; Die ERMES-Auktion orientierte sich dabei an dem Verfahren der PCS-Auktionen in den Vereinigten Staaten von Amerika; Für die Vorzüge dieses Verfahrens vgl auch die Ausführungen im amerikanischen Teil 1 C IV.

rungsgüter gleichzeitig aufgerufen und alle Interessenten können gleichzeitig, unabhängig voneinander und geheim ihre Gebote innerhalb einer vorgegebenen Zeit abgeben. Am Ende einer Auktionsrunde werden die Gebote ausgewertet. Die Höchstgebote für den jeweiligen Versteigerungsgegenstand sowie die jeweiligen Bieter werden allen anderen Mitbewerbern via PC-Bildschirm mitgeteilt. Die "Mehrstufigkeit" des Bietverfahrens erlaubt es den Versteigerungsteilnehmern, im Verlaufe der Versteigerung in neuen Auktionsrunden immer wieder neue Gebote abzugeben, mit denen die bisherigen Höchstgebote übersteigert werden können. "Elektronische Abwicklung" bedeutet, dass die Kommunikation zwischen Bietern und Auktionator während der Versteigerung über vernetzte Computer erfolgt. Die Verarbeitung der Gebote erfolgt automatisch durch eine speziell entwickelte Software. Kollusives Verhalten zwischen den Bietern ist verboten und wird durch Ausschluß vom Versteigerungsverfahren bzw. Lizenzentzug pönalisiert. Die Ernsthaftigkeit des Bietinteresses wird dadurch kontrolliert, dass die Interessenten eine Kaution in Höhe des Mindestgebotes hinterlegen und zudem zum Nachweis der Zahlungsfähigkeit eine Bankbürgschaft vorlegen müssen.[310]

Eine Konzeption nach dem Modell des englischen oder des holländischen Auktionsverfahrens[311] kam nicht in Betracht, da die Versteigerung von Funkfrequenzen und Lizenzen stets eine Reihe nahezu identischer Objekte beinhaltet und die Bewertung des einzelnen Objektes daher nicht von den anderen unabhängig ist. Ein Verfahren, bei dem die Objekte sukzessive versteigert werden, ist für eine Versteigerung von Frequenzen deshalb nicht geeignet[312].

Die im Telekommunikationsbereich in einigen Ländern wie Australien und Neuseeland bereits eingesetzten verdeckten Verfahrenstypen hingegen dienten zwar als Grundlage für die Konzipierung des Auktionsverfahrens für die ERMES-Versteigerung[313]. Die Ausgestaltung als simultanes, mehrstufiges Verfahren ist letztlich allerdings auf die erfolgreiche Erprobung dieses Versteigerungstypes in den USA im Rahmen der dortigen PCS-Versteigerungen zurückzuführen.[314] Dabei wurde insbesondere auch darauf geachtet, die Auktionsregeln richtig zu spezifizieren, um durch die Versteige-

---

310 Vgl. zu alledem Geppert, in: Beck'scher TKG-Kommentar, § 11 Rdnr. 23.

311 S. „Versteigerungsmethode", Teil 1 C IV.

312 Die sukzessive Versteigerung einzelner voneinander unabhängiger Objekte ist charakteristisch für das englische und holländische Auktionsverfahren; vgl. Teil 1 C IV.

313 Denn sie beinhaltet einige der in Teil 1 C IV dargestellten Charakteristika dieser Verfahrenstypen.

314 Vgl. Stumpf, WIK-Newsletter Nr. 34, März 1999, S. 2. Zu den Ähnlichkeiten und Unterschieden vgl. Ruhle/Geppert, MMR 1998, S. 175 (178).

rung die angestrebte effiziente Zuteilung der Lizenzen bzw. Frequenzen auf die Bieter zu erreichen und nicht eventuell von den Parteien verfolgten Bietstrategien zum Opfer zu fallen. Dies äußerte sich beispielsweise in dem Verbot kollusiven Bietverhaltens und der Festlegung eines Mindestgebots[315]. Die Erfahrungen anderer Ländern waren letztlich ursächlich für ein am Ende relativ komplizierte Verfahrensregelwerk[316].

d) Versteigerungsregeln im einzelnen

Zur Teilnahme an der Versteigerung von Lizenzen und Frequenzen auf der Basis des digitalen ERMES-Standards wurden die bereits auf dem Paging-Markt auf der Basis des POCSAG-Standards tätigen Unternehmen, nämlich T-Mobil GmbH (Deutsche Telekom), MINIRUF GmbH (RWE Telliance, Vebacom, Tele Danmark) und Mobile InfoDienste GmbH (DFR mit Motorola, Thyssen Telecom u.a.) zugelassen[317]. Für die Auktion wurde vorgesehen, die Teilnehmer in verschiedenen Räumen des BAPT unterzubringen, so dass es ihnen nicht möglich war, miteinander zu kommunizieren. Für jede Lizenz betrug das Mindestgebot 500.000 DM, für jede Frequenz 170.000 DM. Für die Frequenznutzung sollten zusätzlich jährlich Gebühren in Höhe von 150.000 bis 200.000 DM pro Frequenz entstehen. Wegen des Mindestgebotes hatten die Bewerber eine Kaution von 670.000 DM zu hinterlegen und eine Bankbürgschaft von 1,5 Mio. DM zu erbringen.[318]

---

315 Vgl. BMPT, Regeln für ein Auktionsverfahren zur Versteigerung von ERMES-Lizenzen/Frequenzen sowie regionaler ERMES-Frequenzen, Vfg. 115/1996, ABl. BMPT vom 17.07.1996, S. 948 ff.

316 Vgl. zu den nicht immer ermutigenden Ergebnissen anderer Länder, Ruhle/Geppert, MMR 1998, S. 175 (177): So legte z.B. in Neuseeland die zuständige Behörde bei einer verdeckten Zweitpreisauktion kein Mindestgebot fest, was dazu führte, dass einige Lizenzen zu Minimalbeträgen abgegeben werden mußten, weil es nur einen Bieter mit einem angemessenen Gebot gab. Der andere Interessent bot nur wenige Dollar. Folglich erhielt dann der Höchstbieter die Lizenz für den Preis, den der zweithöchste Bieter angeboten hatte. In Australien sahen die Regeln bei einer verdeckten Erstpreisauktion keine Strafen für das Zurückziehen von Angeboten vor. Statt dessen sollte in einem solchen Fall der Bieter die Lizenz erhalten, der das nächsthöhere Angebot abgegeben hatte. Ein Bewerber hatte deshalb mehrere kaskadenförmige Angebote für ein Objekt gemacht. Nach dem Ende der Auktion trat er dann von seinem Höchstgebot zurück. Das vorgesehene Verfahren führte dazu, dass im Endeffekt dasselbe Unternehmen siegreich war, aber ca. 50% des ursprünglich gebotenen Höchstpreises sparen konnte.

317 Vgl. Ruhle/Geppert, MMR 1998, S. 175 (178).

318 Vgl. zu alledem Vgl. BMPT, Regeln für ein Auktionsverfahren zur Versteigerung von ERMES-Lizenzen/Frequenzen sowie regionaler ERMES-Frequenzen, Vfg. 115/1996, ABl. BMPT vom 17.07.1996, S. 948 ff.

Das Versteigerungsverfahren war zweistufig konzipiert. Es sah vor, drei Lizenzen jeweils in Kombination mit einer bundesweiten Frequenz zu vergeben. Die vierte Lizenz sollte in Kombination mit zwei Frequenzen vergeben werden, die zusammen eine bundesweite Abdeckung sicherstellten. In einem zweiten, separaten Verfahren sollten weitere zehn Regionalfrequenzen versteigert werden. Diese hatten alle in Grenzregionen zu den Nachbarländern Einschränkungen in ihrer Nutzbarkeit[319].

Für die erste Stufe, d.h. die Versteigerung von vier bundesweiten Lizenzen, galten im einzelnen folgende Regeln: Jede Partei kann nur eine Lizenz erwerben[320]. Jeder Teilnehmer gibt in der ersten Runde ein Gebot für eine der verfügbaren vier Lizenzen ab. Zu Beginn einer jeden Runde wird das gegenwärtige Höchstgebot für jede Lizenz bekanntgegeben. In den folgenden Runden können nur Bieter, die nicht als aktuelle Höchstbieter geführt werden, ein Gebot auf eine beliebige Lizenz abgeben. Ein Höchstbieter kann nur für die Lizenz bieten, für die er in der vorhergehenden Runde der Höchstbieter war. Nur valide[321] Gebote werden akzeptiert. Teilnehmer, die keine Höchstbieter sind und die kein valides Gebot abgeben, scheiden aus der Versteigerung aus. Die Auktion endet, wenn auf keine der Lizenzen in einer neuen Runde ein neues Gebot abgegeben wird. Die Länge der Auktion ist grundsätzlich nicht begrenzt. Allerdings kann der Auktionator nach 20 Runden erklären, dass nur noch zwei letzte Runden stattfinden. Das Zurückziehen von Geboten während oder nach der Versteigerung führt zu Strafzahlungen und dem Ausschluß vom weiteren Bietverfahren. Es kommt dann zu einer Neuversteigerung der Lizenz.

Bei der zweiten Stufe, d.h. der Auktion der weiteren zehn regionalen Funkfrequenzen, waren nur die siegreichen Bieter der ersten Stufe zugelassen. Es galten die Regeln von Stufe 1 mit einigen Ergänzungen: Teilnehmer können in der ersten Runde beliebig auf eine oder mehrere Frequenzen zugleich bieten. In den darauffolgenden Runden kann der Bieter nur soviel Gebote ab-

---

319 Vgl. BMPT, Regeln für ein Auktionsverfahren zur Versteigerung von ERMES-Lizenzen/Frequenzen sowie regionaler ERMES-Frequenzen, Vfg. 115/1996, ABl. BMPT vom 17.07.1996, S. 948 ff.

320 Dadurch soll gewährleistet werden, dass nicht ein marktbeherrschendes Unternehmen den Markt leekauft, um sich so vor Wettbewerb zu schützen.

321 Ein Gebot ist valide, wenn es in der ersten Runde den Anforderungen des Mindestgebots entspricht, und in den nachfolgenden Runden stets um das geforderte Mindestinkrement erhöht wird. Das Mindestinkrement ist ein Prozentsatz des aktuellen Höchstgebotes und kann entweder 10% (in Phase 1), 5% (in Phase 2) oder 2% (in Phase 3) betragen. Der Auktionator entscheidet, in welcher Phase sich die Versteigerung befindet. Das geforderte Mindestinkrement wird vor jeder Runde bekanntgegeben.

geben, wie er aktive Gebote in der ersten Runde abgegeben hat. Dabei kann er jedoch zwischen den Frequenzen hin und her wechseln. Nach jeder Runde wird Transparenz hergestellt, indem alle Bewerber über den Stand der Gebote informiert werden. Der Auktionator kann bereits nach 15 Runden die letzten beiden Runden aufrufen.[322]

e) ERMES-Versteigerung am 23.09.1996

Am 23.09.1996 fand schließlich beim BAPT in Mainz die erste Versteigerung in Deutschland statt. Sie brachte einen Erlös von insgesamt 3,86 Mio. DM[323]. In der ersten Stufe erhielten Mobile InfoDienste GmbH für ein Gebot in Höhe von 670.000 DM (Lizenz 1), MINIRUF GmbH für ein Gebot in Höhe von 673.000 DM (Lizenz 2) und T-Mobil GmbH für ein Gebot in Höhe von 670.000 DM (Lizenz 3) jeweils eine Lizenz. Die Versteigerung ging über drei Runden und dauerte insgesamt 30 Minuten[324]. Das Überschußangebot dürfte dazu geführt haben, dass alle Bieter Gebote abgaben, die nur unwesentlich über dem geforderten Mindestgebot lagen. Nachdem Mobile InfoDienste GmbH und T-Mobil GmbH zunächst beide 670.000 DM für die selbe Lizenz (Lizenz 1) in der ersten Runde geboten hatten, gab T-Mobil in der nächsten Runde sein Gebot für eine andere Lizenz (Lizenz 3) ab. Die dritte Runde diente dann nur noch der Bestätigung der Gebote. Die vierte Lizenz, für die kein Gebot erfolgte, wurde nicht vergeben[325].

In der zweiten Stufe gaben die Bewerber nach ihren Präferenzen Gebote auf die zusätzlichen regionalen Frequenzen oder eine Kombination davon ab. MINIRUF GmbH und T-Mobil GmbH ersteigerten dabei drei, Mobile Info-Dienste GmbH vier zusätzliche Frequenzen. Sechs der zehn Frequenzen wurden zum Mindestgebot, nämlich zu einem Preis von 171.000 DM, vergeben. Nur bei vier Frequenzen verlief die Auktion über 9 Runden, die jeweils zwischen 4 und 9 Minuten dauerten. Der Versteigerungserlös variierte dabei zwischen 191.000 DM und 214.000 DM[326]. Bemerkenswert ist, dass jeder Teilnehmer mindestens eine Frequenz in der Nähe des Mindestgebotes erhielt und auch eine Frequenz für einen höheren Preis ersteigerte. Dies erklärte sich aus dem qualitativen Unterschied der Frequenzen, weshalb die Präferenz der Bie-

---

322 Zu den einzelnen Versteigerungsregeln, vgl. BMPT, Regeln für ein Auktionsverfahren zur Versteigerung von ERMES-Lizenzen/Frequenzen sowie regionaler ERMES-Frequenzen, Vfg. 115/1996, ABl. BMPT vom 17.07.1996, S. 948 ff.

323 Vgl. hierzu BMPT, Funkruflizenzen und Frequenzen versteigert, PostPolitische Informationen, Oktober 1996.

324 Vgl. Nett, WIK-Newsletter Nr. 25, Dezember 1996, S. 22 f.

325 Vgl. Nett, WIK-Newsletter Nr. 25, Dezember 1996, S. 22 f.

326 Vgl. Nett, WIK-Newsletter Nr. 25, Dezember 1996, S. 22 f.

ter für die eine Frequenz stärker, für eine andere Frequenz schwächer ausfiel. Dies spiegelte sich dann in den Geboten wieder.

2. GSM 1800-Frequenz-Auktion[327]

Der zweite Anwendungsfall des Versteigerungsverfahrens auf der Basis des § 11 Abs. 4 TKG war die Vergabe zusätzlicher Frequenzen für Mobilfunkanwendungen nach dem GSM 1800-Standard im Juni 1999[328]. Gegenstand der Auktion war hier allerdings ausschließlich die Vergabe weiterer stark nachgefragter Frequenzen innerhalb eines bestehenden Marktes über die Zuteilungsregel des § 47 Abs. 5 S. 2, die sich der Vergabeverfahren des § 11 TKG bedient, und nicht die Vergabe von den Marktzugang erst gewährenden Lizenzen.

a) Auswahl zwischen Ausschreibungs- und Versteigerungsverfahren

Die RegTP[329] entschied sich gemäß der Vorgabe des § 47 Abs. 5 S. 2 i.V.m. § 11 Abs. 2 S.1 TKG dafür, das Versteigerungsverfahren als Vergabeverfahren zur Vergabe weiterer Frequenzen im Bereich 1800 MHz für Mobilfunkanwendungen nach dem GSM-1800-Standard durchzuführen[330].

Dies war nicht unbedenklich. Den vier lizenzierten Mobilfunkbetreibern im Bereich des digitalen zellularen Mobilfunks DeTeMobil Deutsche Telekom MobilNet GmbH, Mannesmann Mobilfunk GmbH, E-Plus Mobilfunk GmbH und VIAG Interkom GmbH & Co. wurden die GSM-Lizenzen und -Frequenzen, deren Spektrumserweiterung hier anstand, im Wege von Ausschreibungsverfahren vergeben.[331] Fraglich ist, ob § 11 Abs. 2 S. 2 2. Halbsatz TKG insofern nicht die Durchführung eines Ausschreibungsverfahrens für die Vergabe weiterer Frequenzen im Bereich GSM 1800 MHz vorschreibt. Die Vorschrift geht als gesetzliches Regelbeispiel davon aus, dass das Versteigerungsverfahren als Vergabeverfahren ungeeignet sein kann, insbesondere wenn auf dem gleichen sachlich und räumlich relevanten Markt bereits eine

---

327 GSM = Global Standard of Mobile Communications.

328 Vgl. hierzu Nett, WIK-Newsletter Nr. 37, Dezember 1999, S. 18 f.

329 Die bei der ERMES-Versteigerung noch vom BMPT wahrgenommene Funktion der Regulierungsbehörde, wird seit dem 1.1.1998 von der Regulierungsbehörde für Telekommunikation und Post (RegTP) wahrgenommen.

330 Vgl. Vfg. 45/1999, ABl. der RegTP Nr. 7/99 vom 28.04.1999. Entscheidung der Präsidentenkammer vom 14. April 1999 über das Verfahren zur Vergabe weiterer Frequenzen im Bereich 1800 MHz für Mobilfunkanwendungen nach dem GSM-1800-Standard S. 1256 ff.

331 Vgl. Vfg. 45/1999, ABl. der RegTP Nr. 7/99 vom 28.04.1999, S. 1256.

Lizenz ohne Versteigerung erteilt worden ist[332]. Die Vorschrift scheint insoweit einschlägig.

Die RegTP entschied sich jedoch dennoch dafür, die weiteren Frequenzen nach dem GSM-1800 Standard im Versteigerungsverfahren zu vergeben. Sie begründete ihre Entscheidung damit, dass es sich bei § 11 Abs. 2 S. 2 TKG lediglich um ein gesetzliches Regelbeispiel handele, das widerlegt werden könne, wenn das Ausschreibungsverfahren im konkreten Fall doch weniger geeignet sei. Dies sah sie im vorliegenden Fall als gegeben an. Der Regelung liege der Gedanke gleicher Marktzutrittsbedingungen für neue Lizenznehmer zugrunde. Da sich die Vergabe weiterer GSM-1800-Frequenzen jedoch nur an Netzbetreiber richte, die sich bereits im Markt befinden, stelle sich die Frage nach einem chancengleichen Marktzutritt nicht. Daher komme wieder der grundsätzliche Vorrang der Versteigerung zur Geltung.[333]

b) Vorbereitungsmaßnahmen und Zulassung zur Versteigerung

Als erster Schritt zur Vorbereitung der Auktion erfolgte am 29.01.1999 nach Veröffentlichung der Eckpunkte zur Vergabe weiterer Frequenzen für Mobilfunkanwendungen nach dem GSM 1800-Standard die Anhörung der betroffenen Unternehmen.[334] Dem folgte am 14.04.1999 die Entscheidung der Präsidentenkammer für eine Versteigerung als Verfahren zur Vergabe der weiteren Frequenzen.[335] Am 11.08.1999 wurden sodann im Amtsblatt die Regeln für ein Auktionsverfahren zur Versteigerung weiterer 1800 MHz Frequenzen für Mobilfunkanwendungen nach dem GSM-1800- Standard bekannt gemacht.[336] Diese betrafen neben Ort, Zeit und Ablauf der Versteigerung vor allem die Beschränkung der Teilnahmeberechtigung auf bereits im Markt befindliche Netzbetreiber, den sachlich und räumlich relevanten Markt der Nut-

---

332 So wurde z.B. die E 2-Lizenz im Wege der Ausschreibung vergeben, weil die bisherigen Lizenzen auf diesem Markt ebenfalls im Rahmen von Ausschreibungsverfahren vergeben wurden. Vgl. auch BMPT, Ausschreibungsunterlagen v. 17.7.1996, S. 1 ff.

333 Vgl. Vfg. 45/1999, ABl. der RegTP Nr. 7/99 vom 28.04.1999, S. 1257.

334 Den Unternehmen wurde die Möglichkeit eingeräumt, zu den Eckpunkten des Versteigerungsverfahrens im Rahmen der festgesetzten Frist Stellung zu nehmen und diese zu kommentieren.; s. dazu auch Vfg. 45/1999, ABl. der RegTP Nr. 7/99 vom 28.04.1999, S.1251 ff.

335 Vgl. Vfg. 45/1999, ABl. der RegTP Nr. 7/99 vom 28.04.1999, S. 1251.

336 Vgl. Vfg. 93/1999, ABl. der RegTP Nr. 14/99 vom 11.08.1999, Entscheidung der Präsidentenkammer vom 02. August 1999 über die Regeln für die Durchführung des Versteigerungsverfahrens zur Vergabe weiterer Frequenzen im Bereich 1800 MHz für Mobilfunkanwendungen nach dem GSM-1800-Standard, S. 2379 ff.

zung der zu ersteigernden Frequenz, die Spezifizierung der zu vergebenden Frequenzpakete sowie den Typ des Versteigerungsverfahrens.[337]

Da die Berechtigung zur Teilnahme an der Vergabe weiterer GSM-1800-Frequenzen beschränkt war und sich nur an Netzbetreiber richtete, die sich bereits im Markt befanden[338], reichten schließlich nur die vier bereits im Bereich des digitalen zellularen Mobilfunks lizenzierten Netzbetreiber einen Antrag auf Zulassung zum Versteigerungsverfahren bei der RegTP ein.

c) Versteigerungstyp

Für die Versteigerung der zusätzlichen GSM-Frequenzen wurde wiederum das vom Wissenschaftlichen Institut für Kommunikationsdienste entwickelte und bereits bei der Vergabe der ERMES-Lizenzen/-Frequenzen erfolgreich eingesetzte simultane, mehrstufige und elektronische Auktionsverfahren verwendet.[339]

d) Versteigerungsregeln im einzelnen

Zu der Versteigerung wurden die vier bereits lizenzierten Mobilfunkbetreiber im Bereich des digitalen zellularen Mobilfunks DeTeMobil Deutsche Telekom MobilNet GmbH, Mannesmann Mobilfunk GmbH, E-Plus Mobilfunk GmbH und VIAG Interkom GmbH & Co. zugelassen.[340]

---

[337] Vgl. Vfg. 93/1999, ABl. der RegTP Nr. 14/99 vom 11.08.1999, Entscheidung der Präsidentenkammer vom 02. August 1999 über die Regeln für die Durchführung des Versteigerungsverfahrens zur Vergabe weiterer Frequenzen im Bereich 1800 MHz für Mobilfunkanwendungen nach dem GSM-1800-Standard, S. 2379 ff.; Eine gute Zusammenfassung der einzelnen Regeln bietet Gramlich, CR 2000, S. 752 (760 ff.).

[338] Vgl. Vfg. 93/1999, ABl. der RegTP Nr. 14/99 vom 11.08.1999, Entscheidung der Präsidentenkammer vom 02. August 1999 über die Regeln für die Durchführung des Versteigerungsverfahrens zur Vergabe weiterer Frequenzen im Bereich 1800 MHz für Mobilfunkanwendungen nach dem GSM-1800-Standard, S. 2379.

[339] Vgl. Vfg. 93/1999, ABl. der RegTP Nr. 14/99 vom 11.08.1999, S.2379.

[340] Vgl. Vfg. 93/1999, ABl. der RegTP Nr. 14/99 vom 11.08.1999, S. 2379. Nach Auffassung der RegTP handelt es sich bei den zu vergebenden weiteren GSM-Frequenzen um sog. "Komplementärfrequenzen", die nur für eine Vergabe an bereits bestehende GSM-Mobilfunknetzbetreiber in Betracht kommen, da sie für sich allein genommen für ein eigenständiges Mobilfunknetz nach dem GSM-Standard vergleichbar den bestehenden Mobilfunknetzen nicht ausreichen. Vgl. Vfg. 45/1999, ABl. der RegTP Nr. 7/99 vom 28.04.1999, S. 1257.

Für die Auktion wurde vorgesehen, die zugelassenen Bieter, die durch je zwei autorisierte Personen vertreten werden, in separaten Räumen innerhalb des Veranstaltungsgebäudes unterzubringen, um eine Kommunikation miteinander zu unterbinden. In jedem Raum sollte sich ein Auktions-PC zur Abgabe der Gebote sowie ein Telefon, das Verbindungen ausschließlich zum Auktionator und zu den Entscheidungsträgern der als Bieter zugelassenen Unternehmen ermöglicht, befinden. Ein Mitarbeiter der Regulierungsbehörde sollte zusätzlich während des gesamten Bietverfahrens in jedem Raum anwesend sein.[341]

Die Versteigerungsregeln sahen vor, zehn abstrakte Frequenzpakete im Bereich 1800 MHz zu versteigern. Diese Pakete sollten 9 Pakete à 2 x 1 MHz und 1 Paket mit 2 x 1,4 MHz umfassen. Das Mindestgebot für ein Frequenzpaket à 2 x 1 MHz betrug 1 Million DM. Das Mindetsgebot für das Frequenzpaket zu 2 x 1,4 MHz bezifferte sich auf 1,4 Millionen DM. Die Bieteinheit wurde auf 10.000 DM festgelegt.[342]

Für die Versteigerung der Frequenzen galten im wesentlichen folgende Regeln: Die Bietrechte der Auktionsteilnehmer zu Beginn der Auktion waren nicht beschränkt, unterlagen jedoch im weiteren Verlauf der Aktivitätsregel. Danach hatte jeder Bieter in der ersten Auktionsrunde die Möglichkeit, für alle zehn Frequenzblöcke valide Gebote abzugeben. In den darauffolgenden Versteigerungsrunden jedoch durfte die Anzahl der aktiven Gebote eines Bieters nicht die Anzahl seiner aktiven Gebote in der vorangegangenen Auktionsrunde übersteigen.[343] Ein Bieter schied aus der Versteigerung aus, wenn er innerhalb einer Auktionsrunde kein valides Gebot für eines der Frequenzpakete abgab, es sei denn, der Bieter hatte in der vorangegangenen Runde ein Höchstgebot für mindestens eines der Frequenzpakete abgegeben. Ein Gebot war valide, wenn es in der ersten Runde den Anforderungen an das Mindestgebot entsprach, und in den nachfolgenden Runden um das geforderte Mindestinkrement, einen Prozentsatz des aktuellen Höchstgebotes, erhöht wurde.

Die maximale Länge einer Auktionsrunde betrug 30 Minuten. Der Auktionator konnte jedoch vor Start einer Auktionsrunde nach pflichtgemäßen Ermessen andere Zeitvorgaben festlegen. Die Rücknahme von Geboten während

341 Vgl. Vfg. 93/1999, ABl. der RegTP Nr. 14/99 vom 11.08.1999, S. 2379.

342 Vgl. Vfg. 93/1999, ABl. der RegTP Nr. 14/99 vom 11.08.1999, S. 2379.

343 Ein aktives Gebot eines Teilnehmers für ein Frequenzpaket in einer Auktionsrunde liegt dann vor, wenn entweder zu Beginn der Versteigerungsrunde seitens des Bieter das höchste Gebot vorliegt oder für das entsprechende Frequenzpaket in der laufenden Auktionsrunde ein valides Gebot abgegeben wird.

der Auktion war unzulässig. Die Versteigerung sollte enden, wenn auf keine der Frequenzen in einer neuen Runde ein neues Gebot abgegeben wurde. Das jeweilige Frequenzpaket erwarb derjenige Bieter, der bei Auktionsende das höchste Gebot für dieses Frequenzpaket abgegeben hatte.[344]

e) GSM-Frequenz-Versteigerung am 28.10.1999

Am 28.10.1999 fand schließlich bei der Regulierungsbehörde für Post und Telekommunikation in Mainz die nach der ERMES-Auktion im Jahre 1996 zweite Versteigerung im Bereich des Telekommunikationsrechts in Deutschland statt.[345] Sie endete nach 84 Minuten mit Auktionsrunde 3 und brachte einen Erlös von 416.040.000 DM.[346]

In der ersten Runde hatte Mannesmann Mobilfunk für alle 10 Frequenzpakete das Höchstgebot abgegeben und die vorgeschriebenen Mindestgebote jeweils um nahezu den vierzigfachen Betrag überboten. Die Gebote bezifferten sich auf 36,36 Millionen DM für die ersten 5 Pakete, 40 Millionen für die Pakete 6 bis 9 und 56 Millionen für Paket 10. Als Höchstbieter konnte Mannesmann damit in der nächsten Auktionsrunde die Reaktion der anderen Teilnehmer abwarten. In der zweiten Runde gaben die beiden E-Netzbetreiber E-Plus und VIAG Interkom angesichts des hohen Preisniveaus keine weiteren validen Gebote ab. Sie schieden damit aus dem weiteren Versteigerungsverfahren aus. T-Mobil hingegen überbot zu Beginn der zweiten Auktionsrunde die Höchstgebote von Mannesmann Mobilfunk der ersten fünf Pakete um das erforderliche Mindestinkrement von 10 Prozent des geltenden Höchstgebotes. Da dann auch die beiden D-Netzbetreiber angesichts des Preisniveaus keine weiteren validen Gebote für andere Frequenzpakete mehr abgaben, endete die Auktion mit der der die Gebote nur noch bestätigenden dritten Versteigerungsrunde.[347]

T-Mobil ersteigerte damit Paket 1 bis 5 und somit Frequenzen im Umfang von 2 x 5 MHz. Für Paket 1 bot T-Mobil 40 Millionen, für Paket 2 bis 5 bot T-Mobil jeweils 40,01 Millionen DM. Mannesmann Mobilfunk ersteigerte die verbleibenden Pakete im Umfang von 2 x 5,4 MHz. Für Paket 6 bis 9 bot Mannesmann 40 Millionen DM, für Paket 10 (2 x 1,4 MHz) 56 Millionen

---

344 Zu den Auktionsregeln im einzelnen vgl. Vfg. 93/1999, ABl. der RegTP Nr. 14/99 vom 11.08.1999, S. 2379 ff.

345 Auktion von Telefonfrequenzen: Spannung bis zur letzten Minute, Frankfurter Allgemeine Zeitung, 29. Oktober 1999, Nr. 252, Seite 13.

346 Vgl. Nett, WIK-Newsletter Nr. 37, Dezember 1999, S. 18 f.

347 Vgl. Nett, WIK-Newsletter Nr. 37, Dezember 1999, S. 18 f.

DM. T-Mobil hatte somit 200,04 Millionen DM und Mannesmann Mobilfunk 216 Millionen DM des Versteigerungserlöses zu entrichten.[348] Die Versteigerung hat im Ergebnis zu gleich hohen Preisen für homogene Pakete geführt.

3. UMTS-Auktion[349]

Jüngstes und in der öffentlichen Wahrnehmung wegen ihres bemerkenswerten Versteigerungserlöses von knapp 100 Milliarden DM spektakulärstes Anwendungsbeispiel des Versteigerungsverfahrens nach § 11 Abs. 4 TKG war die Vergabe der UMTS-Lizenzen im August 2000.[350]

a) Auswahl zwischen Ausschreibungs- und Versteigerungsverfahren

Die RegTP entschied sich gemäß der Vorgabe des § 11 Abs. 2 S. 1 TKG auch in diesem Fall dafür, dass Versteigerungsverfahren als Vergabeverfahren zur Vergabe von UMTS-Lizenzen durchzuführen.[351] Dies erschien unbedenklich. Das Versteigerungsverfahren ist das gesetzliche Regelverfahren nach § 11 Abs. 2 S. 1 TKG. Die Ausnahme des § 11 Abs. 2 S. 2 TKG war hier nicht einschlägig. Die Vorschrift geht als gesetzliches Regelbeispiel davon aus, dass das Versteigerungsverfahren als Vergabeverfahren ungeeignet sein kann, insbesondere wenn auf dem gleichen sachlich und räumlich relevanten Markt bereits eine Lizenz ohne Versteigerung erteilt worden ist[352]Ein Ausschreibungsverfahren unter Hinweis auf den Markt des zellularen Mobilfunks kam jedoch nicht in Betracht, da es sich bei UMTS um einen sachlich anderen Markt handelte.[353] Dies ergibt sich aus der Entscheidung der EG "über die koordinierte

---

348 Vgl. Nett, WIK-Newsletter Nr. 37, Dezember 1999, S. 18 f

349 UMTS = Universal Mobile Telecommunications System; UMTS ist, vereinfacht gesprochen, die Konvergenz der beiden erfolgreichsten Neuerungen der neunziger Jahre im Bereich der Telekommunikation und Medien: Mobilfunk und Internet; s. dazu auch Heilbock, MMR 1999, S. 23 ff.

350 Vgl. Nett, WIK-Newsletter Nr. 40, September 2000, S. 18 f.; Zauberformel UMTS, Frankfurter Allgemeine Zeitung, 18. August 2000, Nr. 191, S. 13; Der Poker um den Mobilfunkmarkt ist entschieden, Frankfurter Allgemeine Zeitung, 18. August 2000, Nr. 191, S. 15.

351 Vfg. 51/1999, Entscheidung der Präsidentenkammer vom 10. Mai 1999 über das Verfahren zur Vergabe von Lizenzen für Universal Mobile Telecommunications System (UMTS), ABl. der RegTP 9/99, S. 1519 ff..

352 So wurde z.B. die E 2-Lizenz im Wege der Ausschreibung vergeben, weil die bisherigen Lizenzen auf diesem Markt ebenfalls im Rahmen von Ausschreibungsverfahren vergeben wurden.

353 So auch Vfg. 51/1999, Entscheidung der Präsidentenkammer vom 10. Mai 1999 über das Verfahren zur Vergabe von Lizenzen für Universal Mobile Telecommunications System (UMTS), ABl. der RegTP 9/99, S. 1520.

Einführung eines Drahtlos- und Mobilfunkkommunikationssystems (UMTS) der dritten Generation in der Gemeinschaft".[354] UMTS ist gemäß Artikel 2 dieser Entscheidung ein Mobilkommunikationssystem der dritten Generation, über das neuartige drahtlose multimediale Dienste bereitgestellt werden können, die die Möglichkeiten von Systemen der zweiten Generation wie GSM übersteigen, und das sich sowohl auf Elemente der terrestrischen als auch auf solche der Satellitenübertragung stützt.[355] Der Schwerpunkt von UMTS liegt dabei im Bereich Multimedia/Internet/hohe Sprachqualität. Dies erfordert breitbandige Funkübertragungswege (hohe Bitraten), die UMTS mit seiner breitbandigen Systemausrichtung im Gegensatz zu der für schmalbandige Anwendungen konzipierten GSM-Mobilfunknetze (niedrige Bitraten) bereitstellt.[356] Auf der Grundlage der EG-Entscheidung stehen UMTS-Dienstleistungen nach ihren Eigenschaften und ihrem wirtschaftlichen Verwendungszweck dem Angebot von Dienstleistungen, die über Funkübertragungswege im Rahmen des GSM-Standards angeboten werden, daher nicht so nahe, dass sie aus Sicht eines verständigen Verbrauchers als austauschbar anzusehen sind.

b) Vorbereitungsmaßnahmen und Zulassung zur Versteigerung

Als erster Schritt zur Vorbereitung der Versteigerung erfolgte am 15.01.1999 nach Veröffentlichung der Eckpunkte zur Vergabe von Lizenzen für Universal Mobile Telecommunications System (UMTS) die Anhörung der betroffenen Unternehmen.[357] Dem folgte am 10.05.1999 die Entscheidung der Präsidentenkammer für eine Versteigerung als Verfahren zur Vergabe der weiteren Frequenzen.[358] Am 23.02.2000 wurden sodann im Amtsblatt die Regeln für ein Auktionsverfahren zur Versteigerung von UMTS-Lizenzen bekannt

---

[354] Vgl. Entscheidung Nr. 128/1999/EG des Europäischen Parlaments und des Rates vom 14.Dezember 1998 über die koordinierte Einführung eines Drahtlos- und Mobilkommunikationssystems (UMTS) der dritten Generation in der Gemeinschaft, Amtsblatt EG 1999 Nr. L 17, Seite 1 ff.

[355] Vgl. Art. 2 der Entscheidung Nr. 128/1999/EG des Europäischen Parlaments und des Rates vom 14.Dezember 1998 über die koordinierte Einführung eines Drahtlos- und Mobilkommunikationssystems (UMTS) der dritten Generation in der Gemeinschaft, Amtsblatt EG 1999 Nr. L 17, Seite 1 ff.

[356] Vgl. die Begründung in Vfg. 51/1999, Entscheidung der Präsidentenkammer vom 10. Mai 1999 über das Verfahren zur Vergabe von Lizenzen für Universal Mobile Telecommunications System (UMTS), ABl. der RegTP 9/99, S. 1520.

[357] Den Unternehmen wurde die Möglichkeit eingeräumt, zu den Eckpunkten des Versteigerungsverfahrens im Rahmen der festgesetzten Frist Stellung zu nehmen und diese zu kommentieren.; s. dazu auch Vfg. 51/1999, ABl. der RegTP Nr. 9/99 vom 26.05.1999, S.1520 ff.

[358] Vgl. Vfg. 51/1999, ABl. der RegTP Nr. 9/99 vom 26.05.1999, S.1520 ff.

gemacht.[359] Diese betrafen neben Ort, Zeit und Ablauf der Versteigerung vor allem die zu erfüllenden fachlichen und sachlichen Mindestvoraussetzungen des Bieters, den sachlich und räumlich relevanten Markt der Nutzung der zu ersteigernden Frequenz, die Spezifizierung der zu vergebenden Frequenzpakete, die Anzahl der zu vergebenden Lizenzen sowie den Typ des Versteigerungsverfahrens.[360]

Die Berechtigung zur Teilnahme am Versteigerungsverfahren war im Rahmen der Mindestvoraussetzungen für die Zulassung zum Versteigerungsverfahren unbeschränkt.[361] Allerdings durfte, insbesondere im Hinblick auf die Zulassung von Konsortien, ein Unternehmen nur einmal zugelassen werden.[362] Im Zuge dessen reichten schließlich zwölf Bewerber einen Antrag auf Zulassung zur UMTS-Auktion bei der RegTP innerhalb der gesetzten Fist ein.[363]

c) Versteigerungstyp

Auch für die Versteigerung der Lizenzen zur dritten Mobilfunkgeneration wurde wiederum das vom Wissenschaftlichen Institut für Kommunikationsdienste entwickelte und bereits bei der Vergabe der ERMES-Lizenzen/-Frequenzen und der GSM-1800-Frequenzen erfolgreich erprobte simultane, mehrstufige und elektronische Auktionsverfahren verwendet.[364]

d) Versteigerungsregeln im einzelnen

Zur Teilnahme an der Versteigerung von Lizenzen und Frequenzen auf der Basis des UMTS-Standards wurden elf der zwölf Bewerber zugelassen. Es waren dies folgende Unternehmen bzw. Konsortien: DeTeMobil Deutsche Telekom Mobilnet GmbH, Mannesmann Mobilfunk GmbH, VIAG Interkom

---

359 Vgl. Vfg. 14/2000, Entscheidung der Präsidentenkammer vom 18.02.2000 über die Regeln für die Durchführung des Versteigerungsverfahrens zur Vergabe von Lizenzen für UMTS, ABl. der RegTP Nr. 4/2000 vom 23.02.2000, S. 564 ff.

360 Vgl. Vfg. 14/2000, Entscheidung der Präsidentenkammer vom 18.02.2000 über die Regeln für die Durchführung des Versteigerungsverfahrens zur Vergabe von Lizenzen für UMTS, ABl. der RegTP Nr. 4/2000 vom 23.02.2000, S. 564 ff.

361 So Vfg. 51/1999, ABl. der RegTP 9/99, S. 1527.

362 So Vfg. 51/1999, ABl. der RegTP 9/99, S. 1527.

363 Siehe dazu Pressemitteilung der RegTP am 31.05.2000, abrufbar unter http://www.regtp.de/aktuelles/pm/ 01773/index.html. Zuletzt abgerufen am 25.08.2000.

364 Vgl. Vfg. 14/2000, Entscheidung der Präsidentenkammer vom 18.02.2000 über die Regeln für die Durchführung des Versteigerungsverfahrens zur Vergabe von Lizenzen für UMTS, ABl. der RegTP Nr. 4/2000 vom 23.02.2000, S. 564 ff.

GmbH & Co., E-Plus Mobilfunk GmbH, MobilCom Multimedia GmbH, debitel Multimedia GmbH, Group 3 G, Talkline Management und Finance Holding GmbH, Vivendi Telecom International, WorldCom Wireless Deutschland GmbH und Auditorium Investments Germany S.A.R.L.[365] Im weiteren Verlauf zogen allerdings Talkline, Vivendi Telecom, WorldCom Wireless und E-Plus ihre eigenständigen Bewerbung zurück[366], so dass letztlich nur sieben Auktionsteilnehmer übrig blieben.[367]

Für die Versteigerung der UMTS-Lizenzen galten im wesentlichen die schon bei der Vergabe weiterer GSM-Frequenzen zugrundegelegten Regeln.[368]

Zur Vergabe der Lizenzen standen hier 2 x 60 MHz (gepaart[369]) und 1 x 25 MHz (ungepaart[370]) zur Verfügung. Die Versteigerung gliederte sich in zwei Abschnitte. Im ersten Abschnitt wurden Lizenzen angeboten, deren Frequenzausstattung mindestens 2 x 10 MHz (gepaart) und höchstens 2 x 15 MHz (gepaart) betrug. Die Anzahl der Lizenzen, die im ersten Abschnitt zur Versteigerung anstanden, betrug daher abhängig von der Nachfrage nach Frequenzblöcken und dem tatsächlichen Bietverhalten der Bewerber um Lizenzen

---

365 Der Antrag der Nets AG erfüllte die Zulassungsvoraussetzungen des TKG nicht und mußte somit abgelehnt werden. Vgl. Pressemitteilung der RegTP am 31.05.2000, abrufbar unter http://www. regtp.de/aktuelles/pm/01773/index.html. Zuletzt abgerufen am 25.08.2000.

366 Talkline am 13.06, Vivendi am 31.05, WorldCom am 28.06. und E-Plus am 13.06.2000. Vgl. aktualisierte Fassung der Pressemitteilung vom 31.05.2000 (23.08.2000), abrufbar unter http://www. regtp.de/aktuelles/pm/01773/index.html. Zuletzt abgerufen am 25.08.2000.

367 debitel, DeTeMobil, VIAG Interkom, MobilCom, Mannesmann Mobilfunk,Group 3 G und E-Plus Hutchinson (E-Plus hatte seine eigenständige Bewerbung zurückgezogen um in einem Konsortium gemeinsam mit Hutchinson Whampoa bei der Auktion teilnehmen zu können). Vgl. dazu auf der Website der RegTP http://www.regtp.de/aktuelles/pm/01773/index.html. Zuletzt abgerufen am 25.08.2000.

368 Für die Regeln im einzelnen vgl. Vfg. 14/2000, Entscheidung der Präsidentenkammer vom 18.02.2000 über die Regeln für die Durchführung des Versteigerungsverfahrens zur Vergabe von Lizenzen für UMTS, ABl. der RegTP Nr. 4/2000 vom 23.02.2000, S. 564 ff.

369 "Gepaart" bedeutet, dass auf diesen Frequenzbändern Daten gleichzeitig gesendet und empfangen werden können. Vgl. Der Poker um den Mobilfunkmarkt ist entschieden, Frankfurter Allgemeine Zeitung, 18.08.2000, Nr. 191, S. 15.

370 "Ungepaart" heißt entsprechend, dass die Daten nur in eine Richtung gesendet werden können. Diese Bänder sind dazu gedacht, die Kapazität der im ersten Abschnitt vergebenen gepaarten Bänder zu erweitern. Vgl. Der Poker um den Mobilfunkmarkt ist entschieden, Frankfurter Allgemeine Zeitung, 18.08.2000, Nr. 191, S. 15.

zwischen vier und sechs. Das Spektrum von 2 x 60 MHz (gepaart) wurde in 12 abstrakten Blöcken zu je 2 x 5 MHz (gepaart) angeboten. Im zweiten Abschnitt wurden fünf Frequenzblöcke zu je 1 x 5 MHz (ungepaart) angeboten. Zur Teilnahme am zweiten Abschnitt waren nur diejenigen Bieter zugelassen, die im ersten Abschnitt Lizenzen ersteigert hatten.[371]

Die Mindestgebote wurden folgendermaßen festgelegt: Für eine Lizenz mit einer Grundausstattung von 2 x 10 MHz (gepaart) 200 Millionen DM;[372] für eine Lizenz mit einer Ausstattung von 2 x 15 MHz (gepaart) 300 Millionen DM.[373] Im zweiten Abschnitt der Versteigerung betrug das Mindestgebot 50 Millionen DM pro 1 x 5 MHz Frequenzblock ungepaart.[374]

Zudem wurde eine Versorgungspflicht der UMTS-Lizenzen festgelegt. Sie beträgt 50 % der Bevölkerung. Diese ist bis zum 31.12.2005 herzustellen. Ein Versorgungsgrad von 25 % der Bevölkerung ist bis zum 31.12.2003 herzustellen.[375] Die Laufzeit der Lizenz und der mit ihr erteilten Rechte wurde auf 20 Jahre festgesetzt.[376]

e) UMTS-Lizenz-Versteigerung vom 31.07. bis 18.08.2000

Die nach der ERMES-Auktion 1996 und der GSM-Frequenz-Auktion 1999 dritte Versteigerung im Bereich des Telekommunikationsrechts in Deutschland fand zwischem dem 31.07. und dem 18.08.2000 bei der Regulierungsbehörde für Post und Telekommunikation in Mainz statt.[377]

Der erste Versteigerungsabschnitt endete nach 18 Tagen und 173 Auktionsrunden am 17.08.2000 und brachte einen alle Prognosen übertreffenden Er-

---

371 Vgl. Vfg. 14/2000, Entscheidung der Präsidentenkammer vom 18.02.2000 über die Regeln für die Durchführung des Versteigerungsverfahrens zur Vergabe von Lizenzen für UMTS, ABl. der RegTP Nr. 4/2000 vom 23.02.2000, S. 564 ff.

372 Sog. "kleine" Lizenz.

373 Sog. "große" Lizenz.

374 Vgl. Vfg. 14/2000, Entscheidung der Präsidentenkammer vom 18.02.2000 über die Regeln für die Durchführung des Versteigerungsverfahrens zur Vergabe von Lizenzen für UMTS, ABl. der RegTP Nr. 4/2000 vom 23.02.2000, S. 564 ff.

375 Vgl. Vfg. 14/2000, Entscheidung der Präsidentenkammer vom 18.02.2000 über die Regeln für die Durchführung des Versteigerungsverfahrens zur Vergabe von Lizenzen für UMTS, ABl. der RegTP Nr. 4/2000 vom 23.02.2000, S. 564 ff.

376 Vgl. Vfg. 14/2000, Entscheidung der Präsidentenkammer vom 18.02.2000 über die Regeln für die Durchführung des Versteigerungsverfahrens zur Vergabe von Lizenzen für UMTS, ABl. der RegTP Nr. 4/2000 vom 23.02.2000, S. 564 ff.

377 Vgl. Nett, WIK-Newsletter Nr. 40, September 2000, S. 18 f; Beese, MMR 2000, S. V f.

lös von 98.8 Milliarden DM.[378] Sechs Bieter gehörten zu den Gewinnern, die allerdings einen hohen Preis dafür zahlen mußten, in Deutschland Mobilfunkdienste der dritten Generation anbieten zu dürfen.[379]

Mit Ende des ersten Auktionsabschnittes nach 173 Versteigerungsrunden erhielten Mannesmann für ein Gebot in Höhe von 16,474 Milliarden DM, T-Mobil für ein Gebot von 16,582 Milliarden DM, E-Plus für ein Gebot von 16,418 Milliarden DM, VIAG Interkom für ein Gebot von 16,517 Milliarden DM, MobilCom für ein Gebot von 16,370 Milliarden DM und Group 3 G für ein Gebot von 16,446 Milliarden DM jeweils eine mit zwei Frequenzblöcken a 2 x 5 MHz (gepaart) ausgestattete UMTS-Lizenz.[380] Debitel war in der 127. Auktionsrunden aus der Versteigerung ausgestiegen.[381]

Der enorme Versteigerungserlös hatte neben dem dem neuen UMTS-Standard wegen seiner multimedialen Fähigkeiten zugeschriebenen hohen wirtschaflichen Wert zwei weitere Gründe. Zum einen war nicht zu erwarten, mit welcher Intensität und Ausdauer am Anfang alle Beteiligten für jeweils eine große Lizenz mit drei Frequenzblöcken bieten und wie lange es bis zum Ausstieg des ersten Bieters dauern würde.[382] Erst bei einem Preis von 10 Milliarden DM für eine kleine Lizenz mit zwei Frequenzblöcken warf Debitel in

---

378 Vgl. Nett, WIK-Newsletter Nr. 40, September 2000, S. 18 f; Beese, MMR 2000, S. V f.; Auktion von Telefonfrequenzen: Spannung bis zur letzten Minute, Frankfurter Allgemeine Zeitung, 29. Oktober 1999, Nr. 252, Seite 13. Das Finanzministerium hatte nur Erlöse von 20 Milliarden eingeplant. Vgl. Eichel: So viel Geld nicht erwartet, Frankfurter Allgemeine Zeitung, 18. August 2000, Nr. 191, S. 15.

379 Ob sie tatsächlich die großen Gewinner sind, ist angesichts der sehr hohen Ausgaben für die UMTS-Lizenzen fraglich, und abhängig u.a. von dem schnellen Aufbau einer leistungsfähigen Netzinfrastruktur sowie von der Entwicklung interessanter und für den Kunden wichtiger mulimedialer Dienste wohl erst in einigen Jahren sicher zu beantworten sein. Ein wahres Horrorszenario für die erfolgreichen Bieter wäre allerdings ein neuer Mobilfunkstandard in den nächsten 10 Jahren, der alles schneller, einfacher und billiger und damit UMTS überflüssig machen würde. Betrachtet man die immer rasanteren Entwicklungszyklen z.B. von GSM ist ein solches Szenario nicht ausgeschlossen. Ausführlich hierzu Telekommunikation, Beilage zur FAZ, Nr. 253, 31.10.00, S. 1-20; s. auch Artikel "Klagen der Gewinner", Financial Times Deutschland, 19.10.00.

380 Vgl. Nett, WIK-Newsletter Nr. 40, September 2000, S. 18 f.

381 Der Ablauf der einzelnen Runden kann abgerufen werden unter http://www.regtp.de/reg_tele/start/fs_05.html. Zuletzt abgerufen am 26.08.2000.

382 Vgl. Nett, WIK-Newsletter Nr. 40, September 2000, S. 18 f.; Die einzelnen Rundenergebnisse der UMTS-Versteigerung können abgerufen werden unter http://regtp.de/reg_tele/start/fs_05.html. Zuletzt abgerufen am 27.08.2000.

der 127. Auktionsrunde schließlich das Handtuch.[383] Zum anderen bemühten sich T-Mobil und Mannesmann, obwohl alle Beteiligten nach dem Ausstieg von Debitel in der 131. Runde eine Lizenz mit zwei Frequenzblöcken sicher hatten, weiter um eine Lizenz mit drei Blöcken und hielten die Auktion damit in Gang.[384] Ihr Bietverhalten hatte zur Konsequenz, dass nur fünf Lizenzen hätten vergeben werden können und eine weiterer Teilnehmer das Feld der Bieter hätte verlassen müssen. Die Strategie der beiden großen Mobilfunkanbieter, sich auf diese Weise eines Wettbewerbers auf dem Mobilfunkmarkt zu entledigen, war allerdings erfolglos. Die übrigen Teilnehmer trotzten dem Verdrängungswettbewerb so ausdauernd und zäh, bis auch die Großen der Branchen aus wirtschaftlichen Erwägungen nur noch für eine Lizenz mit zwei Frequenzblöcken ein Gebot abgaben und die Auktion damit nach 173 Runden - deckungsgleich mit der Konstellation in der 131. Runde - endete.[385] Der Preis für die Lizenz hatte sich damit allerdings um 30 Milliarden DM verteuert, rund fünf Milliarden für jedes der sechs Unternehmen.

Der am 18.08.2000 begonnene zweite Versteigerungsabschnitt endete hingegen noch am selben Tag nach neun Versteigerungsrunden und brachte einen erheblich geringeren Erlös von insgesamt 561 Millionen DM. Dabei ersteigerten E-Plus, MobilCom, T-Mobil, Mannesmann und Group 3 G zusätzliche ungepaarte Frequenzbänder a 1 x 5 MHZ zur Erweiterung ihrer bereits im ersten Abschnitt ersteigerten gepaarten Frequenzblöcke.[386]

Insgesamt hat die Versteigerung insofern im Ergebnis zu gleich hohen Preisen für homogene Pakete geführt.

383 Das Ergebnis der 127. Auktionsrunde kann abgerufen werden unter http://www.regtp.de/reg_tele/start/fs_05.html. Zuletzt abgerufen am 27.08.2000.

384 Vgl. Nett, WIK-Newsletter Nr. 40, September 2000, S. 18 f; Vgl. den weiteren Auktionsverlauf und die einzelnen Rundenergebnisse auf der Web-Site der Regulierungsbehörde unter http://www.regtp.de/reg_tele/start/fs_05.html. Zuletzt abgerufen am 27.08.2000.

385 Vgl. Nett, WIK-Newsletter Nr. 40, September 2000, S. 18 f; Das Ergebnis der UMTS-Versteigerung nach 173 Runden sowie nach 131 Runden ist unter http://www.regtp.de/reg_tele/start/fs_05.html. abrufbar. Zuletzt abgerufen am 27.08.2000.

386 Vgl. Nett, WIK-Newsletter Nr. 40, September 2000, S. 19; Das Ergebnis des zweiten Versteigerungsabschnittes kann abgerufen werden unter http://www.regtp.de/reg_tele/start/fs_05.html. Zuletzt abgerufen am 27.08.2000.

4. Bewertung der bislang durchgeführten Versteigerungen

Es stellt sich die Frage, welches Fazit aus den ersten Versteigerungen von Lizenzen und Frequenzen in Deutschland gezogen werden kann.

Nach Bewertung der RegTP und des sie in Fragen des Versteigerungsverfahrens betreuenden WIK ein durchweg positives. So spricht das WIK im Zusammenhang mit der GSM-1800-Versteigerung von einem "effizienten sowie transparenten, objektiven und nachvollziehbaren Vergabeverfahren".[387] Die RegTP bezeichnet die ERMES-Auktion "in bezug auf die erzielten Erlöse, die Allokation der Objekte, die Kosten der Regulierung und der Qualität der Auktionssoftware"[388] als erfolgreich. Und das UMTS-Versteigerungsergebnis wird als ein "Ergebnis, das den besten Wettbewerb verspricht", beurteilt.[389]

Im Schriftum hingegen wird bemängelt und kritisiert, dass die bislang erfolgten Versteigerungen vor dem Hintergrund der gesetzlichen Regulierungsziele einige erhebliche Schwächen offenbarten.[390]

So wird die ERMES-Versteigerung, neben den im Hinblick auf die Geeignetheit des Verfahrens nach § 11 Abs. 2 S. 2 TKG bereits geäußerten Bedenken[391], vor allem insoweit kritisch beurteilt, als das Angebot von vier Lizenzen die Nachfrage von drei Antragstellern überstieg.[392] Damit habe diese im offenen Widerspruch zum Regulierungsziel des § 11 Abs. 4 S. 1 TKG ge-

---

387 Vgl. Nett, Ergebnis der Versteigerung von zusätzlichen GSM-Frequenzen, WIK-Newsletter Nr. 37, Dezember 1999, S. 19.

388 Vgl. ERMES-Auktionsergebnis, TelCom-Brief, Oktober 1996, S. 8.

389 Vgl. Äußerung des Präsidenten der RegTP Scheurle im Artikel "Runde 173 trieb die Spannung auf die Spitze", Frankfurter Allgemeine Zeitung, 18. August 2000, Nr. 191, S. 15.

390 Vgl. Beese/Naumann, MMR 2000, S. 145 (146 ff.); Geppert, in: Beck'scher TKG-Kommentar, § 11 Rdnr. 8. Ruhle/Geppert, MMR 1998, S. 175 (180 f.) hinsichtlich der ERMES-Auktion; Schumacher, NJW 2000, S. 3096 (3097); Demmel, in: Manssen, Telekommunikations- und Multimediarecht, § 47 Rdnr. 38.

391 Zur Erinnerung: Die nicht unbedenkliche Entscheidung des BMPT den ERMES-Standard als gegenüber dem POCSAG-Standard neuen sachlichen Markt zu qualifizieren ermöglichte die Durchführung eines Versteigerungsverfahrens erst, wogegen bei einer Definition als sachlich gleichem Markt auf Grund der zwei dort bereits im Ausschreibungsverfahren erteilten Lizenzen eine Versteigerung gemäß § 11 Abs. 2 S. 2 TKG ungeeignet zur Sicherstellung der Regulierungsziele i.S.d. § 11 Abs. 2 S. 1 TKG gewesen wäre.

392 Vgl. Ruhle/Geppert, MMR 1998, S. (175) 178 m.w.N.; Dass eine Versteigerung dennoch durchgeführt wurde, wurde mit den teilweise identischen Präferenzen der Bewerber begründet.

standen, wonach mit dem Versteigerungsverfahren festgestellt werden soll, welcher Bieter oder welche Bieter am besten geeignet sind, die ersteigerten Funkfrequenzen effizient für das Angebot der zu lizenzierenden Telekommunikationsdienstleistung für die Öffentlichkeit zu nutzen. Der Einwand scheint berechtigt. Die ökonomische Logik ist, dass das erfolgreiche höchste Gebot typischerweise die Bereitschaft und die Fähigkeit belegt, die zuzuteilenden Frequenzen im marktwirtschaftlichen Wettbewerb der Dienstleistungsangebote möglichst optimal einzusetzen und sich um eine wirtschaftliche und sparsame Verwendung zu bemühen.[393] Dies allerdings setzt einen Bieterwettbewerb um die zu vergebenden Frequenzen voraus. Bei der Marktlage der ERMES-Auktion ist ein Bieterwettbewerb um die Frequenzen und damit die Abgabe hoher Gebote allerdings von Anfang an kaum zu erwarten gewesen.[394] So hat der Erlös schließlich auch nur unwesentlich über dem angesichts des festgesetzten Mindestgebotes zu erwartenden Minimum gelegen.[395] Damit zeigt sich, dass die Anwendung eines Auktionsverfahrens im Lichte der Wertungen des TKG wenig sinnvoll ist, wenn es mehr zu versteigernde Objekte gibt als interessierte Bieter, insbesondere wenn die Objekte nahezu identisch sind.[396]

Darüberhinaus werden auch die Versteigerungen der GSM-1800-Frequenzen[397] sowie der UMTS-Lizenzen insoweit kritisch beurteilt, als die dort erzielten sehr hohen Versteigerungserlöse gemessen an den Regulierungszielen des § 2 Abs. 2 TKG grundsätzliche Zweifel an der Eignung des

393 So die Begründung zum Gesetzesentwurf, BT-Drs. 13/3609 v. 30.1.1996, S. 52.

394 So auch Ruhle/Geppert, MMR 1998, S. 175 (180); Beese/Naumann, MMR 2000, S. 145 (148 f.).

395 Vgl. dazu auch die Gebote im einzelnen bei Nett, WIK-Newsletter Nr. 25, Dezember 1996, S. 22. Die vermeintliche teilweise identische Präferenz der Bewerber hinsichtlich der Lizenzen war angesichts ihres Bietverhaltens und des schnellen Endes der Auktion nicht zu erkennen.

396 Vgl. auch Ruhle/Geppert, MMR 1998, S. 175 (180); Beese/Naumann, MMR 2000, S. 145 (148 f.); Die Möglichkeit, jedem Bieter zu erlauben, auf mehrere Lizenzen zu bieten, besteht zwar. Dies könnte allerdings negative allokative Wirkungen haben, da die Position der marktbeherrschenden Betreiber gestärkt werden könnte.

397 Ähnlich der ERMES-Versteigerung sieht sich die GSM-1800-Auktion zudem der bereits zuvor geäußerten Kritik ausgesetzt, dass sich die RegTP entgegen der Wertung des § 11 Abs. 2 S. 2 TKG - wonach die Versteigerung als Vergabeverfahren ungeeignet zur Sicherstellung der Regulierungsziele i.S.d. § 11 Abs. 2 S. 1 TKG sein kann, wenn auf dem sachlich gleichen Markt bereits Lizenzen (D1, D2, E-Netze) im Wege der Ausschreibung vergeben wurden - entschied, eine Versteigerung durchzuführen. Vgl. dazu Beese/Naumann, MMR 2000, S. 145 (149).

Versteigerungsverfahrens aufkommen ließen.[398] Die Höhe der Versteigerungserlöse sei dabei im Hinblick auf zwei Regulierungsziele bedenklich, nämlich der Sicherstellung eines chancengleichen und funktionsfähigen Wettbewerbs (§ 2 Abs. 2 Nr. 2 TKG) sowie der Sicherstellung einer flächendeckenden Grundversorgung mit TK-Dienstleistungen zu erschwinglichen Preisen (§ 2 Abs. 2 Nr. 3 TKG).[399]

Zutreffend wird davon ausgegangen, dass die Sicherstellung chancengleichen und funktionsfähigen Wettbewerbs sich nicht in der Gewährleistung der Gleichbehandlung aller Teilnehmer an einer Versteigerung erschöpft. Vielmehr muß entsprechend § 1 TKG sowie den europarechtlichen Vorgaben bei dem durchzuführenden Vergabeverfahren stets in angemessener Weise auch die Entwicklung des Wettbewerbs gefördert werden.[400] Mit einer Förderung des Wettbewerbs nur schwer vereinbar kann eine Versteigerung in der Tat dann sein, wenn die Höhe der Erlöse finanzschwächeren Unternehmen den Marktzutritt unmöglich macht.[401]

---

398 So auch die Kommentare vor allem der finanzschwächeren Unternehmen im Rahmen der Anhöhrung zur Vergabe weiterer Frequenzen im Bereich 1800 MHz; vgl. dazu Zusammenfassung der Kommentare Vgl. Vfg. 45/1999, ABl. der RegTP Nr. 7/99 vom 28.04.1999, S. 1254; vgl. dazu auch Beese/Naumann, MMR 2000, S. 145 (147); ebenso Schumacher, NJW 2000, S. 3096 (3097).

399 Vgl. die Kommentare vor allem der finanzschwächeren Unternehmen im Rahmen der Anhöhrung zur Vergabe weiterer Frequenzen im Bereich 1800 MHz; vgl. dazu Zusammenfassung der Kommentare Vgl. Vfg. 45/1999, ABl. der RegTP Nr. 7/99 vom 28.04.1999, S. 1254; vgl. dazu auch Beese/Naumann, MMR 2000, S. 145 (147); Schumacher, NJW 2000, S. 3096 (3097).

400 Nur diese Lesart dürfte § 1 TKG, wonach Zweck des Gesetzes die Förderung des Wettbewerbs ist, und Art. 10 Abs. 2 der Lizenzrichtlinie 97/13/EG, wonach bei den im Fall knapper Lizenzen/Frequenzen durchzuführenden Vergabeverfahren stets in angemessener Weise die Entwicklung des Wettbewerbs gefördert werden muss, hinreichend Rechnung tragen. Vgl. RL vom 10.4.1997, ABlEG Nr. L 117/15. Vgl. dazu auch Geppert, in: Beck´scher TKG-Kommentar, § 1 Rdnr. 27.

401 So hat das VG Köln im Hinblick auf eine vergleichsweise geringe Lizenzgebühr von 3 Mio. DM für eine auf Antrag erteilte Lizenz für Sprachtelefonie darauf hingewiesen, dass sich dadurch für kleinere Unternehmen eine Marktzutrittsbarriere ergeben könne, die nicht mit dem in § 1 und 2 TKG ausgesprochenen und auf europäischem Recht beruhenden Gebot der Wettbewerbsförderung vereinbar sei. VG Köln, B. v. 25.3.1999 - 11 L 2914/98, MMR 1999, S. 373 ff. m. Anm. Gebhardt. Der Beschluß sei zwar später vom OVG Münster mit dem Hinweis auf die in der Verfahrensart nur zulässigen Prüfungsintensität aufgehoben, die Überlegung des VG Köln jedoch nur hinsichtlich der vergleichsweise geringen Höhe der Lizenzgebühr in Frage gestellt worden, im Grundsatz daher bestätigt, OVG Münster, B. v. 27.10.1999, Az. 13 B 843/99, MMR 2000, S. 115 m. Anm. Naumann und Gebhardt. Vgl. hierzu Beese/Naumann, MMR 2000, S. 145 (147, Fn. 19).

Diesem Vorwurf sieht sich insbesondere die UMTS-Auktion ausgesetzt.[402] Dass der prognostizierte und letztlich Wirklichkeit gewordene Milliardenerlös sich in diesem Fall als Marktzugangsbarriere für finanzschwächere Unternehmen ausgewirkt hat, ist wohl nicht zu bestreiten.[403] Ein Beleg hierfür ist, dass nach anfänglich 12 Bewerbern letztlich nur sieben nationale und internationale mit erheblicher Finanzkraft ausgestattete Unternehmen bzw. Konsortien an der UMTS-Auktion teilnahmen. Dabei bleiben noch die Unternehmen unerwähnt, die von vornherein aufgrund mangelnder Finanzkraft von einer Bewerbung Abstand haben nehmen müssen.[404] Die RegTP war sich der Bedenken zwar bewußt, sah sich aber angesichts der Entscheidung des Gesetzgebers für die Durchführung eines Versteigerungsverfahrens als Regefall außerstande, derartigen Überlegungen entscheidendes Gewicht beizumessen und die Lizenzen im Ausschreibungsverfahren zu vergeben.[405]

---

402 Vgl. dahingehende Kommentare im Rahmen der Anhörung zur Vergabe von UMTS-Lizenzen, Vfg. 51/1999, ABl. der RegTP 9/99, S. 1527. Anders verhält es sich trotz gegenteiliger Kommentare mit der Versteigerung zusätzlicher GSM 1800 Frequenzen. Daran durften ohnehin nur die vier etablierten, finanzkräftigen Mobilfunknetzbetreiber teilnehmen. Dass die E-Netzbetreiber sehr schnell aus der Versteigerung ausstiegen, war dabei nicht ungleicher Finanzstärke zuzuschreiben, sondern zeigte vielmehr, dass die D-Netzbetreiber die Frequenzen offenbar am dringendsten brauchten. Ihre Finanzkraft haben die E-Netzbetreiber letztlich im Rahmen der UMTS-Auktion unter Beweis gestellt. Vgl. hierzu auch WIK-Newsletter Nr. 40, Oktober 2000, S. 1 f.

403 So lag das Mindestgebot je nach Lizenz bei 200 (kleine Lizenz) bzw. 300 (große lizenz) Millionen DM und die geforderte Erhöhung der Gebote um ein Mindestinkrement von zunächst 10% pro neuer Runde versprach bei höchstens sechs zu vergebenden Lizenzen und der großen Zahl der Bewerber eine rasante Preisentwicklung.

404 Dies betrifft beispielsweise die regionalen Telefongesellschaften. Diese machten schon im Vorfeld der Vergabe der UMTS-Lizenzenschon deutlich, dass sie zur Sicherstellung der langfristigen Wettbewerbsfähigkeit es für dringend erforderlich hielten, künftig auch Mobilfunk der dritten Generation anbieten zu können. Sie plädierten daher für eine Ausschreibung, da bei einem Versteigerungsverfahren die marktmächtigeren bestehenden Mobilfunkbetreiber naturgemäß eher zum Zuge kämen als Newcomer. Vgl. Regionale Telefonfirmen wollen Mobilfunklizenzen (ZDNet Deutschland), abgerufen am 06.05.199 unter http://www.yahoo.de/schlagzeilen/19990505/hightech/925922518-8.html.

405 Sie begründete dies damit, dass das Argument der unterschiedlichen Leistungsfähigkeit nicht auf die UMTS-Auktion beschränkt sei, sondern geeignet sei, das Versteigerungsverfahren als Vergabeverfahren grundsätzlich in Frage zu stellen. Dem stehe jedoch die Entscheidung des Gesetzgebers gegenüber, die ihr insoweit keinen Ermessensspielraum mehr ließe.Vgl. Vfg. 51/1999, ABl. der RegTP 9/99, S. 1526. Zwar hat der Gesetzgeber als Regelverfahren die Durchführung von Versteigerungsverfahren vorgesehen, Überlegungen der RegTP zur "Eignung" des Versteigerungsverfahrens stellen dieses Vergabeverfahren jedoch nicht contra le-

Insofern wird deutlich, dass die Wettbewerbsförderung des § 2 Abs. 2 Nr. 2 TKG durch Sicherstellung eines chancengleichen und funktionsfähigen Wettbewerbs Problemen begegnen kann, wenn allein die Finanzkraft entscheidet. Dies hat der Gesetzgeber allerdings bei der Konzipierung des TKG berücksichtigt und der Versteigerung zwei regulatorische Korrektive entgegengesetzt. Zum einen besteht im Rahmen des § 11 Abs. 4 S. 3 TKG die Option, eine Lizenz für Neueinsteiger bzw. finanzschwächere Unternehmen zu reservieren und damit regulatorisch für einen Ausgleich zu sorgen.[406] Zum anderen sind ein Ausschluß vom Versteigerungsverfahren bzw. mildere verhaltenskontrollierende Maßnahmen nach § 11 Abs. 3 TKG bei Wettbewerbsgefährdungen zulässig.[407] Die RegTP ließ diese regulatorischen Ausgleichsmechanismen im Fall der UMTS-Versteigerung allerdings ungenutzt. Ob zu Recht, muß zumindest bezweifelt werden.[408]

---

gem grundsätzlich in Frage - wie die RegTP im Rahmen ihrer bisherigen Verwaltungspraxis angenommen und sie deshalb vernachlässigt hat. Das Regel-/Ausnahmeverhältnis zwischen Versteigerungsverfahren erfordert vielmehr gerade, dass im konkreten Fall auf der Grundlage der Regulierungsziele eine Entscheidung über das Vergabeverfahren zu treffen ist. Entgegen der Annahme der RegTP ist die gesetzgeberische Entscheidung für das Versteigerungsverfahren als Regelverfahren daher gerade kein Argument, Überlegungen zur Eignung zu unterlassen. Vgl hierzu Geppert, TKG-Kommentar, § 11 Rdnr. 8. Allerdings ist zu berücksichtigen, dass die RegTP sich im Rahmen der Prüfung der Eignung des Versteigerungsverfahrens sich nicht in offenen Widerspruch zu der gesetzgeberischen Wertung begeben darf. Ihr Beurteilungsspielraum ist insoweit eingeschränkt. Dieser Konflikt war wohl letztlich auch Hintergrund dafür, dass die RegTP sich außerstande sah, den Argumenten gegen ein Versteigerungsverfahren entscheidendes Gewicht beizumessen. Eine gute Darstellung dieses Konflikts bietet Beese/Naumann, MMR 2000, S. 145 (146 f.). Vgl. zu alledem auch Varadinek, CR 2001, S. 17 (21).

406 Obwohl inhaltlich anfänglich vorgesehen bzw. angedacht, vgl. Beese/Naumann, MMR 2000, S. 145 (150).

407 Insbesondere letztgenannten hat schon der damalige Bundesminister Bötsch eine wichtige Rolle bei der Sicherstellung eines chancengleichen Wettbewerbs zugeschrieben, vgl. Bötsch, in: Regulierung und Wettbewerb in der Telekommunikation, S. 1 (13).

408 Zumal die RegTP die Anzahl der Lizenzen variabel hielt (4-6), was den Preis zusätzlich in die Höhe trieb, da die zwei großen Mobilfunkbetreiber auch nach Ausscheiden des siebten Bieters trotz sechs zu vergebender Lizenzen noch weiter steigerten, um einen weiteren Wettbewerber aus dem Feld zu drängen - allerdings ohne Erfolg. Auch dies war Gegenstand der Kritik. Vgl. hierzu Financial Times Deutschland v. 3.11.2000, S. 33; s. auch Gramlich, CR 2000, S. 101 (103), der darauf hinweist, dass die RegTP zur Optimierung der Entscheidung gehalten ist und gerade auch das zu versteigernde Gut so zuschneiden muß, dass Marktmacht und Finanzkraft allein nicht zum Zuschlag führen.

Neben diesem aufgezeigten Kritikpunkt wird zudem angesichts hoher Versteigerungserlöse die Sicherstellung einer flächendeckenden Grundversorgung mit TK-Dienstleistungen zu erschwinglichen Preisen (§ 2 Abs. 2 Nr. 3 TKG) in Frage gestellt.[409] So wird kritisiert, die hohen Preise und die erheblichen Kosten für den Aufbau von Netzen erhöhten die Gefahr, dass sich erfolgreiche Bieter zunächst auf die lukrativen Ballungsgebiete konzentrierten und die wirtschaftlich weniger interessanten ländlichen Gegenden vernachlässigten.[410] Der Einwand ist legitim. Allerdings wird dabei nicht berücksichtigt, dass das TKG auch für diesen Fall über die Auflage von Universaldienstverpflichtungen i.S.d. § 17 TKG ein Korrektiv bereithält.[411] Von diesem hat die RegTP im Kontext der UMTS-Auktion auch Gebrauch gemacht, indem sie die Lizenz mit der Auflage eines bis zum 31.12.2005 zu gewährleistenden Versorgungsgrades von 50% der Bevölkerung verbunden hat. Eine Versteigerung läßt sich auf diese Weise mithin durchaus mit dem Regulierungsziel einer flächendeckenden Grundversorgung i.S.d. § 2 Abs. 2 Nr. 3 TKG in Einklang bringen. Weiter wird angesichts hoher Versteigerungserlöse der Einwand erhoben, dass der Bewerber, der Millionen bzw. Milliarden für Frequenzen und Lizenzen ausgeben müsse, diese Investitionen über erhöhte Preise für den Verbraucher schnellstmöglich wieder hereinzuholen versuche.[412] Die Annahme, die Kosten für den Erwerb von Lizenzen und Frequenzen schlügen sich zwangsweise auf die Verbraucherpreise nieder, drängt sich auf den ersten Blick auf. Bei näherer Betrachtung allerdings überzeugt eher die Einschätzung, dass die Endkundenpreise primär vom Markt bestimmt werden und sich nicht in erster Linie an den Investitionskosten orientieren.[413] Nur über eine offensive Preisgestaltung werden die Netzbetreiber die Verbraucher letztlich für

---

409 Vgl. die Kommentare vor allem der finanzschwächeren Unternehmen im Rahmen der Anhöhrung zur Vergabe weiterer Frequenzen im Bereich 1800 MHz; vgl. dazu Zusammenfassung der Kommentare Vgl. Vfg. 45/1999, ABl. der RegTP Nr. 7/99 vom 28.04.1999, S. 1254; vgl. dazu auch Beese/Naumann, MMR 2000, S. 145 (147); Schumacher, NJW 2000, S. 3096 (3097), Varadinek, CR 2001, S. 17 (21).

410 Vgl. dazu auch Beese/Naumann, MMR 2000, S. 145 (147); Schumacher, NJW 2000, S. 3096 (3097).

411 Vgl. Vfg. 14/2000, Entscheidung der Präsidentenkammer vom 18.02.2000 über die Regeln für die Durchführung des Versteigerungsverfahrens zur Vergabe von Lizenzen für UMTS, ABl. der RegTP Nr. 4/2000 vom 23.02.2000, S. 564 ff.

412 Vgl. Scherer, NJW 1996, S. 2953 (2958, Fn. 32); Schumacher, NJW 2000, S. 3096 (3097); Beese/Naumann, MMR 2000, S. 145 (147); Varadinek, CR 2001, S. 17 (21).

413 In diesem Sinne auch die Argumentation der RegTP, vgl. Vgl. Vfg. 51/1999, ABl. der RegTP 9/99, S. 1525 und Vfg. 45/1999, ABl. der RegTP Nr. 7/99 vom 28.04.1999, S. 1256; ebenso die Einschätzung seitens der Telekommunikationsindustrie, vgl. nur Beese, MMR 2000, S. V.

neue Mobilfunktechnik begeistern können. Daher dürften sie zur Refinanzierung vielmehr auf die Anbieter von Inhalten zurückgreifen, die ein Interesse haben, diese Inhalte auf den Netzen zu präsentieren.[414] Das Versteigerungsverfahren dürfte insoweit im Hinblick auf das Regulierungsziel der Versorgung mit TK-Dienstleistungen zu erschwinglichen Preisen i.S.d. § 2 Abs. 2 Nr. 3 TKG keinen durchgreifenden Bedenken unterliegen.

Im Ergebnis sehen sich die bislang durchgeführten Versteigerungen nach alledem wohl nicht ganz zu Unrecht der Kritik ausgesetzt - insbesondere im Hinblick auf die bisherige Verwaltungspraxis der RegTP[415] -, dass sie weniger im Sinne der wettbewerbs- und ordnungspolitischen Regulierungsziele des TKG wirkten, sondern eher im Zeichen fiskalischen Ertragsanliegens stünden.[416]

Neben den geltend gemachten ordnungs- und wettbewerbspolitischen Schwächen des TK-rechtlichen Versteigerungsverfahrens bestehen aber auch und vor allem grundsätzliche Zweifel an der verfassungsrechtlichen Zulässigkeit von Versteigerungsverfahren im Bereich staatlicher Verteilung knapper Ressourcen.[417] Der Klärung dieser Bedenken widmet sich das nachfolgende Kapitel.

---

414 Vgl. Winkelhage, FAZ v. 18.08.2000, S. 13.

415 Vgl. nur Varadinek, CR 2001, S. 17 (22), die insbesondere beklagt, dass die RegTP eine Abwägung der Regulierungsziele untereinander vermissen läßt und damit das ihr eingeräumte Ermessen nicht ausübt. Eine Entscheidung für das Versteigerungsverfahren ohne diese Prüfung allein unter Berufung auf die gesetzliche vorgegebene Präferenz aber sei rechtswidrig.

416 In diesem Sinne insbesondere Beese/Naumann, MMR 2000, S. 145 (148, 150), Schumacher, NJW 2000, S. 3096 (3097) und wohl auch Varadinek, CR 2001, S. 17 (22); Eine abschließende Einschätzung zur grundsätzlichen Geeignetheit der Versteigerung als Verteilungsinstrument erfolgt an späterer Stelle im Rahmen der abschließenden Bewertung des TK-rechtlichen Versteigerungsverfahrens unter Berücksichtigung der Erfahrungen der USA (Teil III B).

417 Vgl. beispielsweise Scherer, NJW 1996, 2953 (2957 f., Fn. 32); Grzeszick, DVBl. 1997, 878 ff.; Vgl. Geppert, Beck´scher TKG-Kommentar, § 11 Rdnr. 17; Beese/Naumann, MMR 2000, S. 145 (146).

B. Das Versteigerungsverfahren des TKG im Lichte des Grundgesetzes

In Anlehnung an die „Numerus-Clausus“-Entscheidungen des BVerfG, in denen die Notwendigkeit eines leistungsgesteuerten Auswahlverfahrens für die Verteilung knapper Güter betont wird[418], findet die verfassungsrechtliche Kritik ihren Grund vor allem darin, dass das Versteigerungsverfahren nach dem TKG anders als das Ausschreibungsverfahren, das sich strikt an den Kriterien von Fähigkeit und Eignung orientiert, nur ein Mindestmaß an Fähigkeit und Eignung voraussetzt und oberhalb dieser Schwelle das höchste Gebot als entscheidendes Verteilungskriterium vorsieht. Ein solches Verfahren genüge nicht den Anforderungen der Art. 12 und 3 GG an ein Chancengleichheit garantierendes Verteilungsverfahren.[419] Die Zweifel an der Verfassungsmäßigkeit des Verfahrens werden genährt durch die lapidare Feststellung in den Gesetzesmaterialien, "im Unterschied zu anderen Bereichen" sei "das ökonomische Auswahlkriterium im Bereich der Frequenz- und Lizenzvergabe rechtstaatlich unbedenklich."[420]

Ob an der verfassungsrechtlichen Zulässigkeit des TK-rechtlichen Versteigerungsverfahrens als Instrument staatlicher Ressourcenverteilung in der Tat begründete Zweifel bestehen, ist Gegenstand der nachfolgenden Untersuchung.[421]

I. Grundrechtsbindung der Vergabeentscheidung

In diesem Zusammenhang stellt sich zunächst die Frage, ob angesichts der europäischen Liberalisierungsvorgaben und der nationalen Entscheidung zur Privatisierung eines staatlichen Monopolbereichs eine Lizenzvergabe mittels Versteigerung überhaupt den Grenzen der Grundrechte unterliegt.

---

418 BVerfGE 33, 303 (338); 43, 291 (314, 324)

419 Vgl. beispielsweise Scherer, NJW 1996, 2953 (2957 f., Fn. 32); Grzeszick, DVBl. 1997, 878 (881); Geppert, Beck'scher TKG-Kommentar, § 11 Rdnr. 17; Beese/Naumann, MMR 2000, S. 145 (146).

420 Vgl. Begründung zum Entwurf des TKG, BT-Drs. 13/3609, S. 33 (39).

421 Die Frage, wie sich die neue staatliche Einnahmequelle Versteigerungserlös zur Finanzverfassung (Art. 104 a ff. GG) verhält, bleibt im Rahmen dieser Arbeit ausgeblendet. Vgl. hierzu aber Schumacher, NJW 2000, S. 3096 (3098), der den Versteigerungserlös als Verleihungsgebühr einordnet, und diesen in Anlehnung an die "Wasserpfennig"-Entscheidung des BVerfG als grundsätzlich verfassungsgemäß erachtet. A.A. Klöck, RTkom 2001, S. 280 (286), der in dem Versteigerungserlös eine Sonderform eines Kaufpreises sieht, für den es außerhalb des TKG keine besondere rechtlichen Vorgaben gibt.

1. Monopole und Grundrechtsbindung

Dem könnte entgegenstehen, dass der Staat, wenn er den Monopolbereich der Deutschen Telekom AG durch Lizenzvergabe an Private auflöst, möglicherweise nicht an Grundrechte gebunden ist, da monopolisierte Tätigkeiten nicht Gegenstand derselben sein können.[422] Eine derartige Argumentation ist aus grundrechtlicher Sicht jedoch nicht haltbar. Bereits die Bildung oder Beibehaltung eines Monopols ist an Grundrechten zu messen. Durch die Errichtung eines Monopols soll der Staat nicht den Schutzbereich der Grundrechte bestimmen können.[423] Die Konsequenz wäre andernfalls, dass eine den Bewerber stark beschränkende oder ausschließende Monopolisierung nur eine schwächere grundrechtliche Rechtfertigung benötigen würde als eine für den Bewerber weniger belastende Überwachung durch Lizenzvergabe. Für die Lizenzvergabe nach dem TKG bedeutet dies daher: Wenn der Staat den Monopolbereich der Deutschen Telekom AG durch Lizenzvergabe an Private auflöst und für den Fall der Knappheit von Frequenzen sich eine Ermächtigung zur Beschränkung und Auswahlentscheidung vorbehält, ist er nicht weniger an Grundrechte gebunden als bei der Kontrolle Privater bei einer nicht monopolisierten Tätigkeit.[424]

2. Privatisierung und Grundrechtsbindung

Auch die Argumentation, dass oberhalb einer am Gemeinwohl orientierten Mindestqualifikation das Auswahlkriterium des höchsten Gebotes bei der Monopolauflösung angesichts des Auftrages zur Privatisierung und zur Errichtung eines funktionsfähigen Wettbewerbs nicht den Grenzen der Grundrechte unterliegt, vermag schon im Ansatz nicht zu überzeugen. Da der Staat im Bereich der nach der Privatisierung verbleibenden Überwachungs- und Zulassungsbefugnisse weiterhin in hoheitlicher Handlungsform agiert, unterliegt er in diesem Bereich auch weiterhin der Bindung an rechtsstaatliches Handeln. Soweit staatliches Handeln in Grundrechte eingreift, muß es sich an den einschlägigen Regelungen messen lassen.[425]

---

422 Vgl. hierzu Stober, Grundrechtsschutz der Wirtschaftstätigkeit, S. 67 f. m.w.N.

423 Vgl. BVerfGE 21, 162 ff., 245 ff., 250 ff., 271 ff.

424 So geht auch die Begründung des TKG-Entwurfs ausdrücklich von einem auf Art. 12 GG beruhenden Zulassungsanspruch aus, s. BT-Drs. 13/3609, S. 34, 37 ff. Vgl. allgemein hierzu auch Tiemann, Der Staat 16 (1977), S. 171 (184 ff.).

425 Vgl. dazu auch Hengstschläger, VVDStRL 54, S. 165 (176 f., 192 f.). Der Fragenkreis einer Veräußerung von Hoheitsrechten oder Flucht in das Privatrecht ist dabei nicht berührt.

3. Europarecht und Grundrechtsbindung

Die grundrechtlichen Anforderungen an die Bewerberauswahl des TKG könnten möglicherweise aber durch konkrete vorrangige gemeinschaftsrechtliche Vorgaben verdrängt werden.[426] Der nationale grundrechtliche Prüfungsmaßstab von staatlichen Beschränkungen kann dann modifiziert sein, wenn die Beschränkung auf den Vorgaben eines europarechtlichen Regelungsauftrages beruht.[427] Das Verhältnis der nationalen Grundrechte zum europäischen Gemeinschaftsrecht hat dafür aber nur insofern Bedeutung, als die entsprechende gemeinschaftsrechtliche Regelung entweder in den Mitgliedstaaten unmittelbar gilt oder dem nationalen Gesetzgeber derart genaue und abschließende Vorgaben macht, dass ein Umsetzungsspielraum nicht besteht und bei einer Anfechtung der nationalen Regelung die europarechtliche Vorgabe somit zumindest mittelbar zum Prüfungsgegenstand des nationalen Grundrechtsschutzes würde.[428] Soweit das Gemeinschaftsrecht weder unmittelbar wirkt noch bindende Vorgaben für die Umsetzung beinhaltet, hat der nationale Gesetzgeber einen Umsetzungsspielraum, der den Bindungen des nationalen Rechts unterliegt. Entsprechendes gilt für die Auslegung desjenigen innerstaatlichen Rechts, welches Europarecht umsetzt.[429]

Nach Art. 1 Abs. 1, Art. 2, Art. 3 und Art. 6 der Richtlinie 30/388 EWG[430] in der durch Art. 1 der Richtlinie 19/96/EG[431] geänderten Fassung ist

---

426 In diesem Zusammenhang sei daran erinnert, dass das TKG maßgeblich von europäischem Recht geprägt ist. So beinhalten die Richtlinie 90/387 EWG (ABl.EG Nr. L 192/1 vom 24.7.1990), 92/44 EWG (ABl.EG Nr. L 165/27 vom 19.06.1992, geändert durch die Entscheidung 94/439/EG der Kommission, ABl.EG Nr. L 181/40 vom 15.07.1994) und 90/388 EWG (ABl.EG Nr. L 192/10 vom 24.07.1990) einschließlich deren Änderung in der Richtlinie 19/96 EG (ABl.EG Nr. L 74/13 vom 22.03.1996) jeweils konkrete Vorgaben für die Ausgestaltung der nationalen Telkommunikationsdienstregelungen. Siehe dazu auch Scherer, NJW 1996, S. 2953 f. m.w.N. Zum Vorrang des Europäischen Gemeinschaftsrechts vgl. EuGH, Rs. 6/64 vom 15.07.1964, Costa/ENEL, Sig. 1964, 1251 (1269 f.).

427 Zu dieser Frage und zum Verhältnis zwischen Europarecht und nationalem Recht allgemein vgl. Streinz, Bundesverfassungsrechtlicher Grundrechtsschutz und europäisches Gemeinschaftsrecht, S. 92 ff., 217 ff. m.w.N.

428 Zum Ansatz und den verschiedenen Implikationen des Maastrich-Urteils des BVerfG (BVerfGE 89, 155 ff.) vgl. Streinz, Bundesverfassungsrechtlicher Grundrechtsschutz und europäisches Gemeinschaftsrecht, S. 283 ff.; Lenz, NJW 1993, S. 3038 ff.; Tomuschat, EuGRZ 1993, S. 489 ff.; Lörcher, JuS 1993, S. 1012 ff.

429 Vgl. dazu statt vieler Pernice, NJW 1990, S. 2409 ff., 2417 f.

430 ABl.EG Nr. L 192/10 vom 24.07.1990.

431 ABl.EG Nr. L 74/13 vom 22.03.1996.

eine Beschränkung der Anzahl der Lizenzen nur dann zulässig, wenn dies aufgrund mangelnder Verfügbarkeit von Frequenzen notwendig ist. Die für eine Verteilungsentscheidung relevanten Bedingungen müssen zudem objektiv, nichtdiskriminierend, verhältnismäßig und transparent sein. Weitere inhaltliche Vorgaben der Auswahlkriterien bestehen nicht. Vollständige, abschließende und hinreichend bestimmte Regeln, die eine bindende europarechtliche Wirkung haben, enthält die Richtlinie damit nur für die Begrenzung der Lizenzanzahl. Die Kriterien für die Auswahl der Bewerber werden im Gegensatz dazu nur formal bestimmt. Eine weitere inhaltliche Konkretisierung durch das Europarecht ist nicht ersichtlich. Die in der Richtlinie genannten Kriterien einer objektiven, nichtdiskriminierenden, verhältnismäßigen und transparenten Auswahlentscheidung unter den Bewerbern sind daher als verfahrensrechtliche Mindestvoraussetzungen zu werten, die von den einzelstaatlichen Auswahlverfahren erfüllt werden müssen. Diese sind im deutschen Recht durch die aus dem Rechtsstaatsprinzip und aus Art. 3, 19 und 20 GG resultierenden Anforderungen an alles staatliche Handeln bereits gewährt. Soweit für die Auswahl auf weitere sachliche Kriterien abgestellt wird, die diesen Mindestvorgaben nicht zuwiderlaufen, hat daher uneingeschränkt das nationale Recht zu gelten.

Die grundrechtlichen Anforderungen an die Bewerberauswahl des TKG bleiben daher auch unter europarechtlichen Gesichtspunkten erhalten.[432]

II. Grundrechtsrelevanz der Vergabeentscheidung

Die Frage nach den verfassungsrechtlichen Grenzen legislativer Gestaltung ist dabei zunächst eine Frage nach dem einschlägigen verfassungsrechtlichen Prüfungsmaßstab.

1. Lizenzanspruch aus Art. 12 GG

Das Erbringen von Telekommunikationsdienstleistungen ist eine jedem Privaten grundsätzlich offenstehende wirtschaftliche Betätigung, auch im lizenzpflichtigen Bereich (§ 6 TKG).[433] Daraus folgt, auch wenn das dem TKG nicht explizit zu entnehmen ist, dass jede Person, die die Voraussetzung des § 8 Abs. 3 TKG erfüllt, einen Rechtsanspruch auf Erteilung der beantragten Li-

---

432 Mit diesem Ergebnis auch Grzeszick, DVBl. 1997, S. 878 (882).

433 Vgl. Spoerr/Deutsch, DVBl. 1997, S. 300 (303); Grzeszick, DVBl. 1997, S. 878 (880); Schütz, in: Beck'scher TKG-Kommentar, § 6 Rdnr. 3.

zenz hat.[434] Soweit zum Betrieb von Übertragungswegen im Rahmen einer Lizenz Frequenzen benötigt werden, besteht auf deren Zuteilung (§ 47 Abs. 5 TKG) ebenfalls ein Anspruch[435]. Dieser gründet wie der Lizenzanspruch im Grundrecht der Berufs- bzw. Gewerbefreiheit aus Art. 12 GG.[436]

Können im Falle der Lizenzbeschränkung wegen Frequenzknappheit[437] nicht alle Ansprüche gleichzeitig und vollauf erfüllt werden, muß - wie oben bereits eingehend dargelegt[438] - unter den Lizenzanwärtern eine Auswahl getroffen werden. Dies hat zur Konsequenz, daß die Antragsteller, die dabei nicht berücksichtigt werden, die entsprechenden Telekommunikationsdienstleistungen nicht erbringen können.[439]

Die Vergabe der Lizenzen/Frequenzen stellt sich insofern als eine Beschränkung der Berufsfreiheit der Bewerber dar, die grundsätzlich an Art. 12 GG zu messen ist.[440]

---

434 Vgl. Gramlich, VerwArch 1997, S. 598 (631). Scherer, NJW 1996, S. 2953 (2955); Dies ergibt sich auch aus der Bergündung des Entwurfs zum TKG in BT-Drs. 13/3609, S. 34, 37 ff, die auf die vom Grundgesetz gewährte allgemeine Betätigungsfreiheit hinweist. Vgl. auch Ausführungen hierzu in Teil 2 B II 3.

435 Vgl. Spoerr/Deutsch, DVBl. 1997, S. 300 (303); Demmel, in: Manssen (Hrsg.), Telekommunikations- und Multimediarecht-Kommentar, § 47 Rdnr. 23 f. Vgl. hierzu auch Ausführungen zu dem Verhältnis Lizenz-/Frequenzzuteilung (Stichwort: inhaltliche Bindungswirkung), Teil 2 B II 4 a.

436 So geht die Begründung des TKG-Entwurfs ausdrücklich von einem auf Art. 12 GG beruhenden Zulassungsanspruch aus, s. BT-Drs. 13/3609, S. 34, 37 ff; vgl. auch Manssen, in Manssen: Telekommunikations- und Multimediarecht-Kommentar, § 8 Rdnr. 11; Schütz, in: Geppert, TKG-Kommentar, § 8 Rdnr. 2. Vgl. auch Ausführungen hierzu in Teil 2 B II 3 u. 4.

437 Vgl. Ausführungen zur Lizenzbeschränkung wegen Frequenzknappheit nach dem TKG Teil 2 B II 4.

438 Vgl. zur Auswahl zwischen den Lizenzanwärtern nach dem TKG Teil 2 B III.

439 Wobei allerdings zu berücksichtigen ist, daß die bei der Vergabeentscheidung nach § 11 Abs. 4 TKG zu kurz gekommenen TK-Unternehmen die Möglichkeit des Weiterverkaufs ("resale") von Telekommunikationsdiensten anderer auf dem neuen Markt tätigen Netzbetreiber haben. Zudem können sie als virtuelle Netzbetreiber auf dem Markt auftreten. Ein solcher bietet in Kooperation mit einem der Lizenzinhaber auf dessen Netz eigene Dienste an und investiert in begrenztem Umfang in eigene Netztechnik. Vgl. Virtuelle Netzbetreiber fördern den UMTS-Markt, FAZ v. 4.1.2001, Nr. 3, S. 20.

440 Zur Grundrechtsfähigkeit von TK-Unternehmen vgl. nur Stern/Dietlein, ArchivPT 1998, S. 309 (317 ff.). Zum verfassungsrechtlichen Berufsbegriff, der ohne weiteres die gewerbliche Tätigkeit von TK-Unternehmen umfaßt, vgl. nur Ruffert, AöR 1999, S. 238 (262) sowie generell BVerfGE 7, 377 (399); 50, 290 (362 f.).

2. Teilhabeanspruch aus Art. 12 GG

Allerdings handelt es sich bei der Verteilung von Lizenzen/Frequenzen in Knappheitssituationen weniger um einen klassischen staatlichen Eingriff in die Berufsfreiheit, sondern es geht vielmehr in erster Linie um die Gewährung von Teilhabe an der vom Staat geregelten Nutzung knapper Ressourcen.[441]

Aus Art. 12 GG folgt indessen auch ein Anspruch auf Teilhabe an staatlicher Leistung.[442]

Die grundlegenden Kriterien hierfür hat das BVerfG in seinen "Numerus-Clausus"-Entscheidungen festgelegt.[443] Hinsichtlich des Anspruchs auf einen Studiumsplatz in den Numerus-Clausus-Fächern hat das BVerfG festgestellt, daß sich aus Art. 12 Abs. 1 GG in Verbindung mit Art. 3 Abs. 1 GG und dem Sozialstaatsprinzip nach Art. 20 Abs. 1 GG Teilhabeansprüche insbesondere dann ergäben, wenn der Staat ein rechtliches oder faktisches Monopol für sich in Anspruch nimmt und die Beteiligung an staatlicher Leistung zugleich notwendige Voraussetzung für die Verwirklichung des Grundrechts ist.[444] In ei-

---

441 So auch Varadinek, CR 2001, S. 17 (23); Klöck, RTkom 2000, S. 280 (287); Gramlich, CR 2000, S. 101 (102); Nolte, CR 1996, S. 459 (462); Grzeszick, DVBl. 1997, S. 878 (881); Geppert, in: Beck'scher TKG-Kommentar, § 11 Rdnr. 1; Manssen, in: Manssen, Telekommunikations- und Multimediarecht, § 11 Rdnr. 1.

442 Vgl. nur BVerfGE 33, 303 (330); 43, 291 (313 ff.); Jarass, in: Jarass/Pieroth, GG, Art. 12 Rdnr. 47 m.wN.; Gubelt, in: von Münch/Kunig, GG, Art. 12 Rdnr. 1, 28 m.wN.; Breuer, in: Isensee/Kirchhof, Handbuch des Staatsrechts VI, § 147 Rdnr. 80; s. auch Voßkuhle, Die Verwaltung 1999, S. 21 (34); im telekommunikationsrechtlichen Kontext Varadinek, CR 2001, S. 17 (23); Klöck, RTkom 2000, S. 280 (287); Gramlich, CR 2000, S. 101 (102); Nolte, CR 1996, S. 459 (462); Grzeszick, DVBl. 1997, S. 878 (881); Geppert, in: Beck'scher TKG-Kommentar, § 11 Rdnr. 1; Manssen, in: Manssen, Telekommunikations- und Multimediarecht, § 11 Rdnr. 1.

443 Vgl. BVerfGE 33, 303 (330); 43, 291 (313 ff.).

444 Vgl. BVerfGE 33, 303 (331f.); 43, 291 (313 ff.);Grundrechtstheoretisch wird dies aus der objektiv-rechtlichen Seite des Art. 12 GG hergeleitet. So heißt es in BVerfGE 33, 303 (330): "Das BVerfG hat mehrfach ausgesprochen, daß die Grundrechte zugleich als objektive Normen eine Wertordnung statuieren, die als verfassungsrechtliche Grundentscheidung für alle Bereiche des Rechts Geltung beansprucht, und daß daher die Grundrechte nicht nur Abwehrrechte des Bürgers gegen den Staat sind. Je stärker der moderne Staat sich der sozialen Sicherung und kulturellen Förderung der Bürger zuwendet, desto mehr tritt im Verhältnis zwischen Bürger und Staat neben das ursprüngliche Postulat grundrechtlicher Freiheitssicherung vor dem Staat die komplementäre Forderung nach grundrechtlicher Verbürgung der Teilhabe an staatlichen Leistungen." Die objektiv-rechtliche Seite

nem freiheitlichen Rechts- und Sozialstaat könne es nicht mehr der freien Entscheidung staatlicher Organe überlassen bleiben, den Kreis der Begünstigten nach ihrem Gutdünken abzugrenzen und einen Teil der Bürger von den Begünstigungen auszuschließen, zumal dies im Ergebnis auf eine Berufslenkung hinauslaufen würde.[445]

Diese zum Hochschulzugang ergangene Rechtsprechung des BVerfG ist nach Sinn und Zweck ohne weiteres auf den Zugang zum Frequenzspektrum übertragbar. Genauso wie bei Hochschulen wird beim Frequenzspektrum der Zugang durch eine staatliche Stelle reglementiert. Es macht insoweit keinen wesentlichen Unterschied, ob der Staat ein faktisch konkurrenzloses Hochschulsystem selbst betreibt, oder ob er im Hinblick auf das Gemeinschaftsgut Frequenzspektrum faktisch über das Verwaltungsmonopol verfügt. Hier wie dort ist der Zugang zu der knappen Ressource zudem notwendige Voraussetzung für die Verwirklichung des Grundrechts der Berufsfreiheit.[446]

Im Falle der Beschränkung der Anzahl der Lizenzen/Frequenzen wandelt sich der aus Art. 12 Abs. 1 GG hergeleitete Anspruch auf eine Lizenz/Frequenz daher in ein Recht auf gleichberechtigte Teilhabe an den vorhandenen Kapazitäten nach Art. 12 GG in Verbindung mit Art. 3 GG und dem Sozialstaatsprinzip.[447]

III. Verfassungsrechtliche Anforderungen an das Vergabekriterium

Die Verpflichtung des Staates zur Gewährung von Teilhabe ist indessen nicht absolut. Denn auch jetzt finden die Grundrechte über den Gesetzesvorbehalt und in anderen Normen der Verfassung ihre Schranken.[448] Denn Teil-

---

der Grundrechte dient dabei der Verstärkung des eigentlichen Grundrechtsschutzes, indem sie den notwendigen Freiraum für grundrechtliche Betätigung schaft, vgl. BVerfGE 35, 79 (114); s. auch Manssen, Grundrechte, Rdnr. 48.

445 Vgl. nur BVerfGE 33, 303 (332).

446 Dies gilt hinsichlich der Frequenzen jedenfalls für den Bereich des Mobilfunks (s. auch Fn. 439). Im Hinblick auf die Studienplätze vgl. BVerfGE 33, 303 (330).

447 So im Ergebnis auch Varadinek, CR 2001, S. 17 (23); Klöck, RTkom 2000, S. 280 (287); Gramlich, CR 2000, S. 101 (102); Nolte, CR 1996, S. 459 (462); Grzeszick, DVBl. 1997, S. 878 (881); Geppert, in: Beck'scher TKG-Kommentar, § 11 Rdnr. 1; Manssen, in: Manssen, Telekommunikations- und Multimediarecht, § 11 Rdnr. 1; Inhalt und Reichweite des Grundrechtsposition der Berufsfreiheit ergeben sich hier aus einem Zusammenspiel mit dem allgemeinen Gleichheitssatz des Art. 3 GG, vgl. nur Isennsee/Kirchhof, Handbuch des Staatsrechts VI, § 147 Rdnr. 99 m.w.N.

448 Vgl. nur BVerfGE 33, 303 (336); 43, 291 (314); s. auch Schwerdtfeger, Öffentliches Recht in der Fallbearbeitung, Rdnr. 520; ebenso Hesse, Grundzüge des Ver-

haberechte stehen stets "unter dem Vorbehalt des Möglichen" und sind daher "notwendig regelungsbedürftig".[449]

1. Vorbehalt des Gesetzes

Die sonach grundsätzlich zulässige Einschränkung der Teilhabe an der Nutzung der knappen Frequenzen/Lizenzen durch ein Vergabeverfahren ist allerdings nur durch ein Gesetz oder auf Grund eines Gesetzes verfassungsrechtlich statthaft.

Art. 12 Abs. 1 Satz 2 GG statuiert für Regelungen der Berufsfreiheit einen solchen Vorbehalt des Gesetzes ("durch Gesetz oder aufgrund eines Gesetzes").[450] Grundrechtsverkürzende Regelungen bedürfen danach einer formalgesetzlichen Grundlage, die den Anforderungen der Verfassung genügt. Da das Telekommunikationsgesetz die Vergabe von knappen Frequenzen/Lizenzen mittels Versteigerungen mit ihrem entscheidenden Auswahlkriteriumkriterium des höchten Gebotes selbst in § 11 Abs. 4 im einzelnen regelt[451] und als Parlamentsgesetz ergangen sowie formell verfassungsgemäß zustandegekommen ist, bestehen an der Wahrung des Gesetzesvorbehalts insoweit keine Zweifel.[452]

---

fassungsrechts, Rdnr. 418; Jellinek, System der subjektiv öffentlichen Rechte, S. 103; allg. hierzu auch Alexy, Theorie der Grundrechte, S. 243 ff.

449 Vgl. nur BVerfGE 33, 303 (336); 43, 291 (314); s. auch Murswiek, in: Isensee/Kirchhof, Handbuch des Staatsrechts V, § 112 Rdnr. 57

450 Dieser bezieht sich auf Art. 12 GG als "einheitliches" Grundrecht. Das BVerfG hat seit dem Apothekenurteil die untrennbare Verflechtung von Berufswahl und Berufsausübung sowie die Einheitlichkeit des Grundrechts aus Art. 12 GG herausgestellt und den Regelungsvorbehalt dem Grunde nach auf das gesamte Grundrecht bezogen. Vgl. BVerfG 7, 377 (402); ständige Rechtsprechung, bestätigt z.B. in BVerfGE 9, 338 (344 f.); 17, 269 (276); 33, 303 (336).

451 Der Gesetzgeber muß im Bereich der Grundrechtsausübung die wesentlichen Verteilungsentscheidungen selbst treffen, er darf insbesondere die Verantwortung für die relevanten Auswahlkriterien nicht auf die Verwaltung oder die Gerichte verlagern, vgl. nur BVerfGE 33, 303 (337); 73, 280 (294 f.).

452 Zur Gesetzgebungskompetenz des Bundes für den Bereich der Telekommunikation ergibt sich zum einen generell aus Art. 73 Nr. 7 GG, wonach der Bund für die Gesetzgebung über die Telekommunikation allein zuständig ist. Zudem aber auch speziell aus Art. 87 f Abs. 1 GG, der dem Bund einen diesbezüglichen Privatisierungs- und Infrastrukturauftrag auferlegt hat, der letztlich durch das TKG umgesetzt wurde.

2. Grundsatz der Verhältnismäßigkeit

Losgelöst von der Frage nach der formalgesetzlichen Grundlage müssen verfassungsadäquate Verteilungsmaßstäbe - wie die des § 11 Abs. 4 TKG - aber selbstverständlich auch die Ausprägungen des Rechtsstaatsprinzips, insbesondere den Grundsatz der Verhältnismäßigkeit, berücksichtigen.[453]

a) Die Stufentheorie des Bundesverfassungsgerichts

Für das Grundrecht der Berufsfreiheit hat das BVerfG die Anforderungen dieses Grundsatzes durch die "Stufentheorie" konkretisiert.[454] Hintergrund ist, dass die Regelungsbefugnis des Gesetzgebers sich trotz der Einheitlichkeit des Art. 12 Abs. 1 S. 1 GG[455] nicht in gleichem Umfang auf die Berufswahl und die Berufsausübung auswirkt. Aus dem Wortlaut und Sinn des Art. 12 Abs. 1 S. 1 GG und einem Vergleich mit dem Gehalt des Art. 12 Abs. 1 S. 2 GG folgt, dass die Vorschrift vornehmlich die Berufswahl vor staatlichen Eingriffen schützen will. Anders formuliert: Der Regelungsvorbehalt ist primär um der Berufsausübung willen gegeben und darf nur unter diesem Blickwinkel allenfalls auch in die Freiheit der Berufswahl eingreifen. Es gilt daher der Grundsatz: Eine gesetzliche Regelung ist umso freier, je mehr sie reine Ausübungsregelung ist, und umso begrenzter, je mehr sie die Berufswahl betrifft.[456] Das Gericht unterscheidet nach der "Stufenlehre" drei Arten von Beeinträchtigungen der Berufsfreiheit: Berufsausübungsregelungen, subjektive Berufswahlregelungen und objektive Berufswahlregelungen. Gesetzliche Regelungen der Berufsausübung sind danach legitimiert, soweit sie nach vernünftigen Erwägungen des Gemeinwohls zweckmäßig und verhältnismäßig sind. Subjektive Berufswahlregelungen sind zulässig, soweit sie zum Schutz wichtiger Gemeinschaftsgüter ergehen und verhältnismäßig sind. Objektive Berufswahlregelungen sind nur unter strengen Voraussetzungen zum Schutze

---

453 Vgl. nur BVerfGE 33, 303 (338); 62, 117 (148) m.w.N.; s. auch Berg, Die Verwaltung des Mangels, Der Staat 1976, S. 1 (21) m.w.N.; ebenso König, Die öffentlich-rechtliche Verteilungslenkung, S. 202 m.w.N.; vgl. auch Voßkuhle, Die Verwaltung 1999, S. 21 (34), der betont, dass jede staatliche Verteilungsentscheidung der verfassungsrechtlichen Rechtfertigung bedürfe, wobei sich der anzulegende Maßstab aus dem berührten Grundrecht, vorrangig Art. 12 GG, in Verbindung mit dem Verhältnismäßigkeitsgrundsatz ergebe.

454 Vgl. BVerfGE 7, 377 (402 f.); 25, 1 (11 f.).

455 Vgl. BVerfGE 7, 377 (402) - Apothekenurteil; ständige Rechtsprechung, bestätigt z.B. in BVerfGE 9, 338 (344 f.); 17, 269 (276); 33, 303 (336).

456 Vgl. zu alledem BVerfGE 7, 377 (402 f.).

besonders wichtiger Gemeinschaftsgüter und unter strikter Beachtung des Grundsatzes der Verhältnismäßigkeit statthaft.[457]

Wenngleich die Stufenlehre im neueren Schriftum zumeist als bloße Hilfskonstruktion in strikter Verfolgung des Übermaßverbotes verstanden wird[458] und auch vom BVerfG selbst deutlich relativiert und flexibilisiert wurde[459], gibt sie doch wesentliche Hinweise für die Geltungsanforderungen des Verhältnismäßigkeitgrundsatzes.[460] Gegen ihre weitere Anwendung bestehen auch für die Zukunft keine Bedenken, da sie für notwendige Differenzierungen offen ist. Die Unterscheidung von Wahl- und Ausübungsregelungen ist zudem auch im Verfassungstext angelegt. Insofern kann bei der verfassungsrechtlichen Beurteilung von Eingriffen in die Berufsfreiheit als Grobraster zunächst von der Drei-Stufen-Theorie ausgegangen werden. Für die Beurteilung der Verhältnismäßigkeit einer Regelung ist die Einordnung in eine Stufe jedoch nur ein erstes Indiz für die Schwere des Eingriffs. Letztlich muß zwar typisiert, jedoch auch spezifiziert die Schwere des Eingriffs für die Prüfung der Verhältnismäßigkeit ermittelt werden.[461]

b) Stufentheorie und Teilhaberechte

Gegen die Anwendung der Stufentheorie im Kontext von Teilhaberechten bestehen keine Bedenken. Das BVerfG hat in seiner ersten "Numerus-Clausus"-Entscheidung explizit festgestellt, daß an absolute Zulassungsbeschränkungen ebenfalls im Hinblick auf den grundsätzlichen Teilhabean-

---

457 Vgl. st. Rspr., u.a. BVerfGE 7, 377 ff.; 13, 97 ff.; 33, 125 ff.;54, 301 ff; 82, 209 ff.; 93, 235 m.w.N.

458 So Tettinger, AöR 108 (1983), S. 92 (122); Stern, Das Staatsrecht der Bundesrepublik Deutschland, Bd. III/2, 1994, § 84 III 5 c; Gubelt, in: von Münch/Kunig, GG-Kommentar, Bd. 1, Art. 12 Rdnr. 46; Scholz, in: Maunz/Dürig, Grundgesetz-Kommentar, Art. 12 Rdnr. 319.

459 Vgl. BVerfGE 25, 1 (17 ff.); 30, 292 (315 f.); zum Teil kann sogar von einer partiellen Aufgabe der Stufenlehre und der Rückkehr zu einer unmittelbaren Anwendung des Verhältnismäßigkeitsgrundsatzes gesprochen werden, vgl. BVerfGE 16, 286 (297); 22, 380 (385); 23, 50 (60).

460 Grundlegend hierzu Breuer, in: Isensee/Kirchhof, Handbuch des Staatsrechts VI, § 148 Rdnr. 8 ff. m.w.N.

461 Breuer, in: Isensee/Kirchhof, Handbuch des Staatsrechts VI, § 148 Rdnr. 8 u. 9 m.w.N.; Tettinger, AöR 108 (1983), S. 92 (122 ff.). Dadurch werden die drei Eingriffs- und Schrankenstufen jedoch nicht etwa abgeschliffen. Vielmehr hat das BVerfG stets daran festgehalten, dass die Verhältnismäßigkeitsprüfung auf den drei Schranken- und Eingriffsstufen nach unterschiedlichen Gewichtungsprämissen erfolgen muß; so im Anschluß an BVerfGE 7, 377 (402 ff.) ausdrücklich etwa BVerfGE 32, 1 (34) und 46, 120 (138).

spruch in den Numerus-Clausus-Fächern strenge Anforderungen zu stellen seien.[462] Nach der Stufentheorie sei die Regelungsbefugnis nach Art. 12 Abs. 1 S. 2 GG umso enger begrenzt, je mehr sie auch die Freiheit der Berufswahl berühre. Da ein absoluter Numerus Clausus einer objektiven Zulassungsvoraussetzung gleichkomme, sei eine Anordnung nur zur Abwehr nachweisbarer oder höchst wahrscheinlicher schwerer Gefahren für ein überragend wichtiges Gemeinschaftsgut und nur unter strikter Wahrung des Grundsatzes der Verhältnismäßigkeit zulässig.[463] Die Stufentheorie gilt insofern gleichermaßen auch für Teilhaberechte.

Vor diesem Hintergrund hat das BVerfG hervorgehoben, daß absolute Zulassungsbeschränkungen und die damit verbundene Bewerberauswahl nur statthaft seien, soweit sie sich in den Grenzen des unbedingt Erforderlichen unter erschöpfender Nutzung der vorhandenen Kapazitäten bewegen und die Auswahl und Verteilung nach sachgerechten Kriterien mit einer Chance für jeden an sich hochschulreifen Bewerber erfolgt.[464] Diese Anforderungen hat das BVerfG später dahingehend präzisiert, daß die Verteilung nach objektiv sachgerechten und individuell zumutbaren Kriterien erfolgen müsse.[465]

c) Berufsausübungs- oder Berufswahlregelung

Fraglich ist, ob diese strengen Kriterien auch für die Vergabe von Lizenzen/Frequenzen nach § 11 Abs. 4 TKG gelten. Maßgeblich hierfür ist, ob es sich bei dieser Regelung um eine Beschränkung der Berufswahl oder der Berufsausübung handelt.[466] Regelungen der Berufsausübung betreffen die Frage, wie und in welcher Weise eine Tätigkeit nach Berufsbeginn ausgeübt werden kann, ohne auf die Freiheit der Berufswahl zurückzuwirken.[467] Regelungen der Berufswahl hingegen betreffen die Frage, ob und unter welchen Voraussetzungen eine Tätigkeit aufgenommen bzw. fortgeführt werden kann.[468] Nicht alle Einschränkungen der Berufsfreiheit lassen sich dabei eindeutig in die schematischen Kategorien Berufswahl oder Berufsausübung einordnen.[469]

Diese Einschätzung prägt auch die staatliche Verteilungsentscheidung in Knappheitssituationen. Beim im Vergabeverfahren Nichtbegünstigten ist zwi-

---

462 Vgl. nur BVerfGE 33, 303 (338)
463 Vgl. nur BVerfGE 33, 303 (338)
464 Vgl. nur BVerfGE 33, 303 (338)
465 Vgl. BVerfGE 43, 291 (314).
466 Die an subjektive oder objektive Zulassungsvoraussetzungen anknüpft.
467 Vgl. Münch/Kunig, Grundgesetz-Kommentar, Bd. 1, Art. 12 Rdnr. 38 m.w.N.
468 Vgl. Münch/Kunig, Grundgesetz-Kommentar, Bd. 1, Art. 12 Rdnr. 37 m.w.N.
469 Vgl. Ossenbühl, AöR 115 (1990), S. 1 (10).

schen dem "auch" und dem "ausschließlich" auf die knappe Nutzungsressource angewiesenen Unternehmen zu unterscheiden.[470] Der erstgenannte Bewerber ist bei seinem Berufszugang nicht auf eine konkrete Vergabeentscheidung angewiesen. Er vermag dies zu substituieren und auf andere Marktsegmente auszuweichen. Er ist daher nur in seiner Berufsausübung beeinträchtigt. Hingegen kann die Zulassung des ausschließlich auf einen konkreten Nutzungstitel angewiesenen Unternehmers zur Bedingung der Gewerbeaufnahme, also der Berufswahl werden.[471] So beispielsweise, wenn eine Veranstaltung auf einen bestimmten Berufstypus zugeschnitten ist, wie etwa den "Wiesn-Wirt" auf dem Münchner Oktoberfest, oder bei einem Neubewerber für eine Güterfernverkehrserlaubnis.[472]

Es stellt sich folglich die Frage, ob durch die in § 11 Abs. 4 TKG geregelte Vergabe von Frequenzen mittels Versteigerung hinsichtlich der im Verfahren unterlegenen Bewerber lediglich eine Berufsmodalität oder aber die Ausübung des gesamten Berufs ausgeschlossen wird.

Dies hängt maßgeblich davon ab, ob der geregelte Bereich ein eigenes Berufsbild darstellt.[473] Hier dürfte es bisher lediglich das Bild des Telekommunikationsdienstleisters als einheitliches Berufsbild geben. Zwar mag sich in Zukunft möglicherweise ein eigenes Berufsbild des Mobilfunkanbieters entwickeln. In Anbetracht der noch prägenden Rolle der Deutschen Telekom und ihrer Tochtergesellschaften als Anbieter jeder Art von Telekommunikationsdienstleistungen hat sich diese Trennung der Berufsbilder jedoch allgemein noch nicht durchgesetzt. Auch unter Berücksichtigung des Umstandes, dass es sich beispielsweise bei UMTS um einen im wesentlichen neuen Markt handelt, der Dienstleistungen, die bisher unter Telekommunikation, Rundfunk, Internet usw. fallen, vereinigen wird, kann man noch nicht von einem neuen Berufsbild des "Mediendiensteanbieters" oder Ähnlichem sprechen. Wird also einem Anbieter von Telekommunikationsdienstleistungen mangels Zuteilung von Frequenzen die Erbringung einzelner Dienstleistungen unmöglich gemacht, ist dadurch nur ein Teilbereich seiner Berufstätigkeit betroffen, jedoch kein Zugangshindernis zum Beruf an sich geschaffen.[474] Insofern ist zunächst nur die Berufsausübung, nicht aber die Berufswahl betroffen.[475]

---

470 So auch König, Die öffentlich-rechtliche Verteilungslenkung, S. 208 f.

471 Vgl. König, Die öffentlich-rechtliche Verteilungslenkung, S. 208 f.

472 Diese Beispiele sind König, Die öffentlich-rechtliche Verteilungslenkung, S. 208 f. entnommen.

473 Vgl. Jarass/Pieroth, GG, Art. 12 Rdnr. 25 ff.; von Münch/Kunig, GG, Art. 12 Rdnr. 37 ff.

474 Zumal die bei der Vergabeentscheidung nach § 11 Abs. 4 TKG zu kurz gekommenen TK-Unternehmen regelmäßig auch ohne die angestrebte Lizenz/Frequenz

Die Regelungssintensität ist aber mit dieser Feststellung noch nicht hinreichend bestimmt. Eine Berufsausübungsregelung kann nämlich auf die Berufswahl zurückwirken, wenn ihre wirtschaftlichen Folgen derart gravierend sind, dass die Ausübung wirtschaftlich unmöglich wird.[476] Das ist allerdings nur dann anzunehmen, wenn die betroffene juristische Personen in aller Regel und nicht nur in Ausnahmefällen wirtschaftlich nicht mehr in der Lage sind, den gewählten "Beruf" ganz oder teilweise zur Grundlage ihrer unternehmerischen Erwerbstätigkeit zu machen.[477] Das ist für die gewerbliche Tätigkeit im Bereich der Telekommunikation allerdings kaum zu erwarten und bisher auch nicht festzustellen, angesichts der Vielzahl anderer Dienste, die ein Unternehmen aus dem Telekommunikations- bzw. Medienbereich erbringen kann.[478]

Mithin bleibt festzuhalten, daß die strengen Kriterien der Numerus-Clausus-Rechtsprechung des BVerfG für die Vergabe von Lizenzen/Frequenzen nach § 11 Abs. 4 TKG keine Anwendung finden.[479]

---

weiterhin ihre gewerbliche Tätigkeit ausüben können, indem sie im Rahmen neuer strategischer Ausrichtung auf andere Marktsegmente ausweichen. Vor allem haben sie zum einen die Möglichkeit des Weiterverkaufs ("resale") von Telekommunikationsdiensten anderer auf dem neuen Markt tätigen Netzbetreiber. Zum anderen können sie auch als virtuelle Netzbetreiber auf dem Markt auftreten. Ein solcher bietet in Kooperation mit einem der Lizenzinhaber auf dessen Netz eigene Dienste an und investiert in begrenztem Umfang in eigene Netztechnik. Vgl. Virtuelle Netzbetreiber fördern den UMTS-Markt, FAZ v. 4.1.2001, Nr. 3, S. 20.

475 Im Ergebnis so wohl auch Nolte, CR 1998, S. 459 (463) sowie Varadinek, CR 2001, S. 17 (23); a.A. Ruffert, AöR 1999, S. 238 (262) ohne nähere Begründung.

476 Vgl. BVerfGE 30, 292 (314); 61, 291 (308); 72, 26 (30).

477 Vgl. BVerfGE 50, 290 (364)

478 Insofern sei darauf hingewiesen, dass bei der Vergabeentscheidung nach § 11 Abs. 4 TKG zu kurz gekommene TK-Unternehmen auch ohne die angestrebte Lizenz/Frequenz weiterhin ihre gewerbliche Tätigkeit ausüben können, indem sie im Rahmen neuer strategischer Ausrichtung auf andere Marktsegmente ausweichen. Vor allem haben sie zum einen die Möglichkeit des Weiterverkaufs ("resale") von Telekommunikationsdiensten anderer auf dem neuen Markt tätigen Netzbetreiber. Zum anderen können sie auch als virtuelle Netzbetreiber auf dem Markt auftreten. Ein solcher bietet in Kooperation mit einem der Lizenzinhaber auf dessen Netz eigene Dienste an und investiert in begrenztem Umfang in eigene Netztechnik. Vgl. Virtuelle Netzbetreiber fördern den UMTS-Markt, FAZ v. 4.1.2001, Nr. 3, S. 20.

479 So im Ergebnis auch Varadinek, CR 2001, S. 17 (23 f.)

IV. Zulässigkeit des "höchsten Gebotes" als Vergabekriterium

Stellt sich also die Frage, welche verfassungsrechtlichen Anforderungen an das Vergabekriterium in § 11 Abs. 4 TKG zu stellen sind.

Die Konzeption der Stufentheorie bringt es mit sich, dass der Kreis der legitimierenden Gemeinwohlbelange auf der Stufe der Berufsausübung vergleichsweise am weitesten zu ziehen ist. Danach sind Regelungen der Berufsausübung verfassungsrechtlich zulässig, soweit sie nach vernünftigen Erwägungen des Gemeinwohls zweckmäßig und verhältnismäßig sind.[480]

Im folgenden wird die Vergabe von Lizenzen/Frequenzen nach § 11 Abs. 4 TKG daher auf die Beachtung dieser Anforderungen zu überprüfen sein.

1. Legitimer Zweck

Insoweit gilt es zunächst zu untersuchen, ob der gesetzgeberischen Entscheidung in § 11 Abs. 4 TKG, wonach die Verteilung knapper Lizenzen/Fequenzen im Rahmen des Versteigerungsverfahrens an das Vergabekriterium des höchsten Gebotes geknüpft ist, "vernünftige Erwägungen des Gemeinwohls" zugrundeliegen.[481]

Berücksichtigt man, dass der Gesetzgeber grundsätzlich frei ist bei der Definition wirtschaftspolitischer Ziele, die durch ein die Berufsfreiheit einschränkendes Gesetz verfolgt werden[482], können die dem Gesetz im Zusammenspiel mit den der Begründung des Gesetzesentwurfs zu § 11 Abs. 4 TKG explizit zu entnehmenden Erwägungen durchaus ein solches Gewicht für sich in Anspruch nehmen.[483] Der Gesetzgeber führt in § 11 Abs. 4 TKG aus: " Mit dem Versteigerungsverfahren soll festgestellt werden, welcher oder

---

480 Vgl. st. Rspr., u.a. BVerfGE 7, 377 ff.; 13, 97 ff.; 33, 125 ff.;54, 301 ff; 82, 209 ff.; 93, 235 m.w.N.; So auch im Ergebnis Varadinek, CR 2001, S. 17

481 Vgl. st. Rspr., u.a. BVerfGE 7, 377 ff.; 13, 97 ff.; 33, 125 ff.;54, 301 ff; 82, 209 ff.; 93, 235 m.w.N. Zu beachten ist dabei auch, dass der gesetzgeberische Spielraum zur Gemeinwohlkonkretisierung um so größer ist, als den - z.B. in Form von Kapitalgesellschaften organisierten - Grundrechtsträgern der Berufsfreiheit weitgehend der personale Grundzug, der den eigentlichen Kern der Gewährleistung dieses Grundrechts ausmacht, fehlt. Vgl. hierzu BVerfGE 50, 290 (364 f.).

482 Vgl. BVerfGE 81, 156 (189). "Bei gesetzlichen Eingriffen in das Wirtschaftsleben ist es zunächst Sache des Gesetzgebers, auf der Grundlage *seiner* wirtschaftspolitischen Vorstellungen und Ziele und unter Beachtung der Sachgesetzlichkeiten des betreffenden Gebietes zu entscheiden, welche Maßnahmen er im Interesse des Gemeinwohls ergreifen will." Vgl. BVerfGE 30, 292 (317).

483 Varadinek, CR 2001, S. 17 (24).

dem Versteigerungsverfahren soll festgestellt werden, welcher oder welche der Bieter am besten geeignet sind, die ersteigerten Funkfrequenzen effizient für das Angebot der zu lizenzierenden Telekommunikationsdienstleistungen für die Öffentlichkeit zu nutzen." In der Begründung des TKG-Entwurfs heißt es zu der im deutschen Wirtschaftsverwaltungsrecht erstmaligen Einrichtung eines Versteigerungsverfahrens, mit diesem Auswahlverfahren könne - vor dem Hintergrund der in bestimmten Frequenzbereichen bestehenden Knappheit von Übertragungswegen - "ein wesentliches Regulierungsziel, nämlich die Effizienz der Frequenznutzung, realisiert werden... Das erfolgreiche Gebot belege typischerweise die Bereitschaft und die Fähigkeit, die zuzuteilende Frequenz im marktwirtschaftlichen Wettbewerb der Dienstleistungsangebote möglichst optimal zu nutzen und sich um eine wirtschaftliche und sparsame Verwendung der Frequenz zu bemühen. Gleichzeitig diene das frequenzökonomische Auswahlkriterium dem regulierungspolitischen Ziel, den Wettbewerb zu fördern."[484] Diese Erwägungen reflektieren insoweit zwei der im Rahmen des Telekommunikationsgesetzes festgeschriebenen Ziele des Gesetzgebers, namentlich die Sicherstellung des Wettbewerbs gemäß § 2 Abs. 2 Nr. 2 TKG und die Sicherstellung einer effizienten und störungsfreien Nutzung von Frequenzen gemäß § 2 Abs. 2 Nr. 5 TKG.[485]

Diese wie die übrigen Regulierungsziele des § 2 Abs. 2 TKG sind letztlich auch im Zusammenhang mit dem heterogenen Kernanliegen des TKG (§ 1) zu sehen, den vormals monopolistisch strukturierten Lebensbereich des Telekommunikationswesens in eine effiziente Wettbewerbsordnung zu überführen und gleichzeitig hierbei ein flächendeckendes und ausreichendes Dienstleistungsangebot zu gewährleisten. Das ergibt sich aus der verfassungsrechtlichen Grundentscheidung des Art. 87 f GG.[486]

---

484 Vgl. Begründung zum Gesetzentwurf BT-Drs. 13/3609, S. 39.

485 Vgl. hierzu Schuster, in: Beck'scher TKG-Kommentar, § 2 Rdnr. 3.

486 Vgl. Schuster, in: Beck'scher TKG-Kommentar, § 2 Rdnr. 5. Dass mit alledem letztlich den Interessen der Nutzer gedient werden soll, stellt die Begründung des Gesetzentwurfs, BT-Drs. 13/3609, S. 36 ausdrücklich fest. So wird Wettbewerb die Wahlmöglichkeiten der Nachfrager nach Telekommunikationsdienstleistungen hinsichtlich Art, Qualität und Preis erweitern, und damit zugunsten der Nutzer wirken. Dass die effiziente und störungsfreie Nutzung der Frequenzen im Interesse der Nutzer steht, ist angesichts ihrer Knappheit evident. Überbelastung von Frequenzen sowie Überschneidungen stören das Funktionieren der Telekommunikation. Vgl. auch Grzeszick, ZUM 1997, S. 911 (915). Zum gesamtwirtschaftlichen Vorteil einer marktwirtschaftlichen Verteilung von knappen Ressourcen vgl. zudem Tomuschat, Der Staat 1973, S. 432 (455 f.).

Ein legitimes und zugleich hinreichendes Gemeinwohlinteresse für die die Berufsausübung beschränkende Regelung des § 11 Abs. 4 TKG dürfte demzufolge zu bejahen sein.[487]

2. Zur Wahrung des Verhältnismäßigkeitsgrundsatzes

Mit der grundsätzlichen Legitimität von Grundrechtsbeschränkungen zum Zwecke der Förderung des Wettbewerbs auf dem Markt für Telekommunikationsleistungen und der Sicherstellung einer effizienten und störungsfreien Nutzung von Frequenzen ist der Geltungsanspruch des Verhältnismäßigkeitsgrundsatzes freilich keineswegs ausgeschöpft.

Nur mit Blick auf die konkrete gesetzliche Ausgestaltung der Regelung läßt sich feststellen, ob die drei Teilgebote des Verhältnismäßigkeitsgrundsatzes, nämlich das Gebot der Geeignetheit der Maßnahme, das Gebot der Erforderlichkeit und das Gebot der Verhältnismäßigkeit im engeren Sinne (Zumutbarkeit, Angemessenheit), hinreichend beachtet werden.[488] Dabei verlangt das Gebot der Geeignetheit, dass nur solche Mittel zum Einsatz kommen, die überhaupt imstande sind, das angestrebte Ziel zu erreichen.[489] Eine Verletzung des Gebots der Erforderlichkeit ergibt sich demgegenüber dort, wo das erstrebte Ziel durch ein weniger intensives Mittel ebenso wirksam erreicht werden kann, wie durch das vom Gesetzgeber gewählte.[490] Das Gebot der Verhältnismäßigkeit im engeren Sinne verlangt schließlich, dass die Regelung in einem angemessenen Verhältnis zu dem Gewicht und der Bedeutung des Grundrechts steht, dass also bei einer Gesamtabwägung die mit der gewählten Maßnahme verbundenen Vorteile die mit ihr verbundenen Nachteile überwiegen (Proportionalität der Regelung).[491] Bei alledem ist eine generalisierende, von der individuellen und konkreten Betroffenheit abstrahierende Betrachtungsweise geboten.[492]

Im folgenden wird daher § 11 Abs. 4 TKG auf die Beachtung des Verhältnismäßigkeitsgrundatzes zu überprüfen sein, wobei die Problematik des höchsten Gebotes als ausschlaggebenden Verteilungskriterium im Mittelpunkt der Diskussion stehen soll.

---

487 Mit diesem Ergebnis wohl auch Varadinek, CR 2001, S. 17 (24).

488 Allgemein zum Postulat der Verhältnismäßigkeit vgl. etwa BVerfGE 76, 196 (207); 80, 1 (24); 94, 372 (389 f.).

489 Vgl. etwa BVerfGE 30, 292 (316); 80, 1 (24 f.).

490 Vgl. etwa BVerfGE 30, 292 (316); 53, 135 (145); 69, 209 (218 f.).

491 Vgl. etwa BVerfGE 30, 292 (316 f.); 46, 120 (148); 51, 192 (208).

492 Vgl. etwa BVerfGE 30, 292 (315 f.); 68, 193 (219).

a) Geeignetheit

Das Auswahlkriterium des § 11 Abs. 4 TKG ist nur dann gerechtfertigt, wenn es geeignet ist, den verfolgten öffentlichen Zweck zu fördern.[493]

Vielfach werden im Schriftum in diesem Zusammenhang Zweifel an dem Auswahlkriterium des höchsten Gebotes des § 11 Abs. 4 TKG geäußert.[494] Die Kritiker gehen dabei von der Prämisse aus, dass eine sachgerechte Auswahlentscheidung den verschiedenen gesetzgeberischen Zielen gerecht werden müsse und daher die Berücksichtigung verschiedener Kriterien erfordere.[495] Mit Blick auf Art. 87 f GG und §§ 2 Abs. 2, 11 TKG nennen sie Quantität, Qualität, Verbreitung und Effizienz der Versorgung mit Telekommunikationsdienstleistungen sowie die Sicherstellung eines funktionsfähigen Wettbewerbs auf diesem Markt als zu berücksichtigende heterogene Ziele.[496] Das höchste Gebot sage aber beispielsweise über Quantität, Qualität und Verbreitung der Telekommunikation unmittelbar nichts aus. Das höchste Gebot werde sich vielmehr primär an der Gewinnerzielungsmöglichkeit orientieren. Eine Versorgung auf lukrativen Märkten werde zu hohen Geboten führen, während die Versorgung von infrastrukturschwachen Gebieten weniger begehrt sein werden. Insofern sei mit dem höchsen Gebot eine direkte Rückkopplung an eine flächendeckende und ausreichende Telekommunikationsversorgung nicht gegeben.[497] Auch im Hinblick auf die zur Rechtfertigung vorgebrachte Effizienz der marktwirtschaftlichen Frequenz-/Lizenzverteilung sei nur eine mittelbare Rückkopplung, nämlich über die vom Betreiber erwartete Gewinnerzielung, gegeben.[498] Die ökonomische Logik dabei: Der effiziente Anbieter werde eher in der Lage sein, seinen Gewinn zu maximieren, und damit auch eher bereit sein, ein hohes Gebot abzugeben.[499] Insgesamt gebe es daher geeignetere Kriterien als das höchste Gebot, um eine sachgerechte Auswahlentscheidung zu

---

493 Vgl. BVerfGE 30, 292 (316 f.); 80, 1 (24 f.).

494 Vgl. nur Grzeszick, DVBl. 1997 m.w.N., S. 878 (884); Hiltl/Großmann, BB 1996, S. 169 (171 f.); Scherer, NJW 1996, S. 2953 (2958, Fn. 32); Geppert, in: Beck'scher TKG-Kommentar, § 11 Rdnr. 20; Demmel, in: Manssen, Telekommunikations- und Multimediarecht-Kommentar, § 47 Rdnr. 39. An einer differenzierten Auseinandersetzung mit der Problematik allerdings mangelt es meist. Nur Grzeszick setzt sich mit der verfassungsrechtlichen Fragestellung wirklich auseinander. Die weiteren Autoren geben meist nur eine Einschätzung ab, nicht selten unter Bezugnahme auf den Letztgenannten.

495 So Grzeszick, DVBl. 1997, S. 878 (884), der sich in diesem Zusammenhang auch auf König, die öffentlich-rechtliche Verteilungslenkung, S. 213 ff. beruft.

496 Vgl. beispielsweise Grzeszick, DVBl. 1997, S. 878 (883).

497 Vgl. Grzeszick, DVBl. 1997, S. 878 (884).

498 Vgl. Grzeszick, DVBl. 1997, S. 878 (884).

499 Vgl. Grzeszick, DVBl. 1997, S. 878 (884 m.w.N.).

treffen.[500] Eine unmittelbare Bewertung auf telekommunikationspolitischer und volkswirtschaftlicher Basis müsse auch die Interessen der Abnehmer in Rechnung stellen.[501] So sei schon bei der Stellungnahme der künftigen Marktteilnehmer vor Einführung des Versteigerungsverfahrens zu bedenken gegeben worden, dass das Verteilungskriterium des höchsten Gebotes die Tendenz zu erhöhten Einstandskosten und Dienstepreisen sowie die Gefahr spekulativer Gebote in sich trage.[502]

Bei genauerer Betrachtung wird allerdings deutlich, dass die zuvor geäußerte Kritik die im Rahmen des Verhältnismäßigkeitsgrundsatzes an die Geeignetheit zu stellenden Anforderungen verkennt. So ist zum einen nicht erforderlich, dass es sich bei dem vom Gesetzgeber gewählten Mittel um die optimale Maßnahme handelt. Es genügt, wenn die Maßnahme überhaupt einen der mit dem Gesetz verfolgten Zwecke fördert.[503] Bedenken hinsichtlich der Geeignetheit des Kriteriums des höchsten Gebotes mit der Begründung, dass es "geeignetere" Kriterien gebe, um eine Auswahlentscheidung zu treffen, sind daher ungerechtfertigt. Zum anderen müssen die vom Gesetzgeber gewählten Gestaltungsmittel auch nicht sämtlichen mit dem Gesetz verfolgten legitimen Zwecken gerecht werden. Es ist vielmehr ausreichend, wenn eine Maßnahme geeignet ist, zumindest einen der mit dem Gesetz verfolgten Zwecke zu fördern.[504] Wenn also bezweifelt wird, ob das Versteigerungsverfahren gleichsam allen verschiedenen gesetzgeberischen Zielsetzungen gerecht werden könne, ist dies - ungeachtet der Frage der Berechtigung der Kritik - ebenfalls unbeachtlich. Die Bedenken an dem vom Gesetzgeber gewählten Vergabeverfahren sind deshalb nur dann begründet, wenn dieses schon nicht geeignet ist, überhaupt einen legitimen Gesetzeszweck zu erfüllen.

---

500 Vgl. Grzeszick, DVBl. 1997, S. 878 (884), der diesbezüglich auch kritische Stimmen bei Berg, Der Staat 15, S. 1 (26 f.) und Koenig, Die öffentlich-rechtliche Verteilungslenkung, S. 408 ff. ausmacht.

501 Vgl. Grzeszick, DVBl. 1997, S. 884.

502 Vgl. Stellungnahme zu III. 4. des Eckpunktepapiers des BMPT vom 27.3.1995; s. hierzu auch Hiltl/Großmann, BB 1996, S. 169 (171 f.); Scherer, NJW 1996, S. 2953 (2958, Fn. 32); Geppert, in: Beck'scher TKG-Kommentar, § 11 Rdnr. 20; Demmel, in: Manssen, Telekommunikations- und Multimediarecht-Kommentar, § 47 Rdnr. 39.

503 Vgl. Sachs, Grundgesetz, S. 98; Stern, Das Staatsrecht der Bundesrepublik Deutschland, Bd. III/2, S. 776 f.

504 Vgl. BVerfGE 30, 292 (316 f.); 80, 1 (24 f.).

Art. 87 f GG schreibt kein bestimmtes Vergabeverfahren vor. Dem Gesetzgeber ist grundsätzlich erlaubt, bei Vergabeverfahren neue Methoden, auch marktwirtschaftliche, anzuwenden.[505]

Stellt sich also die Frage, ob das Versteigerungsverfahren mit seinem Auswahlkriterium des höchsten Gebotes geeignet ist, zumindest einen der zuvor beschriebenen legitimen Zwecke zu fördern. Das vom Gesetzgeber gewählte Gestaltungsmittel ist zusammenschauend an Haupt- und Nebenzweck des Gesetzes zu messen.[506] Das BVerfG führt bei der Prüfung der Geeignetheit im Kontext wirtschaftlicher Grundrechte - hierzu ist Art. 12 GG zu rechnen - lediglich eine Vertretbarkeitskontrolle durch.[507] Dabei ist zu berücksichtigen, dass im Bereich der Berufsausübungsregelung dem Gesetzgeber ein erheblicher Gestaltungs- und Beurteilungsspielraum eingeräumt ist.[508] Die verfassungsrechtliche Prüfung der Geeignetheit reduziert sich nach der Rechtsprechung des BVerfG dann auf die Frage, ob das eingesetzte Mittel "objektiv untauglich oder ungeeignet" bzw. "schlechthin ungeeignet" ist.[509]

Den Hauptzweck der in Frage stehenden Regelung gibt der Gesetzgeber in § 11 Abs. 4 S. 1 TKG ausdrücklich vor. Danach soll mit dem Verteilungskriterium des höchsten Gebotes festgestellt werden, welcher oder welche der Bieter am besten geeignet sind, die ersteigerten Funkfrequenzen effizient für

---

505 "Bei gesetzlichen Eingriffen in das Wirtschaftsleben ist es zunächst Sache des Gesetzgebers, auf der Grundlage seiner wirtschaftspolitischen Vorstellungen und Ziele und unter Beachtung der Sachgesetzlichkeiten des betreffenden Gebietes zu entscheiden, welche Maßnahmen er im Interesse des Gemeinwohls ergreifen will." Vgl. BVerfGE 30, 292 (317). Vgl. auch Manssen, in: Manssen, Telekommunikation- und Multimediarecht, § 11 Rdnr. 6; s. auch Berg, Der Staat 1976, S. 1 (13); Tomuschat, Der Staat 1973, S. 432 (441 ff.).

506 In diesem Sinne BVerfGE 30, 292 (318).

507 Vgl. BVerfGE 57, 139 (159 ff.); s. auch Breuer, in: Isensee/Kirchhof, Handbuch des Staatsrechts VI, § 148 Rdnr. 14 ff.; Ipsen, Staatsrecht II, Rdnr. 636. Hierbei stellt das BVerfG auf den Zeitpunkt der Beschlußfassung des Gesetzes im Parlament ab.Vgl. BVerfGE 39, 210 (230), zuvor hatte das BVerfG auf den Zeitpunkt der Vorbereitung des Gesetzes abgestellt, vgl. BVerfGE 25, 1 (12).

508 Vgl. BVerfGE 39, 210 (225 f); 77, 84 (106); 77, 308 (332). Der Gesetzgeber hat gerade auf dem Verteilungssektor nach h.M. einen weiten Spielraum, vgl. Berg, Der Staat 1976, S. 17 m.w.N. Erweist sich eine Annahme des Gesetzgebers im nachhinein als unrichtig, führt dies zunächst nicht zur Verfassungswidrigkeit des Gesetzes. Der Gesetzgeber ist lediglich verpflichtet, die Maßnahme nach Erkenntnis der tatsächlichen Entwicklung aufzuheben oder anzupassen. Verfassungswidrig wird ein Gesetz erst dann, wenn der Gesetzgeber eine Frist zur Korrektur hat verstreichen lassen. Vgl. hierzu BVerfGE 25, 1 (12 f.).

509 Vgl. BVerfGE 47, 109 (117); 61, 291 (314); 65, 116 (126); 73, 301 (317); 81, 156 (193).

das Angebot der zu lizenzierenden Telekommunikationsdienstleistungen für die Öffentlichkeit zu nutzen. Die Vermutung des Gesetzgebers, der das höchste Gebot abgebende Bieter werde die Frequenzen auch im Sinne des Regulierungsziels des § 2 Abs. 2 Nr. 5 TKG effizient nutzen, erscheint, nicht zuletzt vor dem Hintergrund, dass sie auf der Basis grundlegender theoretischer Vorarbeiten erfolgt, plausibel.[510] Es entspricht der allgemeinen volkswirtschaftlichen Erkenntnis, dass bei knappen Gütern der Preis die optimale Verteilung und die effizienteste Nutzung gewährleistet.[511] In Knappheitssituationen pendelt sich der Preis auf einer Höhe ein, welcher die Nachfrager ausschließt, die das Gut zu diesem Preis nicht kaufen wollen oder können[512], und führt aufgrund seiner Allokationswirkung idealiter dazu, dass es dorthin gelangt, wo es eine sinnvolle Verwendung findet.[513] Von einem Überschreiten der Grenzen des Prognosespielraums ist insoweit jedenfalls nicht auszugehen.[514] Auch die im Zusammenhang mit dem Versteigerungsverfahren befürchtete Gefahr von spekulativen Geboten oder Blockadestrategien, mit dem Ziel, die Frequenzen der Nutzung anderer Unternehmen zu entziehen[515], veranlaßt insoweit zu keiner anderen Einschätzung, selbst wenn sich diese Bedenken als berechtigt erwiesen. Denn eine gesetzliche Regelung, die ihren Zweck grundsätzlich zu erfüllen geeignet ist, deren Fassung jedoch auch Verhaltensweisen zuläßt, die der Absicht des Gesetzgebers zuwiderlaufen, rechtfertigt nicht den Schluß, dass das Gesetz insgesamt zweckuntauglich ist.[516] Im Ergebnis ist das Kriteri-

---

510 Zu der gerichtlich überprüfbaren immanenten Schranken des Prognosespielraums, die verlangt, dass der Gesetzgeber seine Einschätzung auf "plausible" Anhaltspunkte, Erfahrungen und Einsichten stützt, vgl. Breuer, in: Isensee/Kirchhof, Handbuch des Staatsrechts, Bd. VI, § 148 Rdnr. 18.

511 Vgl. im telekommunikationsspezifischen Kontext hierzu Coase, The Federal Communication Commission, 2 J.L. & Econ. (1959) S. 1 (14-17); vgl. auch McMillan, Why Auction the Spectrum? Telecommunications Policy 19 (1995), S. 191-199 m.w.N.; s. auch Kruse, Lizenzierung und Wettbewerb im Mobilfunk, S. 143; Klodt, Wettbewerb und Regulierung in der Telekommunikation, S. 130 ff.; ebenso Koenig/Schäfer, K&R 1998, S. 243 (248).

512 Vgl. Fehl/Oberender, Grundlagen der Mikroökonomie, S. 33.

513 Vgl. Fehl/Oberender, Grundlagen der Mikroökonomie, S. 34.

514 So plädiert auch Basedow, Wettbewerb auf den Verkehrsmärkten, S. 127, dafür, dass ebenso wie Begabung und Leistungsstand von Abiturienten geeignete Vergabekriterien für knappe Studienplätze an Universitäten sind, Zahlungswilligkeit und Preis als adäquate Kriterien für die Vergabe wirtschaftlicher knapper wirtschaftlicher Nutzungsrechte anerkannt werden sollten.

515 In diesem Sinne Beese/Naumann, MMR 2000, S. 145 (147); Grzeszick, DVBl. 1997, S. 878 (884); Hiltl/Großmann, BB 1996, S. 169 (171 f.); Scherer, NJW 1996, S. 2953 (2958, Fn. 32); Geppert, in: Beck´scher TKG-Kommentar, § 11 Rdnr. 20.

516 Vgl. BVerfGE 47, 109 ff; zudem macht Gramlich, CR 2000, S. 101 (103) darauf aufmerksam, dass die Regulierungsbehörde auch gehalten ist, das zu versteigern-

um des höchsten Gebotes zum Zwecke der Förderung einer effizienten Frequenznutzung demnach nicht als "objektiv ungeeignet" zu erachten.

Ein weiterer Zweck - wenn man so will Nebenzweck - des § 11 Abs. 4 TKG ist der Begründung zum Gesetzentwurf des TKG zu entnehmen. Danach soll das frequenzökonomische Auswahlkriterium gleichzeitig dem regulierungspolitischen Ziel, den Wettbewerb zu fördern, dienen.[517] Die Annahme des Gesetzgebers, das Versteigerungsverfahren mit seinem maßgeblichen Kriterium des höchsten Gebotes werde auch den Wettbewerb im Sinne des Regulierungsziels des § 2 Abs. 2 Nr. 2 TKG fördern, dürfte die Grenzen des gesetzgeberischen Prognosespielraums ebenfalls weder erreicht noch überschritten haben. Denn dass ein marktwirtschaftliches Verteilungsinstrument wie die Versteigerung, wonach Preis und Zahlungswilligkeit die maßgeblichen Kriterien sind, grundsätzlich als ein marktgerechter und wettbewerbsfördernder Mechanismus einzustufen ist, entbehrt letztlich nicht einer gewissen Plausibilität. Die Versteigerung einer knappen Ressource reflektiert die Grundvoraussetzung des Wettbewerbs, nämlich die marktliche Preisbildung aufgrund der Angebots- und Nachfragevermittlung von Knappheitsverhältnissen.[518] Was Bedenken zur Gefahr von Wettbewerbsverzerrungen bzw. Wettbewerbsbeeinträchtigungen durch finanzstarke und marktbeherrschende Unternehmen anbelangt, die Lizenzen und Frequenzen möglicherweise über dem eigentlichen wirtschaflichen Knappheitspreis ersteigern, um sich so vor Wettbewerb zu schützen[519], gilt - ungeachtet der Frage nach der Richtigkeit dieser Bedenken und der bestehenden Ausgleichsmechanismen des § 11 Abs. 3 TKG und des GWB - wie zuvor, dass ein solches der Absicht des Gesetzgebers zuwiderlaufendes Verhalten das Gesetz nicht insgesamt zweckuntauglich zu machen vermag.[520] Demzufolge ist das Verteilungskriterium des höchsten Gebotes im Hinblick auf den Zweck der Wettbewerbsförderung ebenfalls nicht als "objektiv ungeeignet" zu bewerten.

---

de Gut so zuzuschneiden, dass Marktmacht und Finanzkraft allein nicht zum Zuschlag führen (§ 11 Abs. 4 S. 2 Nr. 1, S. 3 TKG).

517 Vgl. Begründung zum Gesetzentwurf BT-Drs. 13/3609, S. 39.

518 Vgl. zu den Grundvoraussetzungen des Wettbewerbs anstatt vieler König, Die öffentlich-rechtliche Verteilungslenkung, S. 175.

519 In diesem Sinne u.a. Beese/Naumann, MMR 2000, S. 145 (147); Grzeszick, DVBl. 1997, S. 878 (884); Hiltl/Großmann, BB 1996, S. 169 (171 f.); Scherer, NJW 1996, S. 2953 (2958, Fn. 32); Geppert, in: Beck'scher TKG-Kommentar, § 11 Rdnr. 20.

520 Vgl. BVerfGE 47, 109 ff; zudem macht Gramlich, CR 2000, S. 101 (103) darauf aufmerksam, dass die Regulierungsbehörde auch gehalten ist, das zu versteigern-
de Gut so zuzuschneiden, dass Marktmacht und Finanzkraft allein nicht zum Zuschlag führen (§ 11 Abs. 4 S. 2 Nr. 1, S. 3 TKG).

Zusammenfassend bleibt mithin festzuhalten, dass das Versteigerungsverfahren des § 11 Abs. 4 TKG die legitimen Zwecke der Förderung des Wettbewerbs auf dem Markt für Telekommunikationsleistungen sowie der Sicherstellung einer effizienten und störungsfreien Nutzung von Frequenzen zu fördern geeignet ist.[521]

b) Erforderlichkeit

Das Postulat der Verhältnismäßigkeit verlangt darüber hinaus, dass die in Frage stehende Regelung auch dem Teilgebot der Erforderlichkeit genügt.[522] Erforderlich ist sie nur dann, wenn ein anderes, gleich wirksames, aber die Berufsfreiheit nicht oder weniger fühlbar einschränkendes Mittel fehlt.[523] Dies setzt seitens des Gesetzgebers erneut eine Prognose voraus, die verfassungsgerichtlich wiederum nur auf ihre Vertretbarkeit hin überprüft werden kann.[524] Dabei ist zu berücksichtigen, dass dem Gesetzgeber auch hier ein weiter Beurteilungs- und Gestaltungsspielraum eingeräumt wird.[525]

Ob eine Regelung mehr oder weniger belastet, mehr oder weniger intensiv ist, bemißt sich im Rahmen des Art. 12 GG zunächst nach den vom BVerfG entwickelten Regelungsstufen.[526] Der Grundsatz der Erforderlichkeit ist dementsprechend regelmäßig verletzt, wenn der gesetzgeberische Zweck auch auf einer niedrigeren Stufe erreicht werden kann.[527] Verteilungsverfahren wie der Versteigerung ist immanent, dass nicht alle Interessenten zum Zuge kommen können. Mit der staatlichen Verteilung ist immer eine Einschränkung

---

521 Im Ergebnis so auch Ruffert, AöR 1999, S. 238 (263), der allerdings generell auf den Zweck der flächendeckenden Infrastrukturgewährleistung abstellt; s. auch Varadinek, CR 2001, S. 17 (24); ebenso Klöck, RTkom 2001, S. 280 (287).

522 Vgl. BVerfGE 30, 292 (316); 53, 135 (145); 69, 209 (218).

523 Vgl. BVerfGE 30, 292 (316); 53, 135 (145); 69, 209 (218); 70, 84 (109). Ein milderes Mittel muß zur Erreichung des Regelungszwecks ebenso geeignet sein und darf zudem Dritte und die Allgemeinheit nicht stärker belasten, vgl. Jarass/Pieroth, GG, Art. 20 Rdnr. 60 m.w.N.

524 Vgl. BVerfGE 57, 139 (159 ff.); s. auch Breuer, in: Isensee/Kirchhof, Handbuch des Staatsrechts VI, § 148 Rdnr. 14 ff.; Ipsen, Staatsrecht II, Rdnr. 636. Hierbei stellt das BVerfG auf den Zeitpunkt der Beschlußfassung des Gesetzes im Parlament ab.Vgl. BVerfGE 39, 210 (230), zuvor hatte das BVerfG auf den Zeitpunkt der Vorbereitung des Gesetzes abgestellt, vgl. BVerfGE 25, 1 (12).

525 Vgl. BVerfGE 77, 84 (109).

526 Vgl. Pieroth/Schlink, Grundrechte, Staatsrecht II, § 21 II 3 Rdnr. 943. Vgl. BVerfGE 7, 377 (398 ff.).

527 Vgl. z.B. BVerfGE 69, 209 (218 f.).

der Berufsfreiheit der unterlegenen Bewerber unvermeidbar verbunden.[528] Das Versteigerungsverfahren des § 11 Abs. 4 TKG ist, wie zuvor erörtert, als Berufsausübungsregelung einzustufen. Der Gesetzgeber bewegt sich insoweit bei der Verfolgung seiner gesetzgeberischen Ziele bereits auf der niedrigsten Regelungsstufe im Rahmen der Stufenlehre.

Allerdings kann es auch auf ein und derselben Stufe mehr oder weniger intensive Maßnahmen geben.[529] Ob es ein ersichtlich milderes gleich wirksames Mittel in Gestalt eines anderen Verteilungsverfahrens gibt, welches die Interessen solcher Bieter, die im Versteigerungsverfahren abgelehnt werden, besser berücksichtigt, ist fraglich. Teilweise wird das Ausschreibungsverfahren als für die Verteilung gerechtere und vorzugswürdige Alternative erachtet.[530] Der verfassungsgerichtliche Vertretbarkeitsmaßstab verlangt, "dass der Gesetzgeber sich an einer sachgerechten und vertretbaren Beurteilung des erreichbaren Materials orientiert hat."[531] Wenn der Gesetzgeber im Lichte der Ziele der effizienten Frequenznutzung und der Wettbewerbsförderung im Rahmen seines weiten Beurteilungsspielraums auf das ökonomische Instrument des Versteigerungsverfahrens setzt, so dürfte er die Grenzen seines Prognosespielraums jedenfalls nicht überschritten haben. Der Gesetzgeber stützt sich auf die plausible Vermutung, eine knappheitsgerechte Preisbildung lasse sich durch ein Versteigerungsverfahren jedenfalls besser ermitteln als durch administrative Schätzung.[532] Damit folgt er der ökonomischen Logik, dass der Preis und die Zahlungswilligkeit - das erfolgreiche Gebot im Rahmen einer Auktion - typischerweise Bereitschaft und Fähigkeit reflektieren, das Wirtschaftsgut - die zuzuteilende Frequenz - im marktwirtschaftlichen Wettbewerb optimal zu nutzen.[533] Derartige allgemein anerkannte volkswirtschaftliche Erkenntnisse bleiben bei den denkbaren alternativen administrativen

---

528 Vgl. Berg, Der Staat 1976, S. 1 (20); vgl. auch BVerfGE 43, 291 (325), wonach "...jedes Auswahlverfahren unbefriedigend ist und dass selbst aufwendige Verbesserungen eines solchen Systems an diesem Dilemma nichts Prinzipielles ändern..."

529 Vgl. Pieroth/Schlink, Grundrechte, Staatsrecht II, § 21 II 3 Rdnr. 943.

530 So z.B. Schuster/Müller, MMR 2000, S. 26 (29), allerdings ohne nähere Begründung, wieso dies so sein soll.

531 Vgl. BVerfGE 57, 139 (160).

532 So auch Gramlich, CR 2000, S. 101 (103); ebenso Klöck, RTkom 2001, S. 280 (287).

533 Vgl. im telekommunikationsspezifischen Kontext hierzu Coase, The Federal Communication Commission, 2 J.L. & Econ. (1959), S. 1 (14-17); vgl. auch McMillan, Why Auction the Spectrum? Telecommunications Policy 19 (1995), S. 191-199 m.w.N.; s. auch Kruse, Lizenzierung und Wettbewerb im Mobilfunk, S. 143; Klodt, Wettbewerb und Regulierung in der Telekommunikation, S. 130 ff.; ebenso Fehl/Oberender, Grundlagen der Mikroökonomie, S. 33 ff.

Vergabeverfahren wie z.B. einer Ausschreibung[534] unberücksichtigt. Diese sehen sich infolgedessen der Kritik ausgesetzt, sie seien häufig nur zufällig effizient und führten nicht selten zu Fehlallokationen.[535] Da bei administrativen Vergabeverfahren wie der Ausschreibung statt dessen Wertungskriterien berücksichtigt und überprüft werden müssen, beinhalten sie zudem ein eher größeres Maß an Markteingriff durch staatliches Handeln als die die Verteilungsentscheidung auf den Markt verlagernde Versteigerung, zumindest aber kein geringeres. Denn je komplizierter und differenzierter das Vergabeverfahren, um so größer das Maß des Markteingriffs durch staatliches Handeln.[536] Insgesamt entbehren die Erwägungen des Gesetzgebers, berücksichtigt man, dass administrative Vergabeverfahren wie eine Ausschreibung im Hinblick auf die Gesetzeszwecke der effizienten Frequenznutzung und der Wettbewerbsförderung weder in gleichem Maße geeignete noch weniger intensive Alternativen sind, mithin nicht einer sachgerechten und vertretbaren Beurteilung des erreichbaren Materials. Zweifel gehen zudem wegen der gesetzgeberischen Einschätzungsprärogative zugunsten des Gesetzgebers.[537]

Ungeachtet dessen hat die Entwicklung der Rechtsprechung des BVerfG aber gezeigt, dass die Stufen teilweise von einander nicht scharf zu trennen sind. Nicht nur kann dann die Zuordnung zur einen oder anderen Stufe schwerfallen, es kann auch eine Regelung auf niederer Stufe intensiver sein als eine Regelung auf höherer.[538] Daher muß die Frage der Notwendigkeit der Maßnahme sich letztlich von der reinen Stufenlehre lösen. Die Stufenlehre eröffnet zwar den Einstieg in die Frage nach der Notwendigkeit einer Regelung und läßt immer wieder auch die Antworten finden. Gelegentlich reicht sie jedoch nicht aus.[539] Es muß folglich immer auch die konkrete Intensität der Regelung und seiner Alternativen bestimmt und berücksichtigt werden.[540] Die Regelung über das Versteigerungsverfahren in § 11 Abs. 4 TKG entfaltet allerdings, wie schon erörtert, keine Normwirkung derart, dass sie in die Nähe

---

534 Die Ausschreibung ist vom Gesetzgeber in § 11 Abs. 6 TKG als Ausnahmeverfahren vorgesehen, wird aber teilweise als grundsätzlich vorzugswürdig erachtet, vgl. nur Schuster/Müller, MMR 2000, S. 26 (29). Dies, obwohl die Ausschreibung ausweislich des § 11 Abs. 6 TKG einen anderen Zweck hat als die Versteigerung: Sie soll gerade nicht in erster Linie die Effizienz der Frequenznutzung sicherstellen, sondern die Eignung der Anbieter zur Befriedigung der Nachfrage ermitteln.

535 Vgl. hierzu anstatt vieler Christian König, Die öffentlich-rechtliche Verteilungslenkung, S. 43, 95 f. m.w.N.

536 Vgl. Ruffert, AöR 1999, S. 238 (263).

537 Vgl. Pieroth/Schlink, Grundrechte, Staatsrecht II, § 6 IV 4 Rdnr. 326.

538 Vgl. so z.B. BVerfGE 11, 30 (42 f., 44 f.); 77, 84 (106).

539 Vgl. Pieroth/Schlink, Grundrechte, Staatsrecht II, § 21 II 3 Rdnr. 947.

540 So Pieroth/Schlink, Grundrechte, Staatsrecht II, § 21 II 3 Rdnr. 947.

einer Regelung auf höherer Stufe als der Berufsausübung rücken würde. Eine atypische Betroffenheit der regelungsunterworfenen Unternehmen ist nicht festzustellen. Weniger intensive Alternativen auf der Stufe der Berufsausübung sind entsprechend den vorherigen Ausführungen zudem nicht ersichtlich. Auch fehlt der Regelung, die lediglich Wirtschaftsunternehmen betrifft, weitgehend der personale Bezug, der den eigentlichen Kern der Gewährleistung dieses Grundrechts ausmacht, was zusätzlich auf eine eher geringe Regelungsintensität hindeutet.[541] Demzufolge führt auch eine spezifizierende, von der reinen Stufenlehre gelöste Betrachtungsweise zu keiner abweichenden Antwort im Hinblick auf die Frage der Erforderlichkeit der in Frage stehenden Regelung.

Zusammenfassend bleibt mithin festzuhalten, dass das Versteigerungsverfahren des § 11 Abs. 4 TKG mit seinem Zuteilungskriterium des höchsten Gebotes auch den Anforderungen des Teilgebotes der Erforderlichkeit genügt.[542]

c) Verhältnismäßigkeit im engeren Sinne

Schließlich darf das Versteigerungsverfahren nicht außer Verhältnis zu dem angestrebten Zweck stehen. Damit ist das Gebot der Verhältnismäßigkeit i.e.S.[543] angesprochen; vielfach wird auch vom Gebot der Zumutbarkeit gesprochen.[544] Verhältnismäßigkeit i.e.S. bedeutet allgemein, dass der Zweck, dem die Regelung dient, umso wertvoller sein muß, je intensiver die Maßnahme ist.[545] Es ist mit anderen Worten eine Güterabwägung vorzunehmen.[546]

Das BVerfG hat die Verhältnismäßigkeitsprüfung mit ihrer Drei-Stufen-Theorie versucht zu typisieren. Auf der Stufe der Berufsausübungsregelungen, auf der sich die Regelung des § 11 Abs. 4 TKG bewegt, sind danach Grundrechtseinschränkungen schon gerechtfertigt, wenn "Gesichtspunkte der Zweckmäßigkeit" sie verlangen, wobei es mal mehr um die Allgemeinheit und mal mehr um den Berufsstand gehen kann.[547] Auf der abstrakt-generellen Regulierungsebene gilt dabei eine generalisierende Betrachtungsweise.[548]

---

541 Zum personalen Grundzug des Art. 12 GG vgl. BVerfGE 50, 290 (364 f.).

542 Im Ergebnis so auch Ruffert, AöR 1999, S. 238 (263).

543 Vgl. BVerfGE 30, 292 (316 f.); 46, 120 (148); 51, 193 (208).

544 Vgl. BVerfGE 37, 1 (19); 39, 210 (234); 51, 193 (208).

545 Vgl. Jarass/Pieroth, GG, Art. 12 Rdnr. 27; Pieroth/Schlink, Grundrechte, Staatsrecht II, § 21 II 3 Rdnr. 948.

546 Vgl. BVerfGE 92, 277 (327); 67, 157 (172 f.).

547 Vgl. nur BVerfGE 7, 377 (405 ff.); ausführlich zur Rechtsprechung des BVerfG zur Berufsfreiheit auch Tettinger, AöR 108 (1983), S. 92 ff.

548 Vgl. BVerfGE 70, 1 (30); 77, 84 (105)

Das Gebot der Verhältnismäßigkeit i.e.S. wird im Rahmen der verfassungsgerichtlichen Überprüfung von Wirtschaftsgesetzen - wie dem TKG - vereinzelt zwar theoretisch geprüft, hat praktisch aber nur geringe Bedeutung. So führt das BVerfG zur Zumutbarkeit des Verbots der Arbeitnehmerüberlassung im Baugewerbe aus: "Diese Vor- und Nachteile zu gewichten, obliegt allein der arbeitsmarkt- und sozialpolitischen Beurteilungs- und Gestaltungsfreiheit des Gesetzgebers."[549] Im Kontext gesetzlicher Ladenschlußbestimmungen für Friseurbetriebe erwähnt das BVerfG das Zumutbarkeitsgebot zwar abstrakt, geht aber darauf bei der anschließenden konkreten Überprüfung nicht mehr ein.[550] Beispielhaft ist auch die abstrakte und im Ergebnis folgenlose Zumutbarkeitsprüfung des BVerfG in seiner Mineralölbevorratungsentscheidung.[551] Hintergrund ist, dass auf abstrakt-genereller Regulierungsebene das im Rahmen der Prüfung der Zumutbarkeit verlangte Gewichten und Abwägen der rationalen und verbindlichen Bezugsmaßstäbe entbehrt. Die Prüfung, ob der Regulierungszweck und die regulierungsbedingten Grundrechtseingriffe in einem angemessenen Verhältnis zueinander stehen, setzt nämlich jeweils den Abwägungsgegenstand tatsächlicher bzw. potentieller Opfer in einer konkreten Anwendungssituation voraus.[552] Die Prüfung der Verhältnismäßigkeit i.e.S. ist daher der Sache nach eher eine Frage der Erforderlichkeit.[553] Dieser Ansicht ist wohl auch das BVerfG. Denn war eine Regelung wirklich notwendig, so hat das BVerfG sie nie an der mangelnden Wertigkeit des Zwecks scheitern lassen, sondern stets hinreichende Wertigkeit eingeräumt.[554] Dahinter mag die Erkenntnis stehen, dass, wenn ein Regulierungszweck tatsächlich nur um den teuren Preis einer Grundrechtsverkürzung erreicht werden kann, d.h. notwendig ist, sich regelmäßig darin sein hoher Wert zeigt.[555]

Der Prüfung der Verhältnismäßigkeit i.e.S. kommt insofern lediglich die Bedeutung einer Stimmigkeitskontrolle zu.[556] Nur wenn sich ein krasses Miß-

---

549 Vgl. BVerfGE 77, 84 (112).

550 Vgl. BVerfGE 59, 336 (355).

551 Vgl. BVerfGE 30, 292 (316, 323 f.).

552 Grundlegend hierzu Lerche, Übermaß und Verfassungsrecht, S. 30; Zur Kritik an abstrakten Güterabwägungssetzen s. Schlink, Abwägung im Verfassungsrecht, S. 32 ff.

553 So ausdrücklich Pieroth/Schlink, Grundrechte, Staatsrecht II, § 21 II 3 Rdnr. 951 u. § 6 IV 4 Rdnr. 333; König, Die öffentlich-rechtliche Verteilungslenkung, S. 28 f.

554 Vgl. nur BVerfGE 81, 70 (84); 77, 84 (112); 59, 336 (355); 30, 292 (316, 323 f.); 23, 50 (56); 13, 237 (240 f.).

555 So Pieroth/Schlink, Grundrechte, Staatsrecht II, § 21 II 3 Rdnr. 951; König, Die öffentlich-rechtliche Verteilungslenkung, S. 28 f.

556 Vgl. Pieroth/Schlink, Grundrechte, Staatsrecht II, § 21 II 3 Rdnr. 951 u. § 6 IV 4 Rdnr. 333.

verhältnis zeigt, mag ausnahmsweise auf das Kriterium der Zumutbarkeit zurückgegriffen werden. Dann aber bedarf es auch keiner schwierigen Bestimmung der Wertigkeit, vielmehr liegt das Mißverhältnis auf der Hand[557] So führt auch das BVerfG zur Güterabwägung aus, dass diese nur dann zu einer Korrektur des im Rahmen der Geeignetheits- und Erforderlichkeitsprüfung gewonnenen Ergebnisses führte, wenn die betroffenen Interessen "ersichtlich wesentlich schwerer wiegen".[558]

Im Fall des § 11 Abs. 4 TKG kommt ein derartiges krasses Mißverhältnis nicht zum Ausdruck. Mit der staatlichen Verteilung knapper Güter geht regelmäßig eine Einschränkung der Berufsfreiheit der nicht zum Zuge gekommenen Bewerber unauflösbar einher.[559] Bewegt sich dann eine Vorschrift, wie die über das Versteigerungsverfahren in § 11 Abs. 4 TKG, auf der denkbar niedrigsten Stufe der Beeinträchtigung der Berufsfreiheit, nämlich der Berufsausübung, und fehlt der Vorschrift noch dazu, da sie sich letztlich an Unternehmen bzw. Großunternehmen richtet, weitgehend jener personale Bezug, der den eigentlichen Kern der Gewährleistung dieses Grundrechts ausmacht, können ein krasses Mißverhältnis zwischen Regulierungszweck und regulierungsbedingter Einschränkung der Teilhabe bzw. ersichtlich wesentlich schwerer wiegende Interessen der Betroffenen nicht festgestellt werden.

Im Ergebnis bleibt mithin festzuhalten, dass das Versteigerungsverfahren des § 11 Abs. 4 TKG mit seinem Zuteilungskriterium des höchsten Gebotes letztlich auch den Anforderungen des Teilgebotes der Verhältnismäßigkeit i.e.S. hinreichend Rechnung trägt und somit insgesamt den Grundsatz der Verhältnismäßigkeit i.w.S. zu wahren scheint.[560]

---

557 So Pieroth/Schlink, Grundrechte, Staatsrecht II, § 21 II 3 Rdnr. 95.

558 Vgl. BVerfGE 44, 353 (373).

559 Vgl. Berg, Der Staat 1976, S. 1 (20); vgl. auch BVerfGE 43, 291 (325), wonach "...jedes Auswahlverfahren unbefriedigend ist und dass selbst aufwendige Verbesserungen eines solchen Systems an diesem Dilemma nichts Prinzipielles ändern..."

560 Im Ergebnis so auch Ruffert, AöR 1999, S. 238 (263); Gramlich, CR 2000, S. 101 (103); Manssen, in: Manssen, Telekommunikations- und Medienrecht, § 11 Rdnr. 6; Varadinek, CR 2001, S. 17 (24); Klöck, RTkom 2001, S. 280 (287f.); a.A. unter anderen Grzeszick, DVBl. 1997, S. 878 (884 m.w.N.); Hiltl/Großmann, BB 1996, S. 169 (171 f.); Scherer, NJW 1996, S. 2953 (2958, Fn. 32); Geppert, in: Beck'scher TKG-Kommentar, § 11 Rdnr. 20; Demmel, in: Manssen, Telekommunikations- und Multimediarecht-Kommentar, § 47 Rdnr. 39. Aus der Verhältnismäßigkeit der Regelung unter dem Gesichtspunkt der Berufsfreiheit ergibt sich entsprechend auch ihre Legitimität unter dem Gesichtspunkt des allgemeinen Gleichheitssatzes, vgl. hierzu Starck, in: Bonner Grundgesetz Kommentar, Bd. 1, Art. 3 Abs. 1 Rdnr. 275 m.w.N., wonach die Freiheitsrechte, soweit es um die

V. Verfassungsrechtliche Mindestanforderungen an das Vergabeverfahren

Da verteilungslenkende Regelungen grundrechtswesentlich sind, verlangt die Rechtsprechung von BVerfG und BVerwG vom Gesetzgeber allerdings darüber hinaus auch die Normierung gewisser Mindestanforderungen an das Verfahren.[561] Die Verwirklichung eines Grundrechts fordert nämlich auch eine dem Grundrechtsschutz angemessene Verfahrensausgestaltung.[562] Durch die Gestaltung des Auswahlverfahrens wird unmittelbar Einfluß auf die Konkurrenzsituation und damit auf das Ergebnis der Auswahlentscheidung genommen.[563] Welche Anforderungen an die Verfahrensausgestaltung gestellt werden, kann der Rechtsprechung des BVerfG und des BVerwG zu vergleichbaren Verteilungssituationen entnommen werden. So muß das "Verfahren, soll es den Anforderungen des Art. 12 Abs. 1 GG genügen, gewährleisten, daß tatsächlich von allen potentiellen Bewerbern derjenige gefunden wird, der am ehesten den gesetzten Anforderungen entspricht."[564] Vor allem aber muß das Verfahren im Lichte des Gleichheitsgebotes des Art. 3 Abs. 1 GG gewährleisten, daß jedem Bewerber "nach Möglichkeit gleiche Chancen eingeräumt werden."[565] Es geht insofern um den Ausschluß bzw. die Vermeidung willkürlicher Differenzierung im Rahmen der Gestaltung des Auswahlverfahrens.[566]

Verteilung knapper Güter geht, der Differenzierung enge Grenzen setzen, und gleichsam die Differenzierungskriterien im Rahmen des Art. 3 Abs. 1 GG enthalten.

561 Vgl. BVerwGE 64, 238 (245); BVerfGE 73, 280 (296).

562 Vgl. BVerfGE 73, 280 (296); 52, 380 (389 f.); 53, 30 (65 f.); s. auch Manssen, Grundrechte, Rdnr. 567; Voßkuhle, Die Verwaltung 1999, S. 21 (34). Allgemein zur Grundrechtsausübung durch Verfahren, Denninger, in; Isensee/Kirchhof, Handbuch des Staatsrechts V, § 113 Rdnr. 5 ff., 19 ff.

563 Vgl. BVerfGE 73, 280 (296).

564 Vgl. BVerfGE 73, 280 (296).

565 Vgl. BVerwGE 64, 238 (245); BVerfGE 40, 196 (232); vgl. auch BVerfGE 57, 295 (327, 329) zum Rundfunk bzw. BVerfGE 33, 303 (345) u. 43, 291 (316 f.) zu den Studienplätzen

566 In diesem Sinne auch Badura, in: Staat Wirtschaft Steuern, Festschrift für K. H. Friauf, S. 529 (531), der argumentiert, dass angesichts der durch öffentliche Interessen bestimmten Verteilungsgerechtigkeit die Kraft des Gleichheitssatzes nur dazu reiche, grobe Mißgriffe zu korrigieren.; vgl. auch Ruffert, AöR 1999, S. 238 (264) und Gramlich, CR 2000, S. 101 (102); vgl. auch Starck, in: Bonner Grundgesetz Kommentar, Bd. 1, Art. 3 Abs. 1 Rdnr. 33-36, der "Chancengleichheit" als Startgleichheit, d.h. gleiche Ausgangbedingungen, versteht, und darauf hinweist, dass gleiche Bedingungen vor allem durch Rechtsgleichheit geschaffen werden; weitergehend wohl König, Die öffentlich-rechtliche Verteilungslenkung, S. 128.

Der Gesetzgeber jedenfalls genügt diesen Anforderungen mit dem bei Frequenzknappheit als Regelfall vorgesehenen Versteigerungsverfahren in § 11 Abs. 4 TKG. Das verdeutlicht eine Betrachtung der Gesamtregelung. Hierbei ist zwischen der Zulassung zum Verfahren und der Ausgestaltung des Verfahrens zu unterscheiden. Der Kreis der teilnahmeberechtigten Personen wird so zunächst durch die gemäß § 11 Abs. 4 S. 2 Nr. 1 von der RegTP festzulegenden fachlichen und sachlichen Mindestvoraussetzungen abgesteckt bzw. begrenzt. Untauglich Interessenten werden vom Vergabeverfahren ausgeschlossen. In diesem Zusammenhang ist auch § 11 Abs. 3 TKG zu nennen, der der RegTP zudem die Möglichkeit einräumt, Bewerber von der Teilnahme am Versteigerungsverfahren auszuschließen, wenn ein chancengleicher Wettbewerb gefährdet erscheint.[567] Im Hinblick auf die Ausgestaltung des Versteigerungsverfahrens nimmt § 11 Abs. 4 S. 3 TKG dann mit dem Merkmal der und dem Verlangen nach "Diskriminierungsfreiheit" ausdrücklich die verfassungsrechtliche Vorgabe des Gleichheitssatzes aus Art. 3 Abs. 1 GG auf, auch wenn die Verfahrensausgestaltung im einzelnen der RegTP übertragen wird.[568] Die nach § 11 Abs. 4 S. 3 TKG bei der Verfahrensausgestaltung durch die RegTP zudem gebotene Berücksichtigung von Belangen kleiner und mittlerer Unternehmen ist zudem flexibel genug formuliert, um einer Benachteiligung dieser Gruppen gegenüber Großunternehmen durch eine kompensierende Vorzugsbehandlung entgegenwirken zu können[569], ohne dass eine solche Differenzierung dem Gleichheitssatz zuwiderläuft.[570]

---

567 Vgl. auch Mansen, in: Manssen, Telekommunikations- und Multimediarecht, C § 11 Rdnr. 2 u. 13.

568 Die wesentliche Vorgabe allerdings enthält das Gesetz selbst in ausreichender Klarheit. Vgl. hierzu BVerfGE 57, 295 (329); ebenso Gramlich, CR 2000, S. 101 (102); s. auch Geppert, in: TKG-Kommentar, § 11 Rdnr. 20.

569 Die wirtschaftlich ungleiche Ausgangslage kleinerer Telekommunikationsunternehmen, die aufgrund der hohen Kosten für Netzaufbau und wegen der Höhe des Zuschlags naturgemäß besteht, kann dadurch im Einzelfall ausgeglichen werden. Die mit der ökonomischen Allokation verbundenen tatsächlichen Nachteile sind für das rechtliche Gleichbehandlungsgebot allerdings selbst irrelevant und verstoßen nicht gegen den Grundsatz der Chancengleichheit, da sie insofern marktwirtschaftlichen Grundsätzen folgen, vgl. Manssen, in: Massen, Telekommunikations- und Multimediarecht, C § 11 Rdnr. 5; ebenso König/Schäfer, K&R 1998, S. 243 (249).

570 So wurde im Zusammenhang mit der UMTS-Versteigerung beispielsweise anfänglich überlegt, eine Lizenz für Neueinsteiger zu reservieren. Vgl. hierzu Beese/Naumann, MMR 2000, S. 145 (150); die Sicherung eines funktionierenden Marktes erlaubt grunsätzlich einen Ausgleich von Stärken und Schwächen einzelner Konkurrenten, vgl. hierzu Starck, in: Bonner Grundgesetz Kommentar, Bd. 1, Art. 3 Abs. 1 Rdnr. 33-36 u. 43; ebenso Badura, in: Staat Wirtschaft Steuern,

Indem der Gesetzgeber sich also mit § 11 Abs. 4 TKG auf eine Versteigerung als Regelauswahlverfahren festlegt, die Teilnahmeberechtigung konkretisiert und eine diskriminierungsfreie Verfahrensausgestaltung vorschreibt, gewährleistet er, daß von den potentiellen Kandidaten der Beste ausgewählt wird, und stellt rechtlich Chancengleichheit nach Möglichkeit her.[571]

VI. Resümee

Zusammenfassend kommt die Untersuchung somit zu dem Ergebnis, dass das in § 11 Abs. 4 TKG bei Frequenzknappheit als Regelfall vorgesehene Verfahren der Lizenzvergabe durch Versteigerung den verfassungsrechtlichen Anforderungen von Art. 12 Abs. 1 i.V.m. Art. 3 Abs. 1 GG entspricht.[572]

Festschrift für K. H. Friauf, S. 529 (543); vgl. auch Manssen, in: Manssen, Telekommunikations- und Multimediarecht, C § 11 Rdnr. 2.

571 Vgl. zu alledem auch Ruffert, AöR 1999, S. 238 (264); ebenso Gramlich, CR 2000, S. 101 (102); s. auch Klöck, RTkom 2001, S. 280 (287).

572 In diesem Sinne auch Ruffert, AöR 1999, S. 238 (263); s. auch Gramlich, CR 2000, S. 101 (103); Manssen, in: Manssen, Telekommunikations- und Medienrecht, § 11 Rdnr. 6; Klöck, RTkom 2001, S. 280 (287); Varadinek, CR 2001, S. 17 (24); a.A. unter anderen Grzeszick, DVBl. 1997, S. 878 (884 m.w.N.); Hiltl/Großmann, BB 1996, S. 169 (171 f.); Scherer, NJW 1996, S. 2953 (2958, Fn. 32); Geppert, in: Beck'scher TKG-Kommentar, § 11 Rdnr. 20; Demmel, in: Manssen, Telekommunikations- und Multimediarecht-Kommentar, § 47 Rdnr. 39.

C. *Das Versteigerungsverfahren des TKG im Lichte des Europäischen Gemeinschaftsrechts*

Neben den verfassungsrechtlichen Vorgaben unterliegt das Versteigerungsverfahren mit seinem entscheidenden Auswahlkriterium des höchsten Gebotes darüber hinaus Maßgaben des vorrangigen Europäischen Gemeinschaftsrechts.[573] Diesen widmet die Arbeit im folgenden ihre Aufmerksamkeit.

I. Dienstleistungsfreiheit, Art. 49 EGV

Da auch EG-ausländische Anbieter in den deutschen Telekommunikationsmarkt eintreten, ist das Versteigerungsverfahren nach § 11 Abs. 4 TKG zunächst primärrechtlich an der Dienstleistungsfreiheit gemäß Art. 49 ff. EGV zu messen. Entsprechend der Legaldefinition des Art. 50 EGV, wonach Dienstleistungen insbesondere alle entgeltlichen gewerblichen, kaufmännischen, handwerklichen oder freiberuflichen Tätigkeiten umfassen, sind Telekommunikationsdienste grundsätzlich dem Schutzbereich der Vorschrift des Art. 49 EGV zugänglich.[574]

1. Diskriminierungsverbot und Beschränkungsverbot

Im Bereich der Freiheit des Dienstleistungsverkehrs ist zunächst jede Diskriminierung aus Gründen der Staatsangehörigkeit untersagt. Verboten sind sowohl "offene" Diskriminierungen, die explizit an das Merkmal der fremden Staatsangehörigkeit anknüpfen[575], als auch "verdeckte" Diskriminierungen, die zwar nicht ausdrücklich an die Staatsangehörigkeit anknüpfen, aber durch die Anwendung anderer Merkmale, die regelmäßig gerade von Ausländern nicht erfüllt werden, faktisch zu deren Schlechterstellung führen.[576] Wenn ein Un-

---

573 Vgl. zum Vorrang des Gemeinschaftsrechts die grundlegende Entscheidung des EuGH, Slg. 1964, S. 1251, 1269f. - Costa/ENEL.

574 So auch Kilian, Europäisches Wirtschaftsrecht, Rdnr. 295.

575 Vgl. EuGH, Slg. 1991, S. I-4193, 4202; s. auch Troberg, in: Kommentar zum EU-/EG-Vertrag, Bd. 1, Art. 59 Rdnr. 7-8; So darf die Ausübung bestimmter Tätigkeiten nicht allein eigenen Staatsangehörigen vorbehalten sein. Ebenso verstößt es jedoch auch gegen die Dienstleistungsfreiheit, wenn z.B. den eigenen Staatsangehörigen freier Eintritt in staatliche Museen gewährt wird, während Bürger anderer Mitgliedstaaten eine Gebühr entrichten müssen. vgl. EuGH, Slg. 1994, S. I-911, 919 f.; ebenso Koenig/Haratsch, Europarecht, Rdnr. 509.

576 Es verstößt beispielsweise gegen die Freiheit des Dienstleistungsverkehrs, einem EG-ausländischen Dienstleistungserbringer, der sich in der Regel nur kurzfristig in einem anderen Mitgleidstaat betätigt, eine ständige Anwesenheitspflicht aufzuerlegen; vgl. Koenig/Haratsch, Europarecht, Rdnr. 509; s. ebenfalls Koenig/Schäfer, K&R 1998, S. 243 (245, Fn. 30).

ternehmen im Bundesgebiet Telekommunikationsdienstleistungen für die Öffentlichkeit (§ 3 Nr. 19 TKG) anbieten will und im Zuge dessen die benötigte Lizenz bzw. Frequenzzuteilung bei der RegTP beantragt, sind weder die Herkunft oder Staatsangehörigkeit des Antragstellers noch andere faktisch zur Schlechterstellung führende Merkmale ein Entscheidungskriterium.[577] Das Telekommunikationsgesetz enthält insofern keine Beschränkung für ausländische Unternehmen oder für die Beteiligung ausländischen Kapitals, wie sie beispielsweise § 310 des US Telecommunications Act von 1996 vorsieht; danach ist die Beteiligung ausländischer Unternehmen an öffentlichen US-Telekommunikationsgesellschaften auf etwa 20-25% beschränkt.[578]

Über das bloße Diskriminierungsverbot hinaus umfaßt Art. 49 EGV aber auch ein Beschränkungsverbot des grenzüberschreitenden Dienstleistungsverkehrs.[579] Danach sind auch nichtdiskriminierende Maßnahmen untersagt, die in anderer Weise geeignet sind, eine grenzüberschreitende Tätigkeit zu unterbinden oder zu behindern.[580] So können beispielsweise selbst innerstaatliche Vorschriften, die zwar auch alle im Inland ansässigen Personen erfassen und gleichermaßen auf die im Gebiet eines anderen Mitgliedstaates ansässigen Erbringer von Dienstleistungen angewendet werden, die aber bereits den Vorschriften dieses anderen Mitgliedstaates genügen müssen, eine derartige Marktzutrittsschranke darstellen.[581] Zwar bestehen beim bundesdeutschen Versteigerungsverfahren finanzielle Marktzutrittshindernisse deshalb, weil wegen der auf einen Bewerber zukommenden Kosten für Lizenzgebühr und Finanzierung des Netzaufbaus kleinere bis mittlere Unternehmen als Netzbetreiber kaum ernsthaft in Frage kommen.[582] Diese bestehen für die Unternehmen allerdings unabhängig davon, ob sie in Deutschland oder in einem anderen Mitgliedstaat ansässig sind. Hohe Kosten allein, die sowohl inländische wie EG-ausländische Anbieter treffen, ohne dass beim ausländischen Anbieter eine Kostendoppelung wegen sowohl im Heimatstaat als auch im Bundesgebiet durchzuführender Zulassungsverfahren entstehen, bewirken keine mittelbare herkunftsspezifische Dienstleistungsbehinderung EG-ausländischer Anbie-

---

577 Vgl. Schütz, in: Beck'scher TKG-Kommentar, § 8 Rdnr. 36 f.; s. auch Gramlich, CR 2000, S. 101 (103).

578 Vgl. Moritz/Neus, CR 1997, S. 239 (240).

579 Vgl. Koenig/Haratsch, Europarecht, Rdnr. 509; s. auch Kilian, Europäisches Wirtschaftsrecht, Rdnr. 230.

580 Vgl. EuGH, Slg. 1997, S. 3091, 3119; vgl. Koenig/Haratsch, Europarecht, Rdnr. 509; s. ebenfalls Troberg, in: Kommentar zum EU-/EG-Vertrag, Bd. 1, Art. 59 Rdnr. 21 m.w.N.

581 Vgl. EuGH, Slg. 1997, S. I-3843, 3892; vgl. Koenig/Haratsch, Europarecht, Rdnr. 510.

582 Vgl. hierzu Koenig/Schäfer, K&R 1998, S. 243 (245 m.w.N.).

ter.[583] Mithin ist keine gegen die Dienstleistungsfreiheit des Art. 49 EGV verstoßende Diskriminierung oder Beschränkung festzustellen.

2. Gegenseitige Anerkennung von Überwachungsmaßnahmen

Eine weitere Ausprägung der Freiheit des Dienstleistungsverkehrs i.S.d. Art. 49 EGV ist die gegenseitige Anerkennung von Überwachungsmaßnahmen. Ein Anbieter darf in dem Staat, in dem er seine Dienste anbieten will, keinen "besonderen, nicht notwendigen Kontrollen" unterworfen werden, wenn er bereits in seinem Heimatstaat angemessener Überwachung unterliegt (Verbot der Doppelkontrolle).[584] Das TKG verlangt nach § 11 Abs. 4 S. 2 Nr. 1 die Überprüfung der sachlichen und fachlichen Mindestvoraussetzungen auch des EG-ausländischen Telekommunikationsdiensteanbieters, wenn er sich in Deutschland um eine Lizenz/Frequenz bemüht.[585] Möglicherweise könnte es sich hierbei um eine unzulässige "besondere, nicht notwendige Kontrolle" handeln. Bei näherer Betrachtung erweist sich diese Vermutung allerdings als nicht haltbar. Die Überprüfung der Mindestvoraussetzungen stellt keine "besondere, nicht notwendige Kontrolle" dar. Im Rahmen der Überprüfung der Mindestvoraussetzungen wird nicht die Ausübung der Dienstleistung in gefahrenrechtlicher Hinsicht überwacht, sondern die grundlegenden fachlichen und sachlichen Mindestanforderungen an den Bewerber für die Vergabe eines knappen Gutes geprüft. Selbst wenn der Anbieter in dem anderen Mitgliedstaat zugelassen und im Hinblick auf denkbare Risiken und Gefahren überwacht wird, läßt sich daraus nicht automatisch seine Mindesteignung schließen, ein im Wege der Versteigerung zu vergebendes knappes öffentliches Gut - die Frequenz - nach Maßgabe der Lizenz im Bundesgebiet gemeinverträglich zu nutzen. Die überwachungsrechtliche Zulassung und die Gemeinverträglichkeitsprüfung sind insofern deutlich voneinander zu trennen. Demzufolge ist kein Verstoß gegen das aus Art. 49 EGV abgeleitete Verbot der Doppelkontrolle zu konstatieren.[586]

---

583 Mit diesem Ergebnis auch Koenig/Schäfer, K&R 1998, S. 243 (245); vgl. zur Kostendopplung Troberg, in: Kommentar zum EU-/EG-Vertrag, Bd. 1, Art. 59 Rdnr. 24.

584 Vgl. EuGH, Slg. 1981, S. 3305, 3326; s. auch Weatherill/Beaumont, EC Law, S. 587; s. ebenfalls Troberg, in: Kommentar zum EU-/EG-Vertrag, Bd. 1, Art. 59 Rdnr. 25.

585 Die Bestimmung macht insofern keinen Unterschied zwischen inländischen und EG-ausländischen Anbietern, sie gilt für beide gleichermaßen.

586 Vgl. zu alledem auch Koenig/Schäfer, K&R 1998, S. 243 (246).

II. Vorgaben der Richtlinie 97/13/EG - Gewährleistung eines unverfälschten Wettbewerbs bei der Lizenzvergabe

Schließlich ist die telekommunikationsrechtliche Versteigerung und das Zuschlagskriterium des höchsten Gebotes nach § 11 Abs. 4 TKG auf sekundärrechtlicher Ebene an den Vorgaben der im Jahre 1997 erlassenen Richtlinie 97/13/EG ("Genehmigungsrichtlinie") zu messen, wonach ein unverfälschter Wettbewerb im Hinblick auf die Lizenzvergabe über einen gemeinsamen Rahmen für Allgemein- und Einzelgenehmigungen für Telekommunikationsdienste hergestellt werden soll.[587] Die gegenüber dem nationalen Telekommunikationsrecht in der Anwendung vorrangige EG-Richtlinienbestimmung[588] knüpft gemäß Art. 10 Abs. 3 die Erteilung von Einzelgenehmigungen, deren Anzahl beschränkt ist, an objektive, nicht diskriminierende, detailierte, transparente und verhältnismäßige Auswahlkriterien.[589] Diesen europarechtlichen Vorgaben trägt der Gesetzgeber durch das Versteigerungsverfahren und die in § 11 Abs. 4 S. 2 und 3 TKG festgelegten Anforderungen an die Verfahrensregelungen hinreichend Rechnung.[590] Weitere Anforderungen ergeben sich darüber hinaus aus Art. 11 Abs. 1 und 2 der Richtlinie 97/13/EG. Nach Art. 11 Abs. 1 dürfen grundsätzlich nur "Gebühren" erhoben werden, die die für die Ausstellung, Verwaltung, Kontrolle und Durchsetzung der Einzelgenehmigung anfallenden Verwaltungskosten abdecken und zudem in Relation zu dem damit verbundenen Aufwand stehen. Ungeachtet des Absatzes 1 gestattet Art. 11 Abs. 2 des Rechtsakts allerdings auch die Erhebung von "Abgaben" für den Fall, dass auf knappe Ressourcen zurückgegriffen wird, soweit diese die Notwendigkeit wiederspiegeln, die optimale Nutzung dieser Ressource sicherzustellen, der Notwendigkeit Rechnung tragen, die Entwicklung innovativer Dienste sowie den Wettbewerb zu fördern, und nichtdiskriminierend sind.

---

587 Richtlinie vom 10.4.1997, ABlEG. Nr. L 117/15. Zu den Begriffen der Allgemein- bzw. Einzelgenehmigung vgl. Art. 2 Abs. 1 a der Richtlinie.

588 Vgl. zum Anwendungsvorrang des Gemeinschaftsrechts aus gemeinschaftlicher Sicht EuGH, Slg. 1964, S. 1251 (1269); Slg. 1970, S. 1125 (1135) und aus mitgliedschaftlicher Sicht BVerfGE 73, 339 (377); 89, 155 (175).

589 Bereits die Änderung der "Dienste"-Richtlinie 90/388/EWG (ABl.EG, Nr. L 192 v. 24.7.1990, S. 10) durch die Richtlinie 96/2/EG Anfang 1996 (ABl.EG, Nr. L 20 v. 26.1.1996, S. 59) hatte in einem neuen Art. 3 a vorgeschrieben, soweit Frequenzen verfügbar seien, müßten die Mitgliedstaaten Genehmigungen auf der Grundlage von offenen, nicht diskriminierenden und transparenten Verfahren erteilen.

590 So übernimmt § 11 Abs. 4 S. 3 die Vorgaben fast im Wortlaut und stellt klar, dass die Verfahrensregelungen des Versteigerungsverfahrens "objektiv, nachvollziehbar und diskriminierungsfrei" sein müssen. Mit diesem Ergebnis auch Nolte, CR 1996, S. 459 (463); ebenso Gramlich, CR 2000, S. 101 (104 f.).

Es stellt sich die Frage, inwieweit das einen Versteigerungserlös erzielende Versteigerungverfahren des § 11 Abs. 4 TKG mit diesen unterschiedlichen Vorgaben der Richtlinie 97/13/EG vereinbar ist.

1. Versteigerungserlös und Kostendeckungsprinzip

Mit Art. 11 Abs. 1 der Genehmigungsrichtlinie wird der Höhe von "Gebühren" Grenzen gesetzt. Insoweit entspricht die Regelung dem Kostendeckungsprinzip des deutschen Abgabenrechts, wonach das Gebührenaufkommen den Verwaltungsaufwand nicht überschreiten darf.[591] Das Versteigerungsverfahren allerdings kennt per se keine Kostenobergrenzen. Würde das Kostendeckungsprinzip daher für den vom Staat im Versteigerungsverfahren erzielten Preis des höchsten Gebotes Anwendung finden, wäre es verletzt.[592]

Nun enthält die Richtlinie 97/13/EG aber in Art.11 Abs. 2 eine spezielle Vorschrift für den Bereich knapper Telekommunikationslizenzen, wonach "ungeachtet des Absatzes 1" die Mitgliedstaaten ihren Regulierungsbehörden unter bestimmten gemeinwirtschaftlichen Voraussetzungen die Erhebung von "Abgaben" gestatten können. Angesichts dessen könnte die Anwendung des Kostendeckungsprinzips möglicherweise auf "Gebühren" beschränkt sein und für "Abgaben" nicht gelten.

Hierfür spricht zum einen die Verwendung der unterschiedlichen Begriffe, denen zwar für die rechtliche Einordnung der normierten Zahlungspflicht keine Bedeutung zukommt[593], die aber nicht willkürlich erscheint. Nach ihrem Wortlaut eröffnen sowohl Art. 6 als auch Art. 11 Abs. 1 der Genehmigungsrichtlinie die Möglichkeit, für die Allgemein- oder Einzelgenehmigung eine "Gebühr" zu erheben. Darüber hinaus[594] ist gemäß Art. 11 Abs. 2 bei einer Einzelgenehmigung für knappe Ressourcen die Erhebung einer "Abgabe" zulässig. Entsprechend lautet die Überschrift des Art. 6 "Gebühren...bei Allgemeingenehmigungen", die des Art. 11 "Gebühren und Abgaben für Einzelgenehmigungen". Insofern erscheint die Verwendung unterschiedlicher Begriffe

---

591 Vgl. §§ 3, 9 VwKostG; s. hierzu auch Gramlich, CR 2000, S. 101 (105); ebenso Koenig/Schäfer, K&R 1998, S. 243 (247).

592 So wohl Grzeszick, DVBl. 1997, S. 878 (883), der den Versteigerungserlös als Gebühr i.S.d. allgemeinen Gebührenrechts qualifiziert und eine allgemeine Erlösmaximierung gemeinschaftsrechtlich für unzulässig hält.

593 Vgl. zum nationalen Recht BVerfGE 55, 274 (304 f.); im gemeinschaftsrechtlichen Kontext, vgl. Köenig/Schäfer, K&R 1998, S. 243 (247).

594 So Gramlich, CR 2000, S. 101 (106); wohl auch Manssen, in: Manssen, Telekommunikations- und Multimediarecht, § 11 Rdnr. 4; a.A. Koenig/Schäfer, K&R 1998, S. 243 (247).

bewußt zum Zwecke der Differenzierung gewählt und kein Redaktionsversehen oder Übersetzungsfehler zu sein.[595]

Zum anderen läßt aber vor allem die Formulierung "ungeachtet des Absatzes 1" im Zusammenhang mit dem systematischen Aufbau der Vorschrift darauf schließen, dass das Kostendeckungsprinzip ausschließlich auf die Gebühr beschränkt sein soll. Denn die Vorschrift weist lediglich in Art. 11 Abs. 1 für die Gebühr explizit auf die Geltung des Kostendeckungsprinzips hin. In Art. 11 Abs. 2 nimmt sie auf diesen Kostengrundsatz keinen Bezug, im Gegenteil, sie gestattet vielmehr "ungeachtet des Absatzes 1" bei Ressourcenknappheit die Erhebung weiterer Abgaben. Schon nach dem Wortlaut gibt die Vorschrift insofern vor, die Vorgaben des Absatzes 1 im Kontext der Abgabe unberücksichtigt zu lassen. Wollte die Richtlinie 97/13/EG die Abgabe nicht vom Kostendeckungsprinzip ausschließen, hätte sie auf den Grundsatz nicht schon bzw. nicht ausschließlich in Absatz 1 aufmerksam gemacht, sondern ihn beispielsweise vor die Klammer gezogen oder eben nicht die Formulierung "ungeachtet des Absatzes 1" gewählt. Hiermit zieht sie eine klare Trennlinie zwischen den Absätzen.

Demzufolge dürfte die Anwendung des Kostendeckungsprinzips auf "Gebühren" i.S.d. Art. 11 Abs. 1 der Richtlinie beschränkt sein und nicht für "Abgaben" i.S.d. Art. 11 Abs. 2 des Rechtsaktes gelten.[596] Anstatt die Zulässigkeit einer Lizenzabgabe an das Kostendeckungsprinzip zu binden, macht Art. 11 Abs. 2 der Richtlinie 97/13/EG eine Lizenzabgabe für knappe Lizenzen/Frequenzen vielmehr von drei gemeinwirtschaftlichen Voraussetzungen abhängig, nämlich von der Nutzungssicherungs-, der Entwicklungssicherungs- sowie Wettbewerbsförderungsfunktion und dem Diskriminierungsverbot.

2. Nutzungssicherungsfunktion

Um der Nutzungssicherungsfunktion des Art. 11 Abs. 2 S. 1 der Richtlinie 97/13/EG gerecht zu werden, muß eine Abgabe die gemeinwirtschaftlich optimale Nutzung der Lizenz/Frequenz widerspiegeln. Dies kann mit dem überwiegenden Schriftum bei dem im Rahmen des Versteigerungsverfahrens

595 So auch Koenig/Schäfer, K&R 1998, S. 243 (247); im Ergebnis auch Gramlich, CR 2000, S. 101 (106).

596 So auch Koenig/Schäfer, K&R 1998, S. 243 (247); s. ebenfalls Gramlich, CR 2000, S. 101 (106); im Ergebnis auch Manssen, in: Manssen, Telekommunikations- und Multimediarecht, § 16 Rdnr. 3; außerdem Klöck, Rtkom 2001, S. 280 (288).

erzielten Versteigerungserlös angenommen werden.[597] Die Annahme des Gesetzgebers, dass derjenige, der am meisten für die Lizenz/Frequenz zu zahlen bereit ist, sie auch wirtschaftlich am effektivsten einsetzt[598], folgt der anerkannten volkswirtschaftlichen Erkenntnis, daßs bei knappen Gütern der Preis auf eine effiziente Nutzung hinwirkt.[599] Dem Preis fällt in der Marktwirtschaft nämlich die Allokationsfunktion zu. Idealiter führt er dazu, dass eine Ressource dorthin gelangt, wo sie gebraucht wird, mithin eine sinnvolle Verwendung findet.[600] Der Marktpreis des knappen Gutes spiegelt nach dem marktwirtschaftlichen Ideal insofern die optimale Nutzung desselben wider. Eben diesen Marktpreis der rationierten Ressource ermittelt die Versteigerung über den Versteigerungserlös. Zusätzlich sieht das TKG in § 11 Abs. 4 S. 2 Nr. 2 bis 4 vor, den potentiellen Lizenznehmer durch inhaltliche Festlegungen zu verpflichten, die ersteigerten Frequenzen im Interesse der Allgemeinheit effizient zu nutzen.[601] Somit dürfte das Versteigerungsverfahren besonders geeignet sein, die Nutzungssicherungsfunktion des Art. 11 Abs. 2 S. 1 der Richtlinie 97/13/EG zu erfüllen.[602]

Diese Einschätzung wird im Schrifttum allerdings nicht uneingeschränkt geteilt. So wird gegen die Zulässigkeit der Versteigerung hinsichtlich der Nutzungssicherungsfunktion pauschal eingewendet, dass der Marktpreis häufig nicht dem Nutzwert der Ressource für den Bewerber entspreche.[603] Das Gegenteil dürfte jedoch grundsätzlich der Fall sein. Zwar sind kollusives Zusammenwirken von Bietern, d.h. wettbewerbswidrige Bieterabsprachen, sowie einseitig mißbräuchliche Verhaltensweisen einzelner Bieter, d.h. vor

597 Vgl. nur Koenig/Schäfer, K&R 1998, S. 243 (248); Gramlich, CR 2000, S. 101 (104); s. auch Manssen, in: Manssen, Telekommunikations- und Multimediarecht, § 11 Rdnr. 4.

598 Vgl. Begründung zum TKG-Versteigerungsverfahren in BT-Drs. 13/3609, S. 39.

599 Vgl. im telekommunikationsspezifischen Kontext hierzu Coase, The Federal Communication Commission, 2 J.L. & Econ. (1959) S. 1 (14-17); vgl. auch Mc-Millan, Why Auction the Spectrum? Telecommunications Policy 19 (1995), S. 191-199 m.w.N.; s. auch Kruse, Lizenzierung und Wettbewerb im Mobilfunk, S. 143; Klodt, Wettbewerb und Regulierung in der Telekommunikation, S. 130 ff.; ebenso Koenig/Schäfer, K&R 1998, S. 243 (248); konkret heißt das, die Versteigerungsmethode gewährleistet eine effiziente und intensive Nutzung des Spektrums, da die hohen Spektrumkosten, denen sich der erfolgreiche Bieter gegenübersieht, zu hohen Investitionen in die Technologie zwecks Erweiterung der Kapazität ermutigen.

600 Vgl. Fehl/Oberender, Grundlagen der Mikroökonomie, S. 34.

601 So Geppert, in: Beck'scher TKG-Kommentar, § 11 Rdnr. 22.

602 Vgl. nur Koenig/Schäfer, K&R 1998, S. 243 (248); Gramlich, CR 2000, S. 101 (104); s. auch Manssen, in: Manssen, Telekommunikations- und Multimediarecht, § 11 Rdnr. 4.

603 So wohl Grzeszick, DVBl. 1997, S. 878 (883).

seitig mißbräuchliche Verhaltensweisen einzelner Bieter, d.h. vor allem vereinzelte Blockadestrategien, nicht ausgeschlossen.[604] Diese können jedoch im Versteigerungsverfahren wirksam unterbunden bzw. durch regulatorische Maßnahmen korrigiert werden. Eine Sanktionierung kollusiven Verhaltens von Bietern hatte die RegTP schon für alle bislang durchgeführten Versteigerungen vorgesehen. Konsequenzen waren der Ausschluß vom Versteigerungsverfahren bzw. der Lizenzentzug.[605] Blockadestrategien einzelner Bieter kann gegebenenfalls dadurch begegnet werden, dass die RegTP durch Auflagen nach § 8 Abs. 2 S. 2 TKG die Nutzung der Lizenz/Frequenz innerhalb einer bestimmten Frist aufgibt.[606] Zudem kann die Frequenzzuteilung nach § 47 Abs. 5 S. 3 TKG widerrufen werden, wenn mit der Nutzung nicht binnen eines Jahres begonnen wird. Zwar besteht dann die Lizenz noch fort, sie würde aber mangels Frequenz wirtschaftlich wertlos. Damit ist die Lizenzersteigerung mit bloßer Blockadeabsicht zwar nicht von vornherein ausgeschlossen, zumindest aber mit dem Nachteil des Lizenzwertverfalls sanktioniert [607]

Ungeachtet dessen gilt, dass selbst, wenn die Möglichkeit mißbräuchlichen Verhaltens nicht ausgeschlossen ist, dies nicht dazu führt, dass das grundsätzlich geeignete Versteigerungsverfahren insgesamt gegen die Nutzungssicherungsfunktion i.S.d. Art. 11 Abs. 2 S. 1 der Genehmigungsrichtlinie verstößt.[608] Die komplexen Vergabevorgänge sind letztlich nur eingeschränkt ei-

---

604 Auf diese Gefahren wird vielfach hingewiesen, vgl. nur Beese/Naumann, MMR 2000, S. 145 (147); Grzeszick, DVBl. 1997, S. 878 (884); Hiltl/Großmann, BB 1996, S. 169 (171 f.); Scherer, NJW 1996, S. 2953 (2958, Fn. 32); Geppert, in: Beck´scher TKG-Kommentar, § 11 Rdnr. 20.

605 Vgl. Vfg. 115/1996, ABl. BMPT 1996, S. 948 für die ERMES-Auktion, Vfg. 93/1999, ABl.RegTP 1999, S. 2379 für die GSM 1800-Auktion und Vfg. 14/2000, ABl. der RegTP Nr. 4/2000, S. 564 ff. für die UMTS-Auktion.

606 Die Nichtnutzung der Lizenz könnte nämlich gegen diverse Regulierungsziele des § 2 Abs. 2 TKG verstoßen, insbesondere gegen das Ziel der Sicherung eines chancengleichen und funktionsfähigen Wettbewerbs und das Ziel der Sicherung einer flächendeckenden Grundversorgung; so auch Manssen, in: Manssen, Telekommunikations- und Multimediarecht, § 11 Rdnr. 4.

607 Damit wurde eine mit der Vergabe von Start- und Landerechten an US-Flughäfen vergleichbare "use it or lose it"-Regel eingeführt; vgl. hierzu König, Die öffentlich-rechtliche Verteilungslenkung, S. 411.

608 Wie auch König/Schäfer, K&R 1998, S. 243 (248 f.) zutreffend erkennen. Vgl. zudem im verfassungsrechtlichen Kontext, BVerfGE 47, 109 ff, wonach eine gesetzliche Regelung, die ihren Zweck grundsätzlich zu erfüllen geeignet ist, deren Fassung jedoch auch Verhaltensweisen zuläßt, die der Absicht des Gesetzgebers zuwiderlaufen, nicht den Schluß rechtfertigt, dass das Gesetz insgesamt zweckuntauglich ist. Das bedeutet aber nicht, dass Nachbesserungen im Hinblick auf die Verwaltungspraxis der RegTP grundsätzlich ausgeschlossen bzw. nicht wünschenswert wären.

ner rechtlichen Normierung zugängig.[609] Demnach lassen sich insoweit keine europarechtlichen Bedenken gegen das Versteigerungsverfahren und sein Auswahlkriterium des höchsten Gebotes erheben.[610]

3. Entwicklungssicherungs- und Wettbewerbsförderungsfunktion

Weitere Voraussetzung nach Art. 11 Abs. 2 S. 2 der Richtlinie 97/13/EG ist, dass die Abgabe der Notwendigkeit Rechnung trägt, die Entwicklung innovativer Dienste und den Wettbewerb zu fördern. Auch diese Anforderungen berücksichtigt der Gesetzgeber, wenn er in § 11 Abs. 4 TKG an das höchste Gebot anknüpft.[611] Versteigerungen tragen zu einer raschen Entwicklung und schnellen Einführung von innovativen Diensten bei, da die hohen Lizenzabgaben den erfolgreichen Bietern einen Anreiz bieten, Dienste so schnell wie möglich zu entwickeln und zu starten, um die hohen anfänglichen Investitionen zu decken.[612] Die Versteigerung reflektiert zudem die Grundvoraussetzung des Wettbewerbs, nämlich die marktliche Preisbildung aufgrund der Angebots- und Nachfragevermittlung von Knappheitsverhältnissen.[613]

Zwar wird in diesem Zusammenhang ebenfalls auf die Gefahr der Blockade einer Telekommunikationslizenz, die der Entwicklung innovativer Dienste sicherlich entgegenstünde, sowie auf die Gefahr von Wettbewerbsverzerrungen bzw. Wettbewerbsbeeinträchtigungen durch finanzstarke und marktbeherrschende Unternehmen (die Lizenzen und Frequenzen möglicherweise über dem eigentlichen wirtschaflichen Knappheitspreis ersteigern, um

609 So auch Manssen, in: Manssen, Telekommunikations- und Multimediarecht, § 11 Rdnr. 2. Dadurch sind mit den europarechtlichen Vorgaben durchaus Entscheidungsspielräume der RegTP vereinbar. Allerdings ist die RegTP auch bei der Verfahrensausgestaltung und -ausführung an die EG-rechtlichen Vorgaben gebunden. Vgl. hierzu auch König/Schäfer, K&R 1998, S. 243 (247).

610 So im Ergebnis auch Koenig/Schäfer, K&R 1998, S. 243 (248); Gramlich, CR 2000, S. 101 (104); s. auch Manssen, in: Manssen, Telekommunikations- und Multimediarecht, § 11 Rdnr. 4; a.A. Grzeszick, DVBl. 1997, S. 878 (883).

611 In diesem Sinne auch Gramlich, CR 2000, S. 101 (104); s. auch Manssen, in: Manssen, Telekommunikations- und Multimediarecht, § 11 Rdnr. 4; Wohl im Ergebnis ebenfalls Koenig/Schäfer, K&R 1998, S. 243 (248), die allerdings Nachbesserungsbedarf sehen.

612 Vgl. FCC Report to Congress on Spectrum Auctions, Report, 13 F.C.C.R. 9601, 9611; vgl auch William Kummel, Spectrum Bids, Bets, and Budgets, 48 Fed. Comm. L.J. (1996), S. 527; Brian C. Fritts, Private Property, Economic Efficiency, and Spectrum Policy in the Wake of the C Block Auction, 51 Fed. Comm. L.J. (1999), S. 855.

613 Vgl. zu den Grundvoraussetzungen des Wettbewerbs anstatt vieler König, Die öffentlich-rechtliche Verteilungslenkung, S. 175.

sich so vor Wettbewerb zu schützen) hingewiesen[614] Jedoch trägt das TKG auch diesen legitimen Bedenken dadurch Rechnung, dass ihnen durch regulatorische Maßnahmen begegnet werden kann. Im Hinblick auf mögliche Blockadestrategien einzelner Bieter sei insofern auf die obigen Ausführungen zur Nutzungsauflage und zum Widerruf von Frequenzen verwiesen.[615] Soweit Wettbewerbsbehinderungen durch einzelne Versteigerungsteilnehmer zu befürchten sind, kann zudem ein Ausschluß vom Versteigerungsverfahren vorgenommen[616] bzw. auf mildere verhaltenskontrollierende Maßnahmen nach § 11 Abs. 3 TKG zurückgegriffen werden.[617]

Letztlich gilt auch hier, dass die bloße Möglichkeit, dass beim Versteigerungsverfahren ein mißbräuliches Verhalten nicht ausgeschlossen ist, nicht dazu führt, dass das grundsätzlich geeignete Versteigerungsverfahren insgesamt gegen die Entwicklungssicherungs- und Wettbewerbsförderungsfunktion des Art. 11 Abs. 2 S. 2 der Genehmigungsrichtlinie verstößt.[618] Die komplexen

614 In diesem Sinne u.a. Beese/Naumann, MMR 2000, S. 145 (147); Grzeszick, DVBl. 1997, S. 878 (884); Hiltl/Großmann, BB 1996, S. 169 (171 f.); Scherer, NJW 1996, S. 2953 (2958, Fn. 32); Geppert, in: Beck'scher TKG-Kommentar, § 11 Rdnr. 20.

615 Vgl. S. 148.

616 Wobei allerdings gemäß § 11 Abs. 3 S. 2 TKG die berechtigten Interessen von Unternehmen an der Anwendung neuer Technologien im Rahmen des Ermessens zu berücksichtigen sind. Diese Vorschrift mach deutlich, dass die Ziele der Wettbewerbsförderung und Entwicklungssicherung nicht widerspruchsfrei nebeneinander stehen und einer komplexen Verzahnung unterliegen. Wettbewerbsgefährdende Bewerber sollen dann nicht ausgeschlossen werden, wenn ihre überlegene Stellung vor allem auf der Verwendung neuer Technologien beruht (so die Gesetzesbegründung in BT-Drs. 13/3609, S. 39); anderenfalls würde § 11 Abs. 3 S. 1 TKG zur Regelung gegen den technischen Fortschritt werden, obwohl dieser auch gerade dem Wettbewerb und dem Kunden dienen kann. Insofern bedarf es regelmäßig einer Abwägung zwischen dem Marktförderungsinteresse durch Einbeziehung neuer Wettbewerber und dem Partizipationsinteresse bisher tätiger Unternehmer an der technischen Weiterentwicklung im Einzelfall; vgl. dazu auch Geppert, in: Beck'scher TKG-Kommentar, § 11 Rdnr. 14 f.; ebenso Manssen, in: Manssen, Telekommunikations- und Multimediarecht, § 11 Rdnr. 13; Grzeszick, ZUM 1997, S. 911 (919 m.w.N.).

617 So ausdrücklich in der Gesetzesbegründung in BT-Drs. 13/3609, S. 39.

618 Wie auch König/Schäfer, K&R 1998, S. 243 (248 f.) zutreffend erkennen. Vgl. zudem im verfassungsrechtlichen Kontext, BVerfGE 47, 109 ff, wonach eine gesetzliche Regelung, die ihren Zweck grundsätzlich zu erfüllen geeignet ist, deren Fassung jedoch auch Verhaltensweisen zuläßt, die der Absicht des Gesetzgebers zuwiderlaufen, nicht den Schluß rechtfertigt, dass das Gesetz insgesamt zweckuntauglich ist. Das bedeutet aber nicht, dass Nachbesserungen im Hinblick auf die

Vergabevorgänge sind einer rechtlichen Normierung letztlich nur eingeschränkt zugängig.[619] Demzufolge ist das Versteigerungsverfahren auch insoweit gemeinschaftsrechtlich nicht zu beanstanden.[620]

4. Diskriminierungsverbot

Schließlich verlangt Art. 11 Abs. 2 S. 2 Richtlinie 97/13/EG, dass die Abgaben nicht diskriminierend sein dürfen. Das kann bei einem im Rahmen des Versteigerungsverfahrens erzielten Versteigerungserlös angenommen werden. Auch wenn angsichts unterschiedlicher Finanzkraft der Unternehmen faktisch eine ungleiche Ausgangslage der Lizenzbewerber besteht[621], führt dies nicht zu einem Verstoß gegen das Diskriminierungsverbot. Zwar wird diese wirtschaftlich ungleiche Ausgangslage im Versteigerungsverfahren durch das Zuschlagskriterium des höchsten Gebotes tatsächlich noch verstärkt, dies hat jedoch keine Relevanz für das rechtliche Diskriminierungsverbot. Dem Gesetzgeber ist es erlaubt, bei Vergabeverfahren neue Methoden anzuwenden.[622] Im Lichte des liberalisierten Telekommunikationsmarktes entschied er sich für eine marktliche Allokation knapper Lizenzen/Frequenzen. Es entspricht nur den marktwirtschaftlichen Grundsätzen, dass derjenige das knappe Gut erhält, der am meisten zu zahlen imstande und bereit ist. Knappheitssituationen führen zu einem Preisniveau, das diejenigen von dem Gut ausschließt, die diesen nicht zahlen können oder wollen[623] Im übrigen versucht der Gesetzgeber, solchen tatsächlichen Nachteilen marktlicher Allokation dadurch zu begegnen, dass die Belange kleinerer und mittlerer Unternehmen bei den Verfahrensregeln nach §

Verwaltungspraxis der RegTP grundsätzlich ausgeschlossen bzw. nicht wünschenswert wären.

619 So Manssen, in: Manssen, Telekommunikations- und Multimediarecht, § 11 Rdnr. 2; Dadurch sind mit den europarechtlichen Vorgaben durchaus Entscheidungsspielräume der RegTP vereinbar. Allerdings ist die RegTP auch bei der Verfahrensausgestaltung und -ausführung an die EG-rechtlichen Vorgaben gebunden. Vgl. hierzu auch König/Schäfer, K&R 1998, S. 243 (247).

620 In diesem Sinne auch Gramlich, CR 2000, S. 101 (104); s. auch Manssen, in: Manssen, Telekommunikations- und Multimediarecht, § 11 Rdnr. 4; Wohl im Ergebnis ebenfalls Koenig/Schäfer, K&R 1998, S. 243 (248), die allerdings Nachbesserungsbedarf sehen.

621 So gehen Moritz/Neus, CR 1997, S. 239 (244) davon aus, dass kleinere Telekommunikationsunternehmen wegen der Kosten für Lizenz und die Finanzierung des Netzaufbaus als Netzbetreiber nicht ernsthaft in Betracht kommen.

622 Die Mitgliedstaaten haben die Freiheit der Wahl der Mittel und Wege zur Umsetzung einer Richtlinie, vgl. Schmidt, in: Kommentar zum EU-/EG-Vertrag, Bd. 4, Art. 189 Rdnr. 38. Vgl. im nationalen Kontext auch Manssen, in: Manssen, Telekommunikations- und Multimediarecht, § 11 Rdnr. 6.

623 Vgl. Fehl/Oberender, Grundlagen der Mikroökonomie, S. 33.

11 Abs. 4 S. 3 TKG zu berücksichtigen sind.[624] Mithin ist eine Versteigerung auch im Hinblick auf das Diskriminierungsverbot des Art. 11 Abs. 2 S. 2 RL 97/13/EG gemeinschaftsrechtlich unbedenklich.[625]

III. Resümee

Zusammenfassend kommt die Untersuchung somit zu dem Ergebnis, dass das in § 11 Abs. 4 TKG bei Frequenzknappheit als Regelfall vorgesehene Verfahren der Lizenzvergabe durch Versteigerung neben den verfassungsrechtlichen auch den Vorgaben des Europäischen Gemeinschaftsrechts entspricht.

---

624 Vgl. Gramlich, CR 2000, S. 101 (102); So wurde im Zusammenhang mit der UMTS-Versteigerung beispielsweise anfänglich überlegt, eine Lizenz für Neueinsteiger zu reservieren. Vgl. hierzu Beese/Naumann, MMR 2000, S. 145 (150).

625 So im Ergebnis auch Koenig/Schäfer, K&R 1998, S. 243 (249); Gramlich, CR 2000, S. 101 (105); s. auch Manssen, in: Manssen, Telekommunikations- und Multimediarecht, § 11 Rdnr. 5.

3. Kapitel: Abschließende Beurteilung des TK-rechtlichen Versteigerungsverfahrens als neuem Instrument der staatlichen Verteilungslenkung

A. Versteigerungsverfahren im Rahmen der verfassungsrechtlichen und europarechtlichen Vorgaben

Entgegen den von zahlreichen Autoren in der rechtswissenschaftlichen Literatur formulierten Bedenken[626] kommt die Arbeit zu dem Ergebnis, dass das in § 11 Abs. 4 TKG kodifizierte und für das Wirtschaftsverwaltungsrecht neue ordnungsrechtliche Instrument der Versteigerung sowohl aus verfassungsrechtlicher Perspektive als auch unter gemeinschaftsrechtlichen Gesichtspunkten zulässig ist.[627] Die Versteigerungsvorschriften freilich müssen auch eingehalten werden.[628] Die Entscheidung über die Lizenz- und Frequenzvergabe stellt einen Verwaltungsakt mit belastender Drittwirkung dar.[629] Beteiligte TK-Unternehmen, unabhängig davon, ob sie in der Versteigerung erfolgreich sind oder nicht, können das Vergabeverfahren verwaltungsgerichtlich überprüfen lassen.[630]

An der bisherigen Verwaltungspraxis der RegTP wurde seitens der Telekommunikationsindustrie sowie Teilen des Schriftums vielfach Kritik geübt.[631] Gegenstand von Rechtsstreitigkeiten war sie indes bislang noch

---

[626] Vgl. beispielsweise Scherer, NJW 1996, 2953 (2957 f., Fn. 32); Grzeszick, DVBl. 1997, 878 ff.; Vgl. Geppert, Beck'scher TKG-Kommentar, § 11 Rdnr. 17; Beese/Naumann, MMR 2000, S. 145 (146); Demmel, in: Manssen, Telekommunikations- und Multimediarecht, § 47 Rdnr. 38;König/Schäfer, K&R 1998, S. 243 ff.

[627] So auch Manssen, in: Manssen, Telekommunikations- und Multimediarecht, § 11 Rdnr. 6; Ruffert, AöR 124 (1999), S. 238 (262 ff.); Gramlich, CR 2000, S. 101 (103).

[628] Vgl. allgemein zur Bindung der Verwaltung an Recht und Gesetz Jarass, GG-Kommentar, Art. 20 Rdnr. 27. Dies gilt auch in EG-rechtlicher Hinsicht. Die Richtlinie 97/13/EG ordnet die Vorgaben nach Maßgabe ihres Anwendungsvorranges nicht nur gegenüber dem Gesetzgeber, sondern auch gegenüber der zuständigen Regulierungsbehörde an. So auch König/Schäfer, K&R 1998, S. 243 (247).

[629] Vgl. Spoerr/Deutsch, DVBl. 1997, S. 300 (308 f.); Nolte, CR 1996, S. 459 (466); Grzeszick, ZUM 1997, S. 911 (924 ff.).

[630] Vgl. Kopp, VwGO, Rdnr. 91; Schumacher, NJW 2000, S. 3096 (3099); Spoerr/Deutsch, DVBl. 1997, S. 300 (308 f.); Nolte, CR 1996, S. 459 (466); Grzeszick, ZUM 1997, S. 911 (924 ff.).

[631] Vgl. hierzu die Darstellung in Teil 2 B 4. S. auch Beese/Naumann, MMR 2000, S. 146 ff.; Geppert, in: Beck'scher TKG-Kommentar, § 11 Rdnr. 8; Varadinek, CR

nicht.[632] So wird es wohl noch einiger Versteigerungsverfahren sowie der kritischen Begleitung der regulierungsbehördlichen Praxis bedürfen, bis sich eine zweifelsfreie Verwaltungspraxis der Regulierungsbehörde durchgesetzt hat.

B. Ordnungs- und wettbewerbspolitisch wirksames Instrument der staatlichen Verteilung knapper Ressourcen

Es zeigt sich zudem, dass mit dem im Rahmen des TKG eingeführten und für das Wirtschaftsverwaltungsrecht neuen Versteigerungsverfahren ein wirksames Instrument der staatlichen Verteilung knapper Ressourcen geschaffen wurde. Zwar steht das Versteigerungsverfahren nicht zuletzt unter dem Eindruck der bisherigen Verwaltungspraxis der RegTP im Rahmen der ERMES-, GSM-1800- und UMTS-Auktion wohl nicht zu Unrecht vermehrt in der Kritik.[633] Dennoch darf nicht verkannt werden, dass das Verteilungsinstrument einer Versteigerung besonders geeignet ist, den ordnungs- und wettbewerbspolitischen Zielen des TKG hinreichend Rechnung zu tragen.

Schon der im Rahmen des ersten Teils der Arbeit gewährte Blick über die Grenzen, in die USA, wo die ökonomische Rationalität von Auktionen als Instrument der staatlichen Verteilungslenkung bei Ressourcenknappheit schon vor vielen Jahren erkannt und erfolgreich in die Praxis umgesetzt worden ist,

---

2001, S. 17 (25); Ruhle/Geppert, MMR 1998, S. 180 f. hinsichtlich der ERMES-Auktion. Zur Kritik der Telekommunikationsindustrie vgl. Stellungnahmen zu den Eckpunkten der ERMES-Auktion, Vfg. 82/1996, ABl. BMPT vom 08.05.1996, S. 630; vgl. Stellungnahmen zu den Eckpunkten der GSM-1800-Auktion, Vfg. 45/1999, ABl. der RegTP Nr. 7/99 vom 28.04.1999, S.1251 ff.; vgl. Stellungnahmen zu den Eckpunkten der UMTS-Auktion, Vfg. 51/1999, ABl. der RegTP Nr. 9/99 vom 26.05.1999, S.1520 ff.

632 Zwar hatte die MobilCom MultiMedia GmbH schon Klage gegen das UMTS-Lizenzverfahren beim Verwaltungsgericht Köln eingereicht; vgl. hierzu Mobilcom-Klage gegen UMTS findet keine Nachahmer, Financial Times Deutschland v. 22.09.2000; s. auch Klagen der Gewinner, Financial Times Deutschland v. 19.10.2000. Allerdings nahm das Telekommunikationsunternehmen die Klage dann Anfang 2001 wieder zurück; vgl. Pressemitteilung 1/2001 www.mobilcom.de/p-pm-presse_1346.html, zuletzt abgerufen am 25.08.2001.

633 Vgl. Beese/Naumann, MMR 2000, S. 145 (146); Schumacher, NJW 2000, S. 3096 (3097); Schuster/Müller, MMR 2000, S. 26 (29); Vgl. Geppert, Beck'scher TKG-Kommentar, § 11 Rdnr. 17; Demmel, in: Manssen, Telekommunikations- und Multimediarecht, § 47 Rdnr. 38; Ruhle/Geppert, MMR 1998, S. 175 (180 f.); Varadinek, CR 2001, S. 17 (21f.).

verrät, dass der Vorrang, den das TKG dem Versteigerungsverfahren gegenüber dem Ausschreibungsverfahren einräumt, durchaus begründet ist. Bei den seit 1993 zugelassenen Versteigerungen von knappen Mobilfunkfrequenzen/-lizenzen sind in den USA auf der Basis gründlicher theoretischer Vorarbeiten zahlreiche praktische Erfahrungen gesammelt worden. Die Versteigerung hat sich dabei als Mittel der staatlichen Verteilungslenkung unter telekommunikationspolitischen Gesichtspunkten als die gegenüber administrativen Verfahren überlegene Methode der Verteilung von knappen Lizenzen/Frequenzen erwiesen.[634] Es hat sich allerdings auch als erforderlich herausgestellt, die inhärenten Schwächen dieses Marktinstrumentes durch begleitende regulatorische Schutzmaßnahmen der FCC auszugleichen.[635]

Bei einer näheren Betrachtung des bundesdeutschen Versteigerungsverfahrens bestätigt sich diese Einschätzung. Der Vorrang, den das TKG der Versteigerung einräumt, ist lediglich Konsequenz ihrer Vorzüge gegenüber dem Ausschreibungsverfahren. Während die Vergabe von Lizenzen/Frequenzen bei der Versteigerung objektiv auf der Basis der abgegebenen Gebote der Bewerber erfolgt, erfolgt sie bei der Ausschreibung auf der Grundlage eines bewerteten Katalogs von Kriterien. Dabei sind subjektive Einschätzungen und Urteile nicht völlig auszuschließen, sodass sich die Ausschreibung häufig dem Vorwurf der Begünstigung seitens der unterlegenen Bewerber ausgesetzt sieht. Auch unter den Gesichtspunkten der Diskriminierungsfreiheit und Transparenz ist die Versteigerung vorzugswürdig. Bei Versteigerungen erfolgt die Zuteilung einer Lizenz bzw. Frequenz zwangsläufig an den Höchstbietenden. Ausschreibungsverfahren hingegen sind gegenüber Lobbyingaktivitäten anfällig und führen nicht selten auch hier zu Diskriminierungsvorwürfen seitens der unterlegenen Bewerber. Zudem sind Versteigerungsverfahren mit einem geringeren Verwaltungsaufwand als Ausschreibungsverfahren verbunden. Vor allem aber wirken Versteigerungen in Richtung einer effizienten Zuteilung der Lizenzen und Frequenzen, da nach der ökonomische Logik jene Bieter, die eine Lizenz/Frequenz am effizientesten nutzen können, in der Regel der Lizenz/Frequenz den höchsten wirtschaftlichen Wert beimessen und deshalb bereit sind, die höchsten Gebote abzugeben. Zudem stimulieren Auktionen den Wettbewerb, reflektieren sie doch dessen Grundvoraussetzung, die marktliche Preisbildung aufgrund der Angebots- und Nachfragevermittlung von Knappheitsverhältnissen.[636]

---

634 Vgl. hierzu die Analyse in Teil 1 E.

635 Vgl. hierzu Teil 1 E III.

636 Vgl. zu alledem Stumpf, WIK-Newsletter Nr. 34 März 1999, S. 1 f.

Allerdings hängt die Realisierung der Vorzüge des Versteigerungsverfahrens auch in Deutschland nicht zuletzt ganz wesentlich von entsprechenden gesetzlichen Rahmenbedingungen und der Wahl angemessener Verfahrensregeln ab. Der deutsche Gesetzgeber hat dies weitgehend erkannt und bei der Konzipierung des TKG berücksichtigt. Ebenso wie in den USA kann inhärenten Schwächen des Marktinstruments Versteigerung meist wirksam durch den Einsatz von begleitenden regulatorischen Maßnahmen der RegTP begegnet werden.[637] So kann das Risiko, dass entgegen der Zielsetzung einer effizienten Frequenznutzung finanzstarke Unternehmen Lizenzen und Frequenzen nur mit Blockadeabsicht ersteigern, um sich auf diese Weise vor Wettbewerb zu schützen, durch Nutzungsauflagen i.S.d. § 8 Abs. 2 S. 2 TKG gemindert und/oder durch Widerruf der erteilten Frequenzen gemäß § 47 Abs. 5 S. 3 TKG sanktioniert werden.[638] Kollusivem Verhalten der Bieter kann durch Androhung des Ausschlusses von der Versteigerung oder des Lizenzentzugs im Rahmen der Verfahrensregeln vorgebeugt werden.[639] Soweit Wettbewerbsbehinderungen bis hin zu Marktzutrittsbarrieren durch einzelne finanzstarke Versteigerungsteilnehmer zu befürchten sind, die Frequenzen und Lizenzen weit über dem eigentlichen wirtschaftlichen Knappheitspreis ersteigern, kann zudem ein Ausschluß vom Versteigerungsverfahren vorgenommen bzw. auf mildere verhaltenskontrollierende Maßnahmen nach § 11 Abs. 3 TKG zurückgegriffen werden.[640] Im übrigen versucht der Gesetzgeber solchen

---

637 Dies reicht von des Wahl des Versteigerungsverfahrens bis hin zu den einzelnen Verfahrensregeln, wobei der RegTP vom Gesetzgeber jeweils ein relativ weiter Beurteilungsspielraum eingeräumt wurde. Dass die USA mit ihren theoretischen Vorarbeiten und einschlägigen Erfahrungen hier als Vorbild diente, ist nicht zu verkennen. So fiel z.B. die Wahl der RegTP im Hinblick auf den Versteigerungstypus bisher immer auf die von den Amerikanern auf der theoretischen Grundlage der Spieltheorie entwickelte simultane, mehrstufige Versteigerung auf der Basis vernetzter Computer. Entsprechendes gilt teilweise auch für die einzelnen Verfahrensregeln, so z.B. hinsichtlich der Berücksichtigung kleiner und mittlerer Unternehmen. Vgl. hierzu auch Teil 1 C IV 1 und E III 1.

638 Von diesen Maßnahmen hat die RegTP bislang noch keinen Gebrauch gemacht.

639 Ein dementsprechendes Verbot hat die RegTP in die Verfahrensregeln der ERMES-, der GSM 1800- und der UMTS-Auktion aufgenommen, wobei im Interesse eines spürbaren Sanktionsmechanismus bei Zuwiderhandlung sogar die Zahlungsverpflichtung fortbestehen soll. Vgl. hierzu die komprimierte Darstellung der einzelnen Verfahrensregeln bei Gramlich, CR 1999, S. 752 (757 ff.).

640 Für derartige Schutzmaßnahmen hat die RegTP bei den bisherigen Auktionen noch keinen Anlaß gesehen. Allerdings hat sie zum Zwecke der Vermeidung einer Konzentration der Lizenzen jeweils bestimmt, dass jeder Teilnehmer nur höchstens eine Lizenz ersteigern kann.

tatsächlichen Nachteilen marktlicher Allokation dadurch zu begegnen, dass die Belange kleinerer und mittlerer Unternehmen bei den Verfahrensregeln nach § 11 Abs. 4 S. 3 TKG zu berücksichtigen sind.[641] Schließlich besteht hinsichtlich der Gefahr, dass sich erfolgreiche Bieter wegen der hohen Kosten zunächst auf die lukrativen Ballungsgebiete konzentrieren und entgegen dem Ziel einer flächendeckenden Versorgung wirtschaftlich weniger interessante ländliche Gebiete vernachlässigen, über die Auflage von Universaldienstverpflichtungen i.S.d. § 17 TKG ein Korrektiv.[642]

Solche korrigierende regulatorische Maßnahmen stehen nur vordergründig mit dem Grundgedanken einer Versteigerung in Widerspruch. Wenn angesichts dieses vermeintlichen Spannungsfeldes gefordert wird, knappe Lizenzen/Frequenzen besser gleich stets administrativ im Ausschreibungsverfahren zu vergeben[643], wird verkannt, dass Wettbewerb und Regulierung auf dem erst vor wenigen Jahren liberalisierten deutschen Telekommunikationsmarkt keinen Gegensatz darstellen. Es gilt die Erkenntnis, dass beim Übergang von Monopolmärkten auf Wettbewerbsmärkte eine staatliche Regulierung auf absehbare Zeit notwendig ist, damit die Wirkung des Wettbewerbs auch wirklich eintritt.[644] Insofern kann auch ein ökonomisches Verteilungsinstrument wie die Versteigerung auf ein Mindestmaß an begleitenden regulatorischen Korrekturen nicht verzichten.

Die behördliche Verwaltungspraxis bleibt bisher allerdings noch hinter den durch das TKG eingeräumten Möglichkeiten einer regulatorischen Optimierung des Versteigerungsverfahrens zurück.[645] Die bislang

---

641 So wurde im Zusammenhang mit der UMTS-Versteigerung beispielsweise anfänglich überlegt, eine Lizenz für Neueinsteiger zu reservieren, der Gedanke letztlich aber verworfen. Vgl. hierzu Beese/Naumann, MMR 2000, S. 145 (150).

642 So hat die RegTP im Kontext der UMTS-Auktion die Lizenz mit der Auflage eines bis zum 31.12.2005 zu gewährleistenden Versorgungsgrades von 50% der Bevölkerung verbunden; Vgl. Vfg. 14/2000, Entscheidung der Präsidentenkammer vom 18.02.2000 über die Regeln für die Durchführung des Versteigerungsverfahrens zur Vergabe von Lizenzen für UMTS, ABl. der RegTP Nr. 4/2000 vom 23.02.2000, S. 564 ff.

643 Vgl. hierzu Beese/Naumann, MMR 2000, S. 145 (148).

644 Vgl. nur Bötsch, Regulierung und Wettbewerb in der Telekommunikation, S. 16.

645 So wäre beispielsweise im Kontext der UMTS-Auktion eine Festlegung auf die Zahl der Lizenzen wünschenswert gewesen, um sich nicht dem Vorwurf der Wettbewerbsverzerrung zugunsten der beiden großen Mobilfunkbetreiber auszusetzen. Auch die Reservierung einer Lizenz für kleine und mittlere Unternehmen wäre im Interesse eines chancengleichen Wettbewerbs möglicherweise sinnvoll gewesen. Der Akzeptanz der Versteigerung wäre zudem förderlich gewesen, wenn die RegTP im Fall der ERMES-Auktion bei zu

durchgeführten Auktionen standen daher nicht ganz zu Unrecht in der Kritik.[646] Insofern ist der RegTP bei ihren Entscheidungen zukünftig etwas mehr Mut zu wünschen, die ihr zur Verfügung stehenden Beurteilungs- und Ermessensspielräume im Interesse der Regulierungsziele des TKG stets konsequent zu nutzen. Auf dem Spiel stehen letztlich nämlich nicht nur die Glaubwürdigkeit der Regulierungsbehörde, sondern vor allem die Akzeptanz von Versteigerungen als wirksamen Mittel der Vergabe knapper Ressourcen.

Insgesamt bleibt festzuhalten, dass die Argumente für die Zulassung von Versteigerungen die dagegen geäußerten Bedenken überwiegen, zumal die meisten Bedenken auch wirksam durch den Einsatz von begleitenden regulatorischen Schutzmaßnahmen ausgeräumt werden können.[647] Die Versteigerungsmethode stellt im Lichte ordnungs- und wettbewerbspolitischer Ziele in Deutschland derzeit das geeignetste Instrument zur Allokation knapper Lizenzen und Frequenzen dar.

C. Ausblick

Dies bedeutet allerdings nicht, dass Versteigerungen notwendigerweise auch der geeignete Ansatz in der Zukunft sind.

"Change the technology, and the economics and the law of spectrum use must change, too." [648]

Die Botschaft dieser Aussage ist eindeutig. Die Versteigerungsmethode wird wohl letzten Endes nicht der beste Verteilungsmechanismus bleiben - weder in Deutschland noch in den USA. Die Überlegenheit und der operative Erfolg der Versteigerungen liegt nämlich in der Ausschließlichkeit der

---

vergebenden vier Lizenzen und nur drei Interessenten von einer Versteigerung ganz abgesehen und nur die dazugehörigen Frequenzen versteigert hätte. Vgl. zu alledem und mehr Teil 2 A V 4.

646 Vgl. Beese/Naumann, MMR 2000, S. 145 (146); Schumacher, NJW 2000, S. 3096 (3097); Schuster/Müller, MMR 2000, S. 26 (29); Vgl. Geppert, Beck'scher TKG-Kommentar, § 11 Rdnr. 17; Demmel, in: Manssen, Telekommunikations- und Multimediarecht, § 47 Rdnr. 38; Ruhle/Geppert, MMR 1998, S. 175 (180 f.).

647 Zumal, wie Klodt, Wettbewerb und Regulierung in der Telekommunikation, S. 1ff. (134) zutreffend feststellt, es auch kein alternatives Verfahren der Zuteilung knapper Ressourcen gibt, das völlig frei von Wettbewerbsproblemen wäre.

648 Sinngemäße Übersetzung: "Verändere die Technologie und die Wirtschaft und das Spektrumnutzungsrecht muß sich ebenfalls ändern." Zitat Eli Noam, Spectrum Auctions: Yesterdays Heresy, Today's Orthodoxy, Tomorrow's Anachronism. Taking the Step to Open Spectrum Access, 41 J. Law & Econ (1998), S. 765.

Nutzung der Frequenzbänder begründet. Der Lizenznehmer erfreut sich dabei des Rechts, das ihm zugeteilte Frequenzband zu nutzen und andere hiervon auszuschließen. Angesichts der kaum zu überschätzenden Dynamik der Technologieentwicklung erscheint die Prognose nicht unrealistisch, dass sich dieses Paradigma als obsolete und uneffektive Methode zur Verwaltung des Frequenzspektrums darstellen wird.

Es erscheint durchaus vorstellbar, dass in Zukunft durch Weiterentwicklung der Technologie die gleiche Frequenz zur gleichen Zeit ohne Interferenzen genutzt werden kann.[649] So wird zur Zeit beispielsweise von einem amerikanischen Technologieunternehmen ein sogenanntes "spread spectrum modulation scheme" entwickelt. Bei diesem System können mehrere Nutzer die gleiche Frequenz zur gleichen Zeit nutzen, was die effektive nutzbare Kapazität um das etwa 140 - fache erhöht.[650]

Diese technologische Entwicklung und weitere Neuerungen werden letzten Endes die theoretische Grundlage des Paradigmas des "ausschließlichen Nutzungsrechts" in Frage stellen. Gelingt es der Forschung, das Problem der Frequenzstörungen zu lösen, wird die der Versteigerung und auch einem administrativen Vergabeverfahren zugrundeliegende Annahme der Frequenzknappheit zukünftig nicht länger Geltung beanspruchen können. Eine Beschränkung und anschließende Vergabe knapper Lizenzen wäre dann nicht mehr angezeigt. Nicht zuletzt unter verfassungsrechtlichen Gesichtspunkten[651]

---

649 Vgl. z.B. Eli Noam, Spectrum Auctions: Yesterdays Heresy, Today's Orthodoxy, Tomorrow's Anachronism. Taking the Step to Open Spectrum Access, 41 J. Law & Econ, 1998, S. 765, vgl. Auch Yochai Benkler, Net Gains, The New Republic, S. 13 (14). Dezember 1998; Vgl. auch Ladeur, ArchivPT 1998, S. 243 (249).

650 Vgl. Georg Gilder's Telecosm, Forbes Plus, 11. April 1994, S. 99. Das sog. "spread spectrum modulation scheme" wurde von Qualcomm of San Diego, California, entwickelt.

651 Aufgrund der sich aus der Beschränkung der Anzahl von Lizenzen ergebenden Beeinträchtigung der Berufsausübungschancen gilt das vom BVerfG aus Art. 12 Abs. 1 GG abgeleitete Gebot der erschöpfenden Kapazitätsauslastung BVerfGE 54, 173 (191). Wenn Frequenzen also technisch vermehrt angeboten werden können, und damit eine Knappheitslage vermieden werden kann, ist eine Beschränkung der Lizenzen und damit auch ihre Versteigerung verfassungsrechtlich nicht mehr gerechtfertigt. Im amerikanischen Kontext gilt, dass das Recht auf elektronische Rede gemäß dem ersten Zusatzartikel der Verfassung nur durch das am wenigsten einschränkende Mittel verkürzt werden darf. Wenn nun die Verteilung von Frequenzen obsolet wird, ist eine Versteigerung nicht mehr notwendig und verfassungsrechtlich somit nicht zu rechtfertigen.Vgl. Sable Communications of California Inc. v. FCC, 492 U.S. 115, 109 S.Ct. 2829, 106 L.Ed. 2nd 93 (1989).

sollte dies zum Anlaß genommen werden, im stets aktuellen Spannungsverhältnis zwischen Technologie, Markt und Staat rechtzeitig bestehende Strukturen zu überdenken und neue Lösungen zu entwickeln.[652]

Einstweilen ist dies aber noch Zukunftsmusik, in der Gegenwart erweist sich das Versteigerungsverfahren als wirksames Instrument der staatlichen Verteilung knapper Lizenzen und Frequenzen.

---

[652] E. Noam`s Vision ist ein "open spectrum access", d.h. ein unbeschränkter Zugriff auf Frequenzspektrum. Vgl. z.B. Eli Noam, Spectrum Auctions: Yesterdays Heresy, Today's Orthodoxy, Tomorrow's Anachronism. Taking the Step to Open Spectrum Access, 41 J. Law & Econ, 1998, S. 765 (776 ff.).

LITERATURVERZEICHNIS

Alexy, Robert
Theorie der Grundrechte
Baden-Baden 1985

Allard, Nicholas W.
The new spectrum auction law
18 Seton Hall Leg. J. (1993), S. 13 ff.

Bailey, Elisabeth
Economic Models and Policy Reality: Lessons from Airport Access
in: M.H. Peston/R.E. Quandt (Hrsg.): Prices, Competition and Equilibrium
Southhampton 1986

Basedow, Jürgen
Wettbewerb auf Verkehrsmärkten
Eine rechtsvergleichende Untersuchung zur Verkehrspolitik
Heidelberg 1989

Beese, Dietrich
UMTS - Unverhoffte Milliarden im Telekommunikationssommer
MMR 2000, S. V-VI

Beese, Dietrich/Naumann, Dirk
Versteigerungserlöse auf dem TK-Sektor und deren Verwendung
MMR 2000, S. 145 ff.

Benkler, Yochai
Net gains
The New Republic, December 14, 1998, 13 ff.

Bennett, Amanda
Nobel in Economics is awarded to three for pioneering work in game theory
Wall St. J., October 12, 1994, S. B 3

Berg, Wilfried
Die Verwaltung des Mangels.
Der Staat 15 (1976), S. 1-30

Beucher, Klaus/ **von Rosenberg,** Oliver
Kapazitätsknappheit und Programmvielfalt
ZUM 1996, S. 643 ff.

Black´s Law Dictionary
7 th edition, 1999

Blake, Jonathan
FCC licensing: From comparative hearings to auctions
47 Fed. Comm. L. J. (1994), S. 179 ff.

Büchner, Lutz Michael
Liberalisierung und Regulierung im Post- und Telekommunikationssektor
CR 1996, S. 581 ff.

Büchner, Wolfgang/ **Ehmer**, Jürgen u.a. (Hrsg.)
Beck´scher TKG-Kommentar
München 1997

Coase, Ronald H.
The Federal Communications Commission
2 J. L. and Econ. (1959), S. 1 ff.

Day, Frederick
Regulation of wireless communications systems
1997

Fehl, Ulrich/ **Oberender**, Peter
Grundlagen der Mikroökonomie
7. Auflage, München 1999

Fritts, Brian C.
Private property, economic efficiency, and spectrum policy in the wake of the C Block auction
51 Fed. Comm. L. J. (1999), S. 849 ff.

Garicano, Luis
Wie die Auktion von Frequenzen gestaltet werden kann
Financial Times Deutschland v. 9.10.2000, Mastering: Strategie 3, S. 6

Gentner, Andreas
Von Gewinnern und Verlierern
Telekommunikation, Beilage zur FAZ vom 31.10.2000, Nr. 253, S. 1

Geppert, Martin/ **Ruhle**, Ernst-Olav/ **Schuster**, Fabian
Handbuch Recht und Praxis der Telekommunikation
Baden-Baden 1998

Glass, Martin C./ **Rhodes**, David M.
Catching the wave
44 McGill L. J. (1999), S. 141 ff.

Gramlich, Ludwig
Entwicklungen der staatlichen Wirtschaftsaufsicht: Das Telekommunikationsrecht als Modell?
VerwArch 88 (1997), S. 598 ff.

ders.
Von der Postreform zur Postneuordnung
NJW 1994, S. 2785 ff.

ders.
Rechtsfragen einer Versteigerung von Telekommunikations-Lizenzen und -Frequenzen
CR 1999, S. 752 ff.

ders.
Versteigerung von Telekommunikations-Lizenzen und -Frequenzen aus verfassungs- und EG-rechtlicher Perspektive
CR 2000, S. 101 ff.

Grether, David M./ **Isaac**, R. Mark/ **Plott**, Charles R.
The Allocation of Scarce Ressources
Experimental Economics and the Problem of Allocating Airport Slots
Colorado 1989

Grzeszick, Bernd
Versteigerung knapper Telekommunikationslizenzen
DVBl. 1997, S. 878 ff.

ders.
Lizenzvergabe nach dem Telekommunikationsgesetz
ZUM 1997, S. 911 ff.

Hardaway, Robert M.
The FAA „Buy-Sell" Slot Rule
Airline Deregulation at the Crossroads
in: The Journal of Air Law and Commerce 52 (1986), S. 1-75

Hazlett, Thomas W.
The rationality of U.S. regulation of the broadcast spectrum
33 J. L. and Econ. (1990), S. 133 ff.

ders.
Assigning property rights to radio spectrum users: Why did FCC license auctions take 67 years?
41 J. L. and Econ. (1998), S. 529 ff.

Hefekäuser, Hans-Willi/ **Wehner**, Andrea
Regulierungsrahmen in der Telekommunikation
CR 1996, S. 698 ff.

Heilbock, Jürgen A.
UMTS – Die dritte Mobilfunkgeneration aus rechtlicher Sicht
MMR 1999, S. 23 ff.

Hengstschläger, Johannes
Privatisierung von Verwaltungsaufgaben
VVDStRL 54 (1995), S. 165 ff.

Hermes, Georg
Staatliche Infrastrukturverantwortung
Tübingen 1998

Herzel, Leo
Public Interest and the market in color television regulation
18 U. Chi. L. Rev. (1951), S. 802 ff.

Hesse, Konrad
Grundzüge des Verfassungsrechts der Bundesrepublik Deutschland
20. Auflage, Heidelberg 1999

Hiltl, Christoph/ **Großmann**, Klaus
Grundfragen des neuen deutschen Telekommunikationsrechts
BB 1996, S. 169 ff.

Ipsen, Jörn
Staatsrecht II, Grundrechte
3. Auflage, Neuwied 2000

Isensee, Josef/ **Kirchhof**, Paul (Hrsg.)
Handbuch des Staatsrechts der Bundesrepublik Deutschland
Band V (Allgemeine Grundrechtslehren)
Heidelberg 1992

ders.
Handbuch des Staatsrechts der Bundesrepublik Deutschland
Band VI (Freiheitsrechte)
Heidelberg 1989

Jarass, Hans D./ **Pieroth**, Bodo
Grundgesetz für die Bundesrepublik Deutschland
5. Auflage, München 2000

Keuter, Alfons/ **Nett**, Lorenz/ **Stumpf**, Ulrich
Regeln für das Verfahren zur Versteigerung von ERMES-Lizenzen/Frequenzen sowie regionaler ERMES-Frequenzen
WIK-Diskussionsbeitrag Nr. 165

Kilian, Wolfgang
Europäisches Wirtschaftsrecht
München 1996

Klodt, Henning
Wettbewerb und Regulierung in der Telekommunikation
Tübingen 1995

Klöck, Oliver
Rechtliche Probleme der Versteigerung von UMTS-Lizenzen
RTKom 2000, S. 280 ff.

König, Christian/ **Schäfer**, Torsten
Versteigerung von Telekommunikationslizenzen und Europäisches Gemeinschaftsrecht
K&R 1998, S. 243 ff.

König, Christian
Die öffentlich-rechtliche Verteilungslenkung
Berlin 1994

ders.
Europarecht
Tübingen 1998

Kopp, Ferdinand O./ **Schenke**, Wolf-Rüdiger
Verwaltungsgerichtsordnung, Kommentar
12. Auflage, München 2000

Krattenmaker, Thomas G.
Telecommunications law and policy
1997

Kruse, Jörn
Lizenzierung und Wettbewerb im Mobilfunk
Berlin/Heidelberg 1994

Kummel, William
Spectrum bids, bets and budgets
48 Fed. Comm. L. J. (1996), S. 511 ff.

Leo, Hubertus/ **Schellenberger**, Martin
Die Regulierungsbehörde für Telekommunikation und Post
ZUM 1997, S. 188 ff.

Lenz, Carl Otto
Der Vertrag von Maastricht nach dem Urteil des Bundesverfassungsgerichts
NJW 1993, 3038 ff.

Lerche, Peter
Übermaß und Verfassungsrecht
2. Auflage, Goldbach 1999

Levin, Harvey J.
The invisible resource
1971

Lörcher, Torsten
Das Verhältnis des europäischen Gemeinschaftsrechts zu den Grundrechten des Grundgesetzes
JuS 1993, S. 1011 ff.

Mangoldt, Hermann/ **Klein**, Friedrich
Das Bonner Grundgesetz, Band 1
4. Auflage, München 1999

Manssen, Gerrit
Telekommunikations- und Multimediarecht
Berlin 1999

ders.
Grundrechte
München 2000

Maunz, Theodor/ **Dürig**, Günter
Grundgesetz, Kommentar, Band I
Loseblatt, Oktober 1999

Mc Millan, John
Selling spectrum rights
8 J. Econ. Persp. (1994), S. 145 ff.
ders.
Why auction the spectrum?
Telecommunication Policy 19 (1995), S. 191 ff.

Mc Millan, John/ **Mc Affee**, Preston
Analyzing the airwaves auctions
10 J. Econ. Persp. (1996), S. 159 ff.

Milgrom, Paul
Auctions and bidding: a primer
3 J. Econ. Persp. (1989), S. 3 ff.

Monopolkommission
Wettbewerbspolitik vor neuen Herausforderungen
Herbstgutachten 1988/89
Baden-Baden 1990

Nett, Lorenz
Das Ergebnis der ERMES-Auktion in Deutschland
WIK-Newsletter Nr. 25, Dezember 1996, S. 22 ff.

ders.
Ergebnis der Versteigerung von zusätzlichen GSM-Frequenzen
WIK-Newsletter Nr. 37, Dezember 1999, S. 18 ff.

ders.
Versteigerung von UMTS/IMT-2000 Lizenzen - Mobilfunk der dritten Generation
WIK-Newsletter Nr. 38, März 2000, S. 19 ff.

ders.
UMTS-Lizenzvergabe in Deutschland: Eine spektakuläre Auktion in der Wirtschaftsgeschichte
WIK-Newsletter Nr. 40, September 2000, S. 18 ff.

Noam, Eli
Spectrum Auctions: Yesterdays heresy, today's orthodoxy, tomorrow's anachronism. Taking the next step to open spectrum access
41 J. L. and Econ. (1998), S. 765 ff.

Nolte, Norbert
Lizenzierung von Telekommunikationsunternehmen
CR 1998, S. 459 ff.

Oberender, Peter
Grundbegriffe der Mikroökonomie
7. Auflage, Bayreuth 1999

Ossenbühl, Fritz
Die Freiheiten des Unternehmers nach dem Grundgesetz
AöR 115 (1990), S. 1 ff.

Passell, Peter
Game Theory captures a Nobel
N. Y. Times, October 12, 1994, S. D 1

Pernice, Ingolf
Gemeinschaftsverfassung und Grundrechtsschutz - Grundlagen, Bestand und Perspektiven
NJW 1990, S. 2409 ff.

Pieroth, Bodo/ **Schlink**, Bernhard
Grundrechte, Staatsrecht II
16. Auflage, Heidelberg 2000

Rosston, Gregory L./ **Steinberg**, Jeffrey S.
Using market-based spectrum policy to promote the public interest
50 Fed. Comm. L. J. (1997), S. 88 ff.

Ruhle, Ernst-Olav/ **Geppert**, Martin
Versteigerungsverfahren für Funkfrequenzen und Lizenzen
MMR 1998, S. 175 ff.

Ruffert, Matthias
Regulierung im System des Verwaltungsrechts
AöR 124 (1999), S. 237 ff.

Rummer, Hans
Die Verteilung bei knappen Kontingenten
NJW 1988, S. 225 ff.

Sachs, Michael (Hrsg.)
Grundgesetz-Kommentar
2. Auflage, München 1999

Schenke, Wolf-Rüdiger
Rechtsprobleme des Konkurrentenrechtsschutzes im Wirtschaftsverwaltungsrecht
NVwZ 1993, S. 718 ff.

Scherer, Joachim
Das neue Telekommunikationsgesetz
NJW 1996, S. 2953 ff.

ders.
Rechtliche Instrumente und Verfahren zur Regulierung der Deutschen Bundespost Telekom vor und nach der Privatisierung
ArchivPT 1993, S. 261 ff.

ders. (Hrsg.)
Telecommunications Laws in Europe
London/Boston 1993

Schlink, Bernhard
Abwägung im Verfassungsrecht
Berlin 1976

Schumacher, Kai
Versteigerungserlöse nach § 11 TKG als Verleihungsgebühr?
NJW 2000, S. 3096 ff.

Schuster, Fabian/ **Müller**, Ulf
Rechtliche Grundlagen und Praxis der Frequenzzuteilung durch die RegTP
MMR 2000, S. 26 ff.

Schwerdtfeger, Gunther
Öffentliches Recht in der Fallbearbeitung
10. Auflage, München 1997

Sosalla, Ulrike
Mobilcom-Klage gegen UMTS findet keine Nachahmer
Financial Times Deutschland v. 22.09.2000, S. 4

Spoerr, Wolfgang/ **Deutsch**, Markus
Das Wirtschaftsverwaltungsrecht der Telekommunikation – Regulierung und Lizenzen als neue Schlüsselbegriffe des Verwaltungsrechts?
DVBl. 1997, S. 300 ff.

Stern, Christopher
FCC's deal for PCS
BRDCST & CABLE, June 13, 1994, S. 10

Stern, Klaus
Das Staatsrecht der Bundesrepublik Deutschland, Bd. 3 Halbbd. 2
München 1994

Stober, Rolf
Grundrechtsschutz der Wirtschaftstätigkeit
Köln 1989

Streinz, Rudolf
Bundesverfassungsrechtlicher Grundrechtsschutz und Europäisches Gemeinschaftsrecht
Baden-Baden 1989

Stumpf, Ulrich
Mehr Versteigerungen im Telekommunikationsbereich!
WIK-Newsletter Nr. 34, März 1999, S. 1 ff.

Tettinger, Peter J.
Das Grundrecht der Berufsfreiheit in der Rechtsprechung des Bundesverfassungsgerichts
AöR 108 (1983), S. 92 ff.

Tewes, Daniel
PCS-Auktionen in den USA - Struktur und Verfahren
WIK-Newsletter Nr. 18, März 1995, S. 20 ff.

ders.
PCS-Auktionen in den USA - Ergebnisse und Wettbewerbsperspektiven
WIK-Newsletter Nr. 19, Juni 1995, S. 21 ff.

ders.
Auktion des C-Blocks des PCS-Bandes in den USA - Verlauf und Ergebnisse
WIK-Newsletter Nr. 23, Juni 1996, S. 20 ff.

Thieme, Viva-Katharina
Zur Einführung: Telekommunikationsrecht
JuS 1989, S. 791 ff.

Tiemann, Burkhard
Verfassungsrechtliche und finanzwirtschaftliche Aspekte der Entstaatlichung öffentlicher Leistungen
Der Staat 16, S. 171 ff.

Tomuschat, Christian
Güterverteilung als rechtliches Problem
Der Staat 4 (1973), S. 432 ff.

ders.
Die Europäische Union unter der Aufsicht des Bundesverfassungsgerichts
EuGRZ 1993, S. 489 ff.

Varadinek, Brigitta
Rechtmäßigkeit des UMTS-Lizenzvergabeverfahrens im Hinblick auf das TKG und Art. 12 GG
CR 2001, S. 17 ff.

von Münch, Ingo/ **Kunig**, Philip
Grundgesetz-Kommentar, Band 1
5. Auflage, München 2000

Voßkuhle, Andreas
"Wer zuerst kommt, mahlt zuerst!" - Das Prioritätsprinzip als antiquierter Verteilungsmodus einer modernen Rechtsordnung
Die Verwaltung 32 (1999), S. 21 ff.

Webster´s Ninth Collegiate Dictionary
9th edition 1986

Winkelhage, Johannes
Zauberformel UMTS
FAZ vom 18.08.2000, Nr. 191, S. 13

Wolf, Hartmut
Zur Vergabe von Start-/Landerechten auf europäischen Flughäfen:
Administrative Lenkung oder Auktionsverfahren?
in: Die Weltwirtschaft 1991, Halbjahresschrift des Instituts für Weltwirtschaft
an der Universität Kiel, Heft 2, S. 187-199

Witte, Eberhard (Hrsg.)
Regulierung und Wettbewerb in der Telekommunikation
Heidelberg 1996

Kolibri 360 GmbH
Ferdinand-Jühlke-Straße 7
99095 Erfurt, Deutschland
produktsicherheit@kolibri360.de

Druck:
CPI Druckdienstleistungen GmbH
im Auftrag der
Kolibri 360 GmbH
Ferdinand-Jühlke-Str. 7
99095 Erfurt